fol. Lf 128 24 (1-4)

1872-1904

Affaires étrangères

Documents diplomatiques

1-4

DOCUMENTS

DIPLOMATIQUES.

AVRIL 1872.

AFFAIRES ÉTRANGÈRES.

DOCUMENTS DIPLOMATIQUES.

NÉGOCIATIONS AVEC L'ANGLETERRE

POUR

LA RÉVISION DU TRAITÉ DE COMMERCE.

AVRIL 1872.

PARIS.

IMPRIMERIE NATIONALE.

M DCCC LXXII.

DOCUMENTS DIPLOMATIQUES.

I.

A.

Il ne serait apporté aucune modification au régime actuel :

1° Des fontes, fers, aciers et de leurs dérivés, à quelque degré de fabrication qu'ils soient ;

2° Des houilles et cokes ;

3° Des bâtiments de mer en fer et des coques de bâtiments de mer en fer ;

4° De la verrerie et de la cristallerie (sauf reprise du droit sur le plomb qui entre dans la fabrication des cristaux) ;

5° Des poteries ;

6° Des produits chimiques à base de sels et de la plupart des autres. (L'exception ne porterait que sur les produits chimiques dont la matière première devra être frappée d'un droit d'entrée, tels que la céruse, le blanc de zinc, les extraits de bois de teinture, etc.) ;

7° Des poissons d'eau douce et de mer, frais, secs, salés ou fumés, à l'exception de la morue ;

8° Du fromage de pâte dure ;

9° De la bière.

B.

Conformément aux dispositions de l'article 9 du Traité du 23 janvier 1860, la charge résultant de l'impôt sur les matières premières serait reportée sur les produits fabriqués dont la nomenclature suit :

1° INDUSTRIES TEXTILES.

Chanvres bruts et teillés.... .... 10 fr. les 100 kilog.

Lins bruts et teillés................. 15 fr.

Ces droits représentent environ 10 p. o/o du prix de la matière. Ils seraient reportés sur les fils et tissus de lin et de chanvre proportionnellement à la surcharge qui résulterait de la perception de cet impôt. (Il n'y aurait pas de drawback à la sortie des fils et tissus).

Cotons en laine................... 40 fr. les 100 kilog.

Ce droit représente 20 p. o/o.

Report, comme ci-dessus, sur les fils et les tissus, de la charge résultant de l'impôt.

Le drawback à la sortie des fils et des tissus serait égal aux droits supplémentaires.

Laines en masse.

Le droit n'est pas encore déterminé d'une manière absolue. En tout cas, le droit supplémentaire à établir en sus des droits actuels, à l'entrée en France, serait proportionnel à la charge résultant de l'impôt.

Soies en cocons, gréges et moulinées........... 5 p. o/o.

Pas de drawback à la sortie.

Établissement d'un droit de 2 1/2 à 3 p. o/o sur les soieries importées en France.

2° INDUSTRIES SECONDAIRES.
(Droits à déterminer.)

Fleurs artificielles;

Objets de mode;

Merceries de toutes sortes;

Boutons autres que de passementerie;

Instruments de musique;

Cire à cacheter;

Encre à écrire.

C.

Rectification des tarifs, conformément au résultat de l'enquête parlementaire faite en 1869 et 1870 par le Corps législatif :

Fils de coton, du n° 60 au n° 100.............. 3 p. o/o

Fils de coton, du n° 101 jusqu'à la fin de l'échelle actuelle,............................ 5 p. o/o

Tissus de coton taxés à 10 p. o/o, tels que mousselines, tulles, brillantés, etc..................... 5 p. o/o en sus des droits actuels.

Fils de laine cardée. — Ramener au n° 5 le point de départ aujourd'hui fixé au n° 10.

Tissus de laine mélangés de coton, 5 à 8 p. o/o d'augmentation.

Fils de lin et de chanvre, même augmentation que pour les fils de coton.

Tissus de lin et de chanvre. — Pour l'application des divers droits, compter le fil de trame comme le fil de chaîne dans l'espace compris dans un carré de 5 millimètres.

Linge damassé. — Porter à 15 p. o/o le droit qui a été réduit à 10 p. o/o par le Traité avec l'Autriche. (La Convention du 16 novembre 1860 avec l'Angleterre avait admis le droit de 16 p. o/o.)

D.

Droit de tonnage. — Ce droit, qui existe dans tous les pays de l'Europe, même en Angleterre, sauf en France, devant être rétabli sur les navires français, tout aussi bien que sur les navires étrangers, les conditions de la concurrence resteront les mêmes qu'aujourd'hui au point de vue des relations maritimes.

E.

Les surtaxes de pavillon, telles qu'elles figurent au projet de loi présenté par M. le Ministre des Finances [1], ne sont pas une protection pour les navires français contre la navigation étrangère; c'est une protection contre les entrepôts. Ainsi, le pavillon anglais peut charger au Brésil des cafés aux mêmes conditions que les navires français pour les importer en France. Le pavillon anglais, venant des ports anglais avec des cafés chargés dans les entrepôts de Londres ou de Liverpool, ne sera pas dans des conditions plus défavorables que les navires français venant des mêmes entrepôts. En d'autres termes, les navires étrangers et les navires français, en fait, seront traités sur le même pied quand ils feront les mêmes opérations.

Le 17 juillet 1872.

II.

Lord Granville
   à **M. le Duc de Broglie.**

(TRADUCTION.)

Foreign-Office, le 5 août 1871.

Monsieur l'Ambassadeur, j'ai communiqué au Cabinet les documents que Votre Excellence m'a envoyés hier soir, concernant les modifications que le Gouvernement Français désire apporter au Traité anglo-français, et j'ai maintenant l'honneur d'informer Votre Excellence que le Gouvernement de Sa Majesté, tout en la remerciant des mémorandum qu'elle a eu la bonté de me communiquer successivement, ne considère pas le dernier comme constituant une proposition aussi complète et aussi précise que l'eût été une rédaction nouvelle du Traité de 1860, modifié dans le sens des propositions du Gouvernement Français.

J'ai déjà fait connaître à Votre Excellence qu'une des grandes difficultés que présente la négociation d'un changement apporté au Traité

---

[1] Ce projet différait de celui qui a été adopté par l'Assemblée nationale.

dans le sens désiré par le Gouvernement Français, c'est de garantir les intérêts des personnes qui ont passé des contrats ou pris leurs dispositions pour livrer des marchandises dans les délais du Traité, si le Gouvernement n'est pas décidé à leur accorder une compensation basée sur un principe de justice et de raison.

Le Gouvernement de Sa Majesté, pour des motifs dont je n'importunerai pas, quant à présent, Votre Excellence, est désireux d'écarter une négociation portant sur des détails de tarif; il préfère recouvrer sa pleine liberté de traiter tous les articles qui font l'objet de son commerce avec l'étranger d'après les besoins de ses intérêts fiscaux ou politiques. Il se fera un plaisir cependant de seconder le Gouvernement Français, en ce qui touche la durée du Traité, pour tous changements qui interviendraient dans un but fiscal, à condition que la difficulté à laquelle je viens de faire allusion par rapport aux marchandises à livrer soit résolue; et, dans ce cas, il consentirait à quelque réduction de la période de dénonciation fixée dans le Traité. Il serait entendu, toutefois, que le Gouvernement Français consentirait à prolonger la clause qui garantit le traitement de la nation la plus favorisée.

J'ai l'honneur, etc. etc.

Signé GRANVILLE.

III.

Lord GRANVILLE
 à M. le Duc DE BROGLIE.

(TRADUCTION.)

Foreign-Office, le 5 août 1871.

Monsieur l'Ambassadeur, en me référant à la conversation que j'ai eu l'honneur d'avoir, le 28 du mois dernier, avec Votre Excellence, au sujet des modifications que le Gouvernement Français désire introduire dans le Traité de commerce anglo-français, et à la demande que fit Votre Excellence d'être informée des points sur lesquels le Gouvernement de Sa Majesté demandait de nouveaux éclaircissements, je prends la liberté de faire savoir à Votre Excellence qu'il est nécessaire, pour le Gouvernement de Sa Majesté, avant qu'il lui soit possible de prendre aucune décision au sujet des propositions relatives à la révision du Traité contenues dans le mémorandum communiqué par M. Ozenne, de savoir si le Gouvernement Français adhère toujours au programme de ce mémorandum, ou bien s'il désire y introduire quelques modifications avant de le proposer comme base de négociation.

Les rectifications du tarif relatives aux textiles, qui ont été présentées comme conformes aux résultats de l'enquête faite, en 1869 et en 1870, par les Chambres françaises, sont-elles considérées comme un point essentiel dans la révison du tarif fixé par le Traité de 1860?

Quelle est l'intention du Gouvernement Français en ce qui concerne l'impôt sur les matières premières qui sont à la fois produites en France et importées du dehors?

Quelle est l'intention du Gouvernement Français au sujet des drawbacks accordés aux produits manufacturés français fabriqués avec des matières premières soumises au nouvel impôt?

Enfin, quelle est exactement la quotité des droits d'importation proposés sur les matières premières?

Comme la marche que suivra le Gouvernement de Sa Majesté à l'égard des modifications proposées devra évidemment dépendre en grande partie des réponses faites aux questions précédentes, je serais heureux que Votre Excellence voulût bien fournir, sur tous ces points, des informations aussi complètes que possible au Gouvernement de Sa Majesté.

J'ai l'honneur d'être, etc.

Signé Granville.

IV.

<table>
<tr><td>

</td><td>

</td></tr>
<tr><td>

1° Les rectifications de tarif applicables aux textiles, lesquelles sont présentées comme conséquence de l'enquête à laquelle se sont livrées les Chambres françaises en 1869 et 1870, sont-elles considérées comme des points essentiels dans le cas où l'on procéderait à une révision des tarifs fixés par les traités de 1860?

La décision à prendre par le Gouvernement Anglais dépendra, jusqu'à un certain point, de la décision donnée à cette question.

</td><td>

1° Les rectifications de tarif indiquées, pour les textiles, dans la note remise au Comte Granville, le 17 juillet dernier, font partie des conditions essentielles de l'entente à intervenir entre les deux Gouvernements, et de laquelle dépend la prolongation du Traité de 1860.

Alors même que l'enquête faite en 1869-1870 n'aurait pas révélé les besoins de certaines industries textiles, les charges nouvelles qui vont résulter, pour l'ensemble de la production du pays, d'impôts qui ne s'élèveront pas à moins de 600,000 millions de francs, auraient mis le Gouvernement Français dans l'obligation de réclamer un exhaussement de tarif pour les industries dont il s'agit. Ce relèvement des droits rentrerait dans les modifications prescrites par l'article 21 du traité du 23 janvier 1860.

On se réserve, d'ailleurs, d'examiner les objections qui pourraient être présentées sur le taux des augmentations de droit demandées pour les textiles.

</td></tr>
</table>

2° Quelle est l'intention du Gouvernement Français à l'égard de la tarification des matières premières qui sont tout à la fois produites dans le pays et importées de l'étranger?

• 3° Quelles sont les intentions du Gouvernement français à l'égard des drawbacks qui seront accordés aux produits des manufactures nationales fabriqués avec des matières premières soumises aux droits nouveaux?

4° Finalement, quel est le chiffre des droits qu'on se propose d'établir à l'importation des matières premières?

2° L'impôt à établir ne portera que sur les matières premières importées de l'étranger. Il n'est, comme on vient de le dire, que la compensation des charges ajoutées par l'établissement des impôts nouveaux à celles dont la production nationale est déjà grevée.

3° L'intention du Gouvernement Français, comme l'indique la note remise au Comte Granville, est de ne pas accorder de drawbacks à la sortie des tissus de soie, de lin ou de chanvre. En tout cas, les drawbacks, quand ils seront établis, ne pourront dépasser la quotité des droits compensateurs qui seraient fixés. Le Gouvernement Français se réserve toutefois de recourir, s'il le trouve préférable, au régime de l'admission temporaire, telle qu'elle est réglée par l'article 5 de la loi du 5 juillet 1836.

4° 20 p. o/o de la valeur pour les matières premières nécessaires à la fabrication des textiles;

10 p. o/o sur les matières tinctoriales, sur certains métaux secondaires (cuivres, plombs, etc.), et sur quelques produits chimiques, à l'exception des dérivés du sel.

V.

15 août 1871.

La communication faite le 5 août courant par M. le Ministre des Affaires étrangères de S. M. Britannique répond aux ouvertures faites par l'Ambassadeur de France pour la révision du Traité de commerce conclu le 23 janvier 1860 entre la France et l'Angleterre.

Le Gouvernement de S. M. Britannique ne considère pas le dernier mémorandum comme constituant une proposition aussi complète et aussi précise que l'eût été une communication du Traité de 1860, modifié dans le sens des propositions du Gouvernement Français.

Entrant dans cette dernière pensée, le Gouvernement Français a renvoyé à Londres M. Ozenne avec les instructions nécessaires pour compléter les explications réclamées par le Gouvernement Anglais.

Si le Chef du Pouvoir exécutif du Gouvernement Français n'avait consulté que ses propres convictions économiques, il n'aurait pas hésité, comme le Gouvernement Anglais semble l'y convier, à dénoncer le Traité de 1860 et à recouvrer ainsi sa liberté d'action.

Mais ses vues se sont portées plus haut; il a craint que la dénonciation du Traité de commerce n'amenât un refroidissement dans les relations des deux peuples, par suite du froissement d'intérêts qui en serait la conséquence. Il a donc fait et il continuera à faire tous ses efforts pour empêcher un résultat aussi regrettable.

Le Traité dénoncé, le Gouvernement Français, tout en cherchant à ne pas placer le commerce anglais dans une situation relativement désavantageuse, ne saurait concéder, par voie diplomatique, le traitement de la nation la plus favorisée, car ce qu'il aurait enlevé d'une main, il le rendrait de l'autre avec des avantages plus grands de durée et d'allégement de tarifs que ne le comportent le Traité du 23 janvier 1860 et les Conventions des 12 octobre et 16 novembre qui en dérivent.

La dénonciation du Traité franco-anglais amènerait inévitablement la dénonciation du Traité franco-belge, expiré depuis le 1ᵉʳ mai dernier. Or l'Angleterre et la Belgique sont les deux Pays avec lesquels la France a les relations commerciales les plus étendues. Ces deux Traités dénoncés, un point d'appui important manquerait pour résister aux impatiences de ceux qui, en France, et ils sont nombreux, préconisent les doctrines protectionnistes.

Le Gouvernement Français persiste à penser que, dans les propositions par lui faites au Gouvernement Anglais, il y a les éléments d'une entente équitable entre les deux Pays.

Pour satisfaire au désir exprimé par la communication du 5 août dernier, M. Ozenne est autorisé, dans le cas où le Gouvernement de S. M. Britannique le jugerait utile, à se mettre en rapport avec Sir L. Mallet et à préparer de concert avec lui, et sur les bases déjà posées, un projet de traité complet.

Ce mode de procéder permettrait au Gouvernement Anglais d'apprécier dans leur ensemble les avantages qu'on lui offre et les concessions qu'on lui demande, et il y a tout lieu de penser qu'il reconnaîtrait que l'équilibre que les auteurs du Traité de 1860 ont voulu établir entre les forces productives de la France et de l'Angleterre est respecté.

En effet, comme on l'a déjà dit, les charges nouvelles qui doivent peser sur le peuple français seront annuellement de 600 millions, et qu'on les demande directement aux matières nécessaires à l'industrie ou qu'on les puise à d'autres sources, elles n'en pèseront pas moins sur l'ensemble de la production du pays tout entier.

———

VI.

Lord GRANVILLE,
 au Chargé d'affaires de France.

(TRADUCTION.)

Foreign-Office, 21 août 1871.

Monsieur le Chargé d'affaires, j'ai l'honneur de vous informer que j'ai communiqué à mes collègues votre lettre du 15 de ce mois et le mémorandum qui l'accompagnait, concernant la révision du Traité de commerce entre ce Pays et la France, et je vous prie de donner connaissance au Gouvernement Français de la grande satisfaction qu'ont causée au Gouvernement de la Reine les assurances amicales qu'elle contient sur la manière dont il désire procéder en cette matière.

M. de Rémusat, dans une conversation avec lord Lyons, en réponse au désir du Gouvernement de Sa Majesté d'obtenir un exposé précis des changements que le Gouvernement Français désire apporter au Traité de 1860, a dit que c'était une simple question de forme, et qu'un simple employé pourrait en très-peu de temps réduire les propositions françaises sous forme d'amendements au Traité.

Vous savez que le Gouvernement de Sa Majesté a jugé que, sans un semblable exposé, il ne pouvait pas se rendre exactement compte de l'objet des propositions françaises, et, par des raisons que vous comprendrez, ce travail ne peut être convenablement préparé que par une autorité française. Le Gouvernement de Sa Majesté ne désire pas qu'il y ait des retards inutiles dans la discussion de la question; j'espère donc que vous vous croirez autorisé à demander à M. Ozenne de préparer un projet de Traité répondant aux propositions du Gouvernement Français.

J'ai l'honneur, etc.

En l'absence du comte GRANVILLE :
Signé ENFIELD.

VII.

PROJET DE TRAITÉ DE COMMERCE ENTRE LA FRANCE ET L'ANGLETERRE [1].

ARTICLE PREMIER.

Les marchandises d'origine ou de manufacture britanniques énu-

[1] A ce projet de Traité, communiqué par l'Ambassadeur de France le 13 septembre, était annexé un tarif reproduisant tous les articles mentionnés dans les tarifs des Traités de 1860, sans autres changements que ceux qui sont analysés dans la pièce suivante.

mérées dans le Tableau A annexé au présent Traité resteront, à leur
importation en France, soumises aux droits établis, à la suite du Traité
du 23 janvier 1860, par les Conventions intervenues entre les Hautes
Puissances contractantes, les 12 octobre et 16 novembre de la même
année.

ART. 2.

Les suppléments de droits inscrits dans le Tableau B annexé au
présent Traité seront, outre les droits compensateurs, fixés conformé-
mement aux dispositions de l'article suivant, accordés aux fils et tissus
énumérés dans ledit Tableau B.

ART. 3.

Outre les droits fixés par les Conventions des 12 octobre et 16 novembre 1860, ainsi que par la disposition inscrite dans l'article précédent, les marchandises reprises au Tableau C annexé au présent
Traité payeront, à titre de compensation des impôts établis en France
sur les matières premières et les matières tinctoriales, un supplément
de droits dont la quotité a été déterminée, d'un commun accord, entre
les Hautes Puissances contractantes et inscrite dans ledit tableau C.

Dans le cas où la situation financière de la France permettrait de
réduire les taxes imposées sur les matières premières et les matières
tinctoriales qui entrent dans la fabrication des produits énumérés
dans le tableau C, une réduction correspondante sera faite dans le
taux des droits dits *compensateurs*.

ART. 4.

Les stipulations du Traité du 23 janvier 1860 et des Conventions
annexes des 12 octobre et 16 novembre de la même année demeureront en vigueur pour celles qui ne dérogent pas aux dispositions du
présent Traité.

ART. 5.

Le présent Traité ne sera valable qu'autant que le Chef du Pouvoir
exécutif de la République Française aura été autorisé par l'Assemblée

nationale à exécuter les engagements contractés dans les articles qui précèdent.

ART. 6.

Le présent Traité restera en vigueur jusqu'au 1er janvier 1877.

VIII.

NOTE À L'APPUI DU PROJET DE TRAITÉ DE COMMERCE AVEC L'ANGLETERRE.

La révision du Traité conclu le 23 janvier 1860 entre la France et l'Angleterre, ainsi que des Conventions du 12 octobre et du 16 novembre de la même année qui dérivent dudit Traité, ne portant que sur une partie des clauses et des taxes inscrites dans les conventions ci-dessus rappelées, il a paru inutile de reproduire tous les articles les uns après les autres.

Le projet de Traité ci-annexé se borne donc à stipuler les changements qui sont nécessaires et à maintenir par cette formule : « en tant qu'ils ne dérogent pas aux clauses et conditions du nouveau Traité, » les articles énumérés dans le Traité du 23 janvier 1860 et dans les Conventions annexes des 12 octobre et 16 novembre de la même année.

Voici l'économie du projet de Traité à soumettre au Cabinet Anglais.

Les articles 1, 2 et 3 se réfèrent, comme l'ont fait les Conventions des 12 octobre et 16 novembre 1860, à des tableaux placés sous les lettres A, B et C qui contiennent tous les détails du tarif.

L'article 4 maintient les stipulations actuelles qui n'ont rien de contraire aux nouveaux engagements à prendre.

L'article 5 réserve la sanction de l'Assemblée nationale.

Enfin l'article 6 fixe au 1er janvier 1877 l'expiration du nouveau Traité. Cette date est celle de l'expiration du Traité avec l'Autriche.

Voici maintenant l'objet des tableaux ci-dessus indiqués :

Tableau A. — Indication ou pour mieux dire reprise, dans tous leurs détails, des tarifs fixés par les Conventions des 12 octobre et 16 novembre 1860, auxquels le Gouvernement Français entend n'apporter aucune espèce de modification.

Voici la nomenclature des industries qui conservent leur situation actuelle :

1° Fers, fontes, aciers et tous leurs dérivés à quelque degré de fabrication qu'ils se présentent, y compris les bâtiments de mer en fer;

2° Houilles et cokes;

3° Verrerie;

4° Poteries, porcelaines, etc.;

5° Produits chimiques à base de sels et tous autres produits chimiques dont la matière première n'est pas atteinte;

6° Poissons d'eau douce et de mer, frais, secs, salés ou fumés à l'exception de la morue;

7° Fromages de pâte dure;

8° Bière.

Ce tableau comprend les concessions faites à l'Angleterre qui, sauf pour les tissus de laine mélangés, obtient, pour ses principales industries, le maintien jusqu'en 1877 des avantages qui lui ont été garantis par le Traité du 23 janvier 1860, aujourd'hui expiré.

Tableau B. — Indication des augmentations de droits sur quelques-uns des produits de nos grandes industries textiles, savoir :

1° Industrie du coton :

Fils : du n° 61 au n° 100, augmentation de 3 p. o/o; du n° 101 jusqu'à la fin de l'échelle, de 5 p. o/o;

Tissus. — Tous les tissus taxés aujourd'hui à 10 et à 15 p. o/o, augmentation de 5 p. o/o selon la nature du produit.

2° Industrie de la laine :

Fils de laine cardée. — Descendre au n° 5 le point de départ, aujourd'hui fixé au n° 10;

Tissus mélangés . . . . { de soie, augmentation de 5 p. o/o.
{ de coton, augmentation de 8 p. o/o.

3° Industrie du lin :

Fils. — Même augmentation que pour les fils de coton.

Tissus. — Application du compte-fil sur la trame aussi bien que sur la chaîne pour déterminer la classe à laquelle la toile doit appartenir. (Ce mode de procéder fonctionne depuis 1860 pour les tissus de coton communs).

Tableau C [1]. — Reprise, à l'exception de ceux qui sont énumérés dans le tableau A, de tous les produits compris dans les Conventions des 12 octobre et 16 novembre 1860 et dont le tarif doit, par application de l'article 9 du Traité de 1860, être augmenté dans une proportion égale aux charges qui résultent pour nos diverses industries de l'établissement d'impôts sur les matières premières et les matières tinctoriales.

IX.

Note relative à la révision du Traité de commerce du 23 janvier 1860.

(Communiquée par M. Ozenne.)

Le Traité de commerce conclu le 23 janvier 1860, entre la France et l'Angleterre, étant expiré, chacune des Hautes Parties contractantes a le droit de le dénoncer, et, par suite, d'en faire cesser les effets après une dernière période de douze mois.

Dans la situation où elle se trouve par suite des événements qui viennent de s'accomplir, la France est obligée de faire face, par l'établissement de nouveaux impôts, aux nécessités financières qui s'imposent au pays. D'un autre côté, si elle avait obéi à la pression des intérêts très-nombreux et très-ardents chez elle, qui réclament une protection plus énergique que celle qui résulte des tarifs annexés

---

[1] Ce tableau n'a jamais pu être dressé, l'Assemblée nationale n'ayant pas statué.

aux Conventions des 12 octobre et 16 novembre 1860, la France n'aurait pas hésité à se dégager des liens qui gênent sa liberté d'action.

Mais elle a cédé à des inspirations plus élevées; elle a considéré que, dans l'état actuel de l'Europe, il y avait un intérêt de premier ordre à ce que la France et l'Angleterre restassent unies. Or, la dénonciation du Traité de commerce, surtout en présence de la législation générale de la France, n'aurait pas manqué d'apporter un trouble considérable dans les relations commerciales des deux peuples, en même temps qu'un refroidissement dans les relations politiques des deux Gouvernements, l'un étant nécessairement la conséquence de l'autre.

C'est donc dans une vue de conciliation que le Gouvernement Français a proposé au Gouvernement Anglais de s'entendre pour réviser le Traité du 23 janvier 1860. Le projet de convention qu'il a communiqué au Cabinet de Londres témoigne de la modération de ses demandes, surtout si l'on consulte les résultats de l'enquête faite par le Corps législatif dans la session de 1869-1870. Si, d'un autre côté, le Cabinet de Versailles réclame sur les produits fabriqués la compensation des impôts qu'il est obligé de mettre sur les matières premières, ce n'est que l'exécution loyale d'une disposition, d'ailleurs très-équitable, insérée dans le traité de 1860.

Cependant les divers organes de la presse, en Angleterre, s'inscrivent contre toute modification au Traité de commerce, et déclarent que mieux vaut le dénoncer que de porter atteinte au principe de la liberté commerciale. Que ce langage soit celui de théoriciens purs, que ceux-ci veuillent renouveler les mots tristement célèbres : *Périssent les colonies plutôt qu'un principe*, on pourrait jusqu'à un certain point le comprendre. Mais que l'opposition qui se manifeste vienne d'hommes pratiques, qui connaissent le prix du maintien de bonnes relations entre deux grands peuples, il est difficile de l'admettre, à moins qu'ils ne se fassent illusion sur les conséquences douanières, pour le commerce de la France avec l'Angleterre, de la conduite qu'ils conseillent à leur Gouvernement de tenir vis-à-vis de la France.

A côté des tarifs qui résultent des Traités de commerce conclus avec les principales Puissances de l'Europe et qui forment le droit conventionnel de la France, le tarif général antérieur au Traité de 1860 existe avec toutes les restrictions qu'il comporte. C'est une loi de l'État qui a toujours force et vigueur, et qui est, par conséquent, applicable à tous les pays qui ne sont liés à la France par aucune convention commerciale. Or le tarif général est couvert de prohibitions et défend d'une manière absolue l'importation en France de la plupart des produits manufacturés que l'Angleterre lui fournit. Ainsi il prohibe l'entrée, notamment, des ouvrages en métaux, des fils et tissus de coton, des fils et tissus de laine, de la tabletterie, de la faïence fine, de la verrerie, des ouvrages en peau, etc; il frappe de taxes très-élevées les fers, le cuivre, le plomb, l'étain, les produits chimiques, etc., marchandises qui alimentent le commerce d'exportation de l'Angleterre.

Sans doute, le tarif général de la France est un tarif suranné qui, en fait, n'a pas aujourd'hui d'application réelle. Mais, avant qu'il soit remplacé par un tarif mieux approprié aux besoins actuels de l'industrie et du commerce, il faudra beaucoup de temps, car ce n'est pas une œuvre facile de pondérer tous les intérêts et de les concilier en donnant à chacun d'eux la part qui devrait lui revenir dans le système économique qui serait adopté par les représentants légaux du pays. Cette tâche est plus difficile encore, lorsque, toute liberté d'action étant recouvrée, il n'y a plus de digue à opposer aux convoitises des intérêts mis en jeu.

D'un autre côté, si la dénonciation du Traité avec l'Angleterre doit amener une mesure analogue vis-à-vis de la Belgique, dont le Traité de commerce avec la France est également arrivé à terme, la situation n'est pas la même à l'égard des autres pays, dont les Traités ont des échéances plus ou moins éloignées. Or, privée du point d'appui que lui donnerait un accord avec l'Angleterre, la France n'aurait aucune chance sérieuse d'obtenir de ces pays les concessions de tarifs qu'elle réclame aujourd'hui, et dont l'intérêt serait d'ailleurs moins grand pour elle, la concurrence et les importations de ces pays étant loin d'égaler celles de l'Angleterre et de la Belgique. En effet, sur une somme totale de 272 millions de francs, représentant la valeur des produits fabriqués importés en France en 1869 et restés dans la consommation du pays, la part de l'Angleterre et de la Belgique est de 166 millions, c'est-à-dire de près des deux tiers de l'ensemble, et l'Angleterre seule y entre pour 130 millions, soit près de la moitié du tout. Si du commerce spécial on passe au commerce général, on trouve à peu près la même proportion. Voici les chiffres : Produits fabriqués importés en France en 1869 : 760 millions, valeur totale, parmi lesquels l'Angleterre figure pour 179 millions et la Belgique pour 104 millions, soit pour les deux pays, 283 millions ou près de la moitié de l'ensemble.

Quoi qu'il en soit, et si, comme on vient de le démontrer, la part des pays qui resteraient investis du droit conventionnel est moins forte, pour l'importation des produits fabriqués, que celle de l'Angleterre et de la Belgique, ils n'en auraient pas moins un avantage considérable sur leurs rivaux, avantage qui, dans un temps donné, pourrait changer, au grand détriment de l'Angleterre, les proportions relatives qui viennent d'être indiquées.

Là encore, l'intérêt prédominant est une entente entre la France et l'Angleterre pour le règlement de leurs intérêts commerciaux.

Le but de la présente note est uniquement d'établir, aussi nettement que possible, la situation qui résulterait de la non-acceptation des propositions du Gouvernement Français qui, il l'a prouvé, attache un grand prix au maintien des bonnes relations entre ceux pays dont l'union est une garantie de paix et de stabilité pour l'Europe.

Londres, le 26 septembre 1871.

X.

IMPORTATIONS DE L'ANGLETERRE EN FRANCE.

APPRÉCIATION DES EFFETS QUE PEUVENT PRODUIRE LES MODIFICATIONS À APPORTER AU TRAITÉ DU 23 JANVIER 1860.

Les importations de l'Angleterre en France se sont élevées, pendant l'année 1869, au chiffre de 651 millions de francs.

Dans ce chiffre total, les produits compris au Traité du 23 janvier 1860 figurent pour 511 millions de francs, dont 435 millions sont restés dans le pays même et 76 millions ont été répartis par les acheteurs primitifs dans les pays qui avoisinent la France.

Il convient maintenant de rechercher quelle sera, pour l'ensemble de ce mouvement commercial, l'influence des modifications qui résulteront de la révision du Traité de 1860 sur les bases proposées par le Gouvernement Français.

Cette révision comporte trois situations distinctes :

1° Maintien du régime actuel pour tous les produits repris au Tableau A ;

2° Augmentation des droits pour quelques-uns de nos produits textiles énumérés dans le Tableau B ;

3° Enfin, droits compensateurs des taxes établies sur les matières premières ou sur les matières tinctoriales entrant dans la composition ou dans la fabrication des produits indiqués dans le Tableau C.

Le premier groupe (Tableau A) donne, pour les importations en France, les chiffres suivants :

Industrie du fer et ses dérivés.	Fers, fontes, aciers	21,706,000ᶠ	
	Bâtiments de mer	7,449,000	
	Machines et mécaniques	9,225,000	
	Outils et ouvrages en métaux.	5,630,000	45,121,000ᶠ
	Aiguilles à coudre	614,000	
	Plumes et becs de plumes métalliques	497,000	
Houille et coke			31,892,000
Industrie des produits chimiques.	Soudes de toute nature	1,644,000ᶠ	
	Acides de toute sorte	1,471,000	
	Iode brut et raffiné	523,000	
	Nitrates de potasse et de soude	516,000	4,925,000
	Phosphore	351,000	
	Prussiate de potasse jaune et rouge	420,000	

A reporter.......... 81,938,000

Report.....................	81,938,000^f
Verrerie.................................	554,000
Poterie................................	755,000
Poissons................................	5,687,000
Caoutchouc ouvré, pur et mélangé.................	4,896,000
Cirage de toute sorte........................	8,000
Épices préparées, sauces.....................	68,000
Fromages de pâte dure......................	145,000
Ardoises................................	56,000
Total..............	94,107,000

Ainsi le premier groupe présente, dans l'ensemble, une valeur de 94 millions de francs. Tous les produits qui en font partie restent au tarif qui leur a été attribué par les Conventions des 12 octobre et 16 novembre 1860, bien que la production de ces mêmes articles soit chargée indirectement de tous les impôts nouveaux qui vont peser sur le pays. Comparativement à l'ensemble du chiffre total des produits repris au Traité de 1860, c'est près de 20 p. o/o.

Le deuxième groupe (tableau B) comprend les quelques produits ci-dessous énumérés qui appartiennent aux industries textiles.

Fils de lin et de chanvre. — L'augmentation demandée ne porte que sur la moitié des fils qui sont importés en France : on ne doit donc porter ici que la moitié de l'importation totale qui est de 6,086,000 francs, soit.. 3,043,000^f

Tissus de lin et de chanvre. — Il ne s'agit ici que d'une simple correction de tarif qui a pour objet, comme cela existe pour les tissus de coton, de compter les fils de trame et les fils de chaîne; il n'en résulte aucune augmentation de droit, donc................................... Pour mémoire.

Fils de coton. — Comme pour les fils de lin et de chanvre, il ne s'agit que de la moitié des classes du tarif et précisément des numéros que l'Angleterre importe le moins; le total étant de 6,164,000 francs, c'est la moitié à porter ci-contre.. 3,082,000

A reporter............ 6,125,000

Report............ 6,125.000^f

Tissus de coton. — Augmentation de 5 p. o/o pour les espèces ci-après déterminées :

Broderies (à la main ou à la mécanique).	175,000^f	
Mousselines......................	389,000	564,000
Gaze.........................	»	

Fils de laine. — Il ne s'agit, dans le nouveau classement proposé, que des fils de laine cardée, dont l'Angleterre ne nous envoie pas un kilogramme.................... Mémoire.

Tissus de laine mélangés...................... 39,830,000

Total............... 46,519,000

Le gros chiffre est celui des tissus de laine mélangés d'autres matières, notamment de coton. Dans quelle mesure une augmentation de 5 à 8 p. o/o ralentira-t-elle les importations? il est difficile de le préjuger. On doit toutefois faire remarquer qu'au moment de la conclusion du Traité du 23 janvier, les négociateurs anglais avaient admis, pour les quatre premières années, un droit de 15 p. o/o. Sous l'empire de ce droit, on importait des quantités notables de tissus mélangés; en voici le chiffre pour l'année 1862 : 27,633,000 francs. En tous cas, les articles à l'égard desquels des augmentations de droit sont demandées ne s'élèvent qu'à 46 millions qui, comparés au chiffre de 651 millions que donne l'ensemble des importations totales de l'Angleterre en France, ne représentent pas plus de 7 p. o/o de ce même ensemble et 9 p. o/o pour les produits repris au Traité.

Le troisième groupe comprend tous les produits qui ne sont repris ni au tableau A ni au tableau B. Ce groupe est évidemment, et de beaucoup, le plus considérable, et forme un chiffre de 300 millions. Mais il s'agit ici de produits qui appartiennent beaucoup plus au commerce qu'à la production anglaise, et dont la nature est telle, que ces produits viendront toujours sur le marché français. Ainsi la soie (101 millions), la laine (67 millions), le coton en laine (40 millions), le jute en brin ou étoupe (7 millions) c'est-à-dire quatre articles qui, à eux seuls, forment un total de 215 millions, soit plus des deux tiers du chiffre des produits repris au tableau C, ou le tiers des importations totales. D'un autre côté, il ne faut pas oublier que les droits compensateurs qui sont demandés ne sont que la représentation des charges qui vont peser directement sur nos industries et que, par conséquent, il n'y aura, à ce point de vue, rien de changé dans les conditions relatives de production des deux peuples, et que, si l'un d'eux doit souffrir, c'est évidemment celui qui supporte non-seulement l'impôt qui frappe directement les matières premières, mais encore, sous la forme indirecte, tous les autres impôts demandés au pays.

Enfin, entre ce qu'on appelle le commerce général, c'est-à-dire la totalité des produits importés d'Angleterre, et ce qu'on désigne sous le nom de commerce spécial, c'est-à-dire la partie de l'importation totale qui reste dans la consommation du pays importateur, il y a un écart de 100 millions qui ne sont pas atteints par les droits, puisqu'il s'agit de marchandises destinées à être vendues à l'étranger. C'est donc un sixième ou 16 p. o/o du commerce total qui ne sera nullement affecté par les changements de tarif qui doivent être accomplis en France.

XI.

Lord GRANVILLE
    à M. SACKVILLE WEST.

(*TRADUCTION.*)

Foreign-Office, le 1er novembre 1871.

Le Chargé d'affaires de France, dans une visite qu'il m'a rendue le 24 du mois dernier, m'a demandé si j'avais quelque chose à lui communiquer au sujet du Traité de commerce français. Il a dit que le Président de la République Française désirait que le Gouvernement de Sa Majesté Britannique sût qu'il préférerait que le Traité fût abrogé et que la Nation française recouvrât sa parfaite liberté d'action; mais qu'il faisait le sacrifice de ses propres opinions et de ses propres désirs, afin d'agir dans un esprit d'amitié et de conciliation envers ce pays.

J'ai informé le Chargé d'affaires de France que le Cabinet avait sérieusement examiné les propositions que le Gouvernement de la France lui avait faites, mais que je ne me trouvais pas encore en mesure de lui faire aucune communication. Je ne lui ai pas caché que de nombreuses difficultés s'étaient présentées au Cabinet.

Le Gouvernement Français trouvera probablement que ce sera plus franc et plus amical de la part du Gouvernement de Sa Majesté Britannique, si, avant de prendre une décision quelconque, il communique au Gouvernement Français les difficultés qui se présentent à lui; et le message conciliant de M. Thiers, dont était chargé le Représentant de la France, m'a confirmé l'opportunité de cette manière d'agir.

Les propositions que le Gouvernement de la France avait faites au Gouvernement de Sa Majesté Britannique ont pris, pour la première fois, une forme déterminée dans le projet de Traité que l'Ambassadeur de France m'a communiqué, le 13 septembre.

Ce projet se composait de six articles. Le premier réservait sans modifications certains articles compris dans une annexe marquée *A*. Le troisième prévoyait une augmentation des droits sur certains articles indiqués dans l'annexe *B*, indépendamment des taxes de compensation pour les droits augmentés ou nouveaux à percevoir, en France, sur les matières brutes et tinctoriales à employer dans les manufactures françaises, ces droits étant énoncés dans les articles 2 et 3. Les denrées soumises à ces droits augmentés ou nouveaux étaient indiquées dans l'annexe *C*, laquelle cependant ne se trouvait pas jointe au projet de Traité et n'a pas été communiquée, jusqu'ici, au Gouvernement de Sa Majesté Britannique.

L'article 4 pourvoyait à la continuation de l'application des stipulations du Traité et des Conventions de 1860, là où elles ne sont pas modifiées par celles du nouveau Traité.

L'article 5 réservait l'action de l'Assemblée française et l'article 6 stipulait la continuation du nouveau Traité jusqu'au 1er janvier 1877.

Il paraît, d'après une communication postérieure que le Chargé d'affaires de France m'a faite le 21 octobre, que le Gouvernement Français tient à différer l'examen du troisième article, en ce qui concerne l'annexe C, jusqu'à ce que l'Assemblée nationale ait fixé les droits à percevoir sur les matières brutes importées en France.

On demande l'assentiment du Gouvernement de Sa Majesté Britannique pour les motifs suivants :

La nécessité où la France se trouve de se procurer un revenu proportionné au surcroît de charges que la récente guerre a fait peser sur ses ressources;

Le mécontentement qu'on avait déjà éprouvé en France au sujet de quelques-unes des diminutions de droits stipulées par le Traité de 1860, et la nécessité, provenant du surcroît de la taxation, de donner une certaine protection à l'industrie française. Le Gouvernement Français est d'autant plus désireux d'obtenir l'assentiment du Gouvernement de Sa Majesté Britannique à ces propositions, qu'il prévoit que d'autres Puissances, avec lesquelles il espère faire des arrangements de la même nature, seront portées à suivre l'exemple de l'Angleterre.

D'autres arguments d'une nature différente ont été présentés au Gouvernement de Sa Majesté Britannique. Certains représentants de la France ont dit qu'il importe de faire des concessions pour sauver un traité ; autrement la France pourrait rétablir des droits plus fortement protecteurs et même prohibitifs. Le Président de la République a dit à lord Lyons que le Gouvernement Français (tout en croyant qu'il était sage et prudent de laisser les différentes nations régler leurs mesures fiscales d'après leurs idées sur la nécessité et sur l'opportunité, sans être entravées par des conventions commerciales avec des Puissances étrangères) pensait qu'il serait désirable de conserver le Traité avec des modifications, pour des raisons politiques.

En ce qui concerne le premier de ces motifs, il est presque inutile que je dise que le Gouvernement de Sa Majesté Britannique éprouve une sympathie sincère pour le Gouvernement de la France, à l'égard des embarras que les récents événements lui ont occasionnés, et que le Gouvernement de Sa Majesté Britannique serait heureux de pouvoir contribuer à dissiper ces embarras autant qu'il pourrait le faire sans manquer aux égards dus aux intérêts du commerce britannique et aux grands principes qui sont la base de tous les intérêts commerciaux.

Le Gouvernement de Sa Majesté Britannique reconnaît complétement la justesse du principe de la parfaite liberté d'action, en ce qui concerne les mesures fiscales, posé par le Président de la République. Le Gouvernement de Sa Majesté Britannique reconnaît franchement avoir laissé de côté ce principe dans le Traité de 1860 et l'avoir laissé de côté malgré les observations de personnes dont les opinions méritaient d'être prises en sérieuse considération. Mais le Gouvernement de Sa Majesté Britannique l'a fait pour deux motifs très-importants :

1° Le Gouvernement de Sa Majesté Britannique espérait, et les événements ont démontré qu'il avait eu raison, que, par les concessions faites à la France, il favorisait la liberté du commerce qu'il considérait comme indispensable au bien-être matériel de toutes les nations, et que, conjointement avec la France, il donnait un exemple que les autres nations européennes ne tarderaient pas à suivre, et qu'elles ont en effet suivi, au grand bénéfice de l'industrie et du commerce indigènes et étrangers.

2° Le Gouvernement de Sa Majesté Britannique avait l'assurance qu'à mesure que les intérêts matériels communs se développeraient entre les nations, les bases de la concorde se trouveraient établies entre elles et les chances de la guerre seraient diminuées. Animé de ce même esprit, le Gouvernement de Sa Majesté Britannique outre-passa volontairement les stipulations du Traité de 1860, et plus particulièrement en ce qui concerne les droits sur les vins et les tabacs.

Actuellement, on demande au Gouvernement de Sa Majesté Britannique de revenir sur ses pas, en consentant à l'imposition de droits plus fortement protecteurs sur les marchandises britanniques et de donner l'appui de l'Angleterre à une politique qui discrédite et compromet la doctrine du libre échange, dont la propagation était un objet principal de la conclusion du Traité de 1860. En même temps, nous sommes avertis que la marine britannique pourrait être frappée de nouveaux droits, et que ecommerce indirect, par navires britanniques, pourrait être soumis à de nouvelles restrictions, au détriment du grand commerce entrepositaire de ce pays.

Et cependant, on paraît s'attendre à ce que le Gouvernement Britannique, soumis à ces désavantages, continuerait d'observer les autres dispositions du Traité et des Conventions de 1860 qui entravent sa propre liberté fiscale en ce qui concerne les droits sur la houille, les vins et les alcools.

En outre, le Traité cessera d'être en vigueur à l'expiration du délai fixé; et il n'y aura, alors, aucune disposition qui garantisse à l'Angleterre l'égalité des traitement accordée aux autres nations en vertu de la clause portant assurance du régime de la nation la plus favorisée.

Le Gouvernement de Sa Majesté Britannique éprouve une grande répugnance à donner l'exemple d'une négociation destinée, non pas à diminuer, mais à augmenter les droits protecteurs; politique que le Gouvernement de Sa Majesté Britannique croit plus nuisible aux États qui les imposent qu'aux États que ces droits sont supposés atteindre.

Mais, quand même ces considérations ne se seraient pas présentées au Gouvernement de Sa Majesté Britannique, le vague des propositions actuelles de la France rendrait nécessairement encore plus difficile, pour le Gouvernement de Sa Majesté Britannique, de décider jusqu'à quel point il lui serait loisible, dans son ardent désir d'accéder aux vœux de la France, de consentir à une augmentation des droits sur les marchandises britanniques.

Le Gouvernement de Sa Majesté Britannique sait parfaitement que, de sa part, il serait présomptueux de vouloir donner des conseils au Gouvernement de la France relativement aux meilleurs moyens de lever le fort revenu dont il a actuellement besoin. On connaît les effets de l'absence ou de la diminution de la protection sur la prospérité des différents États. On connaît également les effets extraordinaires produits dans la Grande-Breagne, par le libre échange, sur les classes industrielles, les consommateurs et même sur le revenu. Le Gouvernement de Sa Majesté Britannique sait que, malgré l'immense augmentation du commerce entre la Grande-Bretagne et la France, sous le régime du Traité de 1860, et les avantages qui en ont résulté pour les consommations des deux pays, le Président de la République Française et d'autres personnes en France considèrent que ces avantages ont été contre-balancés par des désavantages; opinion qui ne serait probablement point modifiée par les arguments que le Gouvernement de Sa Majesté Britannique pourrait faire valoir. Le Gouvernement de Sa Majesté Britannique est pourtant heureux de penser qu'il n'y a rien, en ce qui concerne la présente négociation, qui doive troubler les relations amicales qui existent actuellement entre les deux Gouvernements.

Si le Gouvernement de la République peut réfuter les objections aux propositions actuelles que j'ai soumises à sa considération, le Gouvernement de Sa Majesté Britannique sera heureux d'adhérer à une mesure qui lui serait formellement proposée par la France. D'un autre côté, si, en dernier lieu, il trouve nécessaire de laisser à la France le recours à la dénonciation du Traité, au cas qu'elle la juge opportune, le regret que le Gouvernement de Sa Majesté Britannique éprouvera d'un pareil résultat sera adouci, non-seulement par sa connaissance des sentiments personnels du Président de la République, mais encore par la conviction que la liberté des relations commerciales ne pourra être définitivement obtenue que par la croyance des nations intéressées aux avantages qu'elle procure; et, respectant sans aucune réserve le droit moral ainsi que le droit formel de la France de prononcer sur ce qui concerne ses propres intérêts et d'agir en conséquence, le Gouvernement de Sa Majesté Britannique ne souffrira pas que le changement, qu'il pourra déplorer, agisse d'une manière défavorable sur les sentiments qu'il a toujours éprouvés pour le Gouvernement et le Peuple Français.

Vous remettrez à M. de Rémusat la copie de présente dépêche.

J'ai l'honneur, etc.

Signé GRANVILLE.

XII.

L'Ambassadeur de France
à Lord Granville.

Londres, le 3o novembre 1871.

L'Ambassadeur de France a l'honneur de transmettre à Son Exc. M. le Comte Granville la note ci-jointe, qu'il a reçu de son Gouvernement ordre de lui communiquer.

Le Duc de Broglie espère que le Gouvernement Britannique ne se méprendra pas sur les intentions amicales qui ont dicté au Gouvernement Français la ligne de conduite dont la note fait connaître les impérieux motifs; et il sera très-empressé de donner à cet égard à M. le Comte Granville toutes les explications verbales qui pourraient être désirées, dès qu'il lui sera permis de s'entretenir avec Son Excellence.

Il saisit cette occasion pour offrir à M. le Comte Granville l'assurance de sa haute considération.

Note communiquée par l'Ambassadeur de France à Lord Granville.

Le Ministre des Affaires étrangères de la République Française a reçu du Ministre d'Angleterre communication de la dépêche par laquelle le Principal Secrétaire d'État de Sa Majesté Britannique fait connaître les difficultés que son Gouvernement aperçoit aux modifications proposées par la France au Traité du 23 janvier 1860, par application des articles 9 et 21 dudit Traité.

Nous nous plaisons à reconnaître dans ce document la confirmation des sentiments d'amitié dont nous avons, maintes fois, dans le cours d'une délicate négociation, recueilli l'expression de la part des Ministres de Sa Majesté. Le Gouvernement Français n'a jamais mis en doute le sincère désir du Gouvernement Anglais de nous faciliter, autant qu'il peut dépendre de lui, les moyens de faire face aux difficultés financières que nous pouvons avoir à traverser, et les assurances que Lord Granville renouvelle à cet égard ont, pour nous, un grand prix.

Animés des mêmes sentiments et du désir de n'altérer en rien les excellents rapports qui subsistent entre nos deux Gouvernements, nous devons rappeler que, dès l'origine de la négociation, le Président de la République Française, bien que persuadé des atteintes graves que le régime commercial établi en 1860 portait aux intérêts de l'industrie nationale, et notamment à ceux de la marine marchande, avait déclaré l'intention de maintenir, dans tout ce qu'il a d'essentiel, le Traité du 23 janvier, et de donner ainsi le témoignage du prix qu'il attache à la stabilité des relations bienveillantes entre l'Angleterre et la France. En conséquence, il n'a été proposé de notre part que des modifications sur des points de détail, modifications qui résultaient d'une enquête ouverte par le Gouvernement précédent et qu'il avait dessein de proposer lui-même. En même temps, une création nouvelle de taxes à l'intérieur devait amener, à l'extérieur, une augmentation de droits correspondante, ainsi que le Traité lui-même l'avait prévu.

Dès le mois de juillet dernier, nos vues ont été communiquées au Gouvernement Britannique. A la suite de nombreux entretiens, complétés par des échanges de notes, le Principal Secrétaire d'État a invité le Gouvernement Français à préciser plus nettement ses intentions en libellant ses demandes dans un projet de traité destiné à remplacer nos anciennes conventions. Cette proposition a été accueillie comme une manifestation de la volonté du Gouvernement Britannique de sortir des généralités pour aborder les détails, et arriver, s'il était possible, à un arrangement pratique. Nous nous attendions, assurément, à voir un débat s'engager sur quelques-unes des stipulations énoncées ; du moins, nous était-il permis d'espérer que les questions de théorie agitées dans les précédents entretiens seraient mises au second rang, et que nos propositions seraient examinées en elles-mêmes. Ramenées à leurs termes véritables, elles avaient été comprises, en Angleterre même et dans le monde commercial, comme des stipulations discutables, mais contre lesquelles ne s'élevait aucune objection fondamentale. L'opinion publique ne les repoussait plus. Ce n'est donc pas sans étonnement qu'au lieu des objections techniques que pouvait provoquer l'examen d'un texte positif, nous avons trouvé reproduites dans la réponse du Principal Secrétaire d'État les mêmes considérations générales qui avaient été opposées, il y a quatre mois, au début même de la négociation, et qui auraient pu y mettre immédiatement un terme, si elles avaient été présentées comme un dernier mot. Sans la confiance que nous persistons à mettre dans le bon vouloir et les dispositions conciliantes du Gouvernement Britannique, il nous serait difficile de ne pas voir dans la réponse du Comte Granville une sorte de fin de non-recevoir et l'ajournement de toute négociation.

Mais nous voudrions conserver un meilleur espoir, et nous rappellerons que nos demandes se divisaient en deux parties complétement distinctes l'une de l'autre : les premières portaient sur des rectifications de tarifs, elles n'étaient que l'application de l'article 21 du Traité de 1860 ; les secondes avaient pour objet d'établir sur un certain nombre de marchandises les taxes de compensation prévues par l'article 9. Ces demandes, séparées à dessein, pouvaient être rendues indépendantes les unes des autres. Celles qui étaient relatives aux droits compensateurs avaient été présentées, au début de la négociation, dans l'hypothèse de l'établissement prochain d'un impôt sur les matières premières ; mais, l'Assemblée nationale s'étant prorogée avant l'adoption de cette mesure préliminaire, la question n'offrait plus un intérêt immédiat, et nous consentions à n'en point presser la solution. D'ailleurs, sur ce point, le Gouvernement Anglais ne pouvait élever d'objection au fond, et il ne présentait en effet d'observations que sur le chiffre des taxes projetées.

Quelles étaient donc, en définitive, les bases sur lesquelles reposait la négociation ? Sur quels points portaient nos propositions ? Elles se résumaient en une simple rectification de tarifs pour les marchandises énumérées au tableau B du projet, c'est-à-dire pour un nombre très-restreint des produits anglais importés en France. Ces produits se réduisent en effet aux fils et aux tissus de lin, de chanvre, de coton et de laine ; et encore convient-il de remarquer que, pour les fils de lin, de chanvre et de coton, les modifications demandées ne concernent que la moitié seulement des classes du tarif, celles qui comprennent les numéros dont l'Angleterre importe le moins; pour les fils de laine, il n'est question que des fils de laine cardée, dont l'importation anglaise est absolument nulle; pour les tissus de lin et de chanvre, il ne s'agit que d'une simple correction de tarif, sans augmentation de droits; pour les tissus de coton, deux des catégories seulement sont atteintes dans de très-faibles proportions. Il est donc permis d'affirmer qu'en réalité l'unique modification qui puisse présenter de l'intérêt pour l'industrie anglaise est celle qui porte sur les tissus de laine mélangée.

Est-il possible, dès lors, de prétendre que le régime commercial sur lequel reposent les relations entre la France et l'Angleterre serait compromis, si nos demandes étaient accueillies? Il faudrait alors considérer l'article 21 du Traité comme une lettre morte, car on se demanderait dans quel cas cet article pourrait trouver son application. Le Traité de 1860 deviendrait un texte inflexible dont toutes les dispositions, s'enchaînant l'une à l'autre, seraient, en quelque sorte, solidaires. C'est là une doctrine absolue, qui ne saurait avoir cours entre des Gouvernements, que doit toujours guider l'esprit de transaction, puisqu'ils ont à concilier les intérêts les plus divers.

Il semblerait cependant qu'en opposant des vues générales à des propositions spéciales, le Gouvernement Britannique tend à s'interdire en effet toute transaction et à mettre ainsi le Gouvernement Français dans l'alternative, ou de sacrifier des intérêts qu'il ne peut abandonner, ou de renoncer à l'ensemble des stipulations consacrées par un Traité dont il acceptait le maintien. Le trouble que cette renonciation entraînerait dans les relations commerciales entre les deux Pays ne peut cependant être indifférent à l'Angleterre. Le Traité de 1860 a été assurément, en France, l'objet des appréciations les plus diverses. Il a soulevé des objections sérieuses, de vives réclamations; mais, s'il a pu porter dans certaines industries de regrettables perturbations, il a donné à d'autres industries un remarquable essor et créé entre la France et l'Angleterre de nouvelles relations dont l'interruption soudaine ne peut être désirée par le commerce britannique. C'est pour ces motifs que le Gouvernement Français, loin de dénoncer le Traité, avait cru le confirmer en quelque sorte en améliorant quelques détails, en apportant certaines modifications à celles de ses dispositions qui avaient soulevé les plaintes les plus pressantes.

Il nous semble que cette extrême modération de notre part ne portait aucune sérieuse atteinte aux idées de libre échange dont le Gouvernement Britannique semble faire le principal objet de ses préoccupations. Il n'en serait pas de même apparemment, si nos propositions étaient définitivement écartées et si l'abandon du Traité lui-même devenait nécessaire et rendait à l'industrie française toute sa liberté.

Nous nous refusons à croire que ces considérations ne frappent pas l'esprit éclairé et pratique du Gouvernement Anglais; nous nous refusons à croire qu'il ne revienne pas à une plus juste appréciation de nos demandes et que la négociation puisse être regardée comme close. Nous restons toujours prêts à la suivre. Mais, comme il se peut qu'elle n'amène aucun résultat, nous pensons qu'il faut assigner un terme aux délais qui, dans ce cas, pourraient, en se prolongeant, mettre nos intérêts en souffrance, et nous devons informer le Gouvernement Britannique que notre intention est de dénoncer, dès que l'Assemblée nationale sera réunie, le Traité du 23 janvier 1860, dont les effets devraient cesser avec l'année qui suivra la dénonciation, conformément aux prévisions de l'article 21.

Du reste, jusqu'au dernier jour des délais prescrits, la négociation commencée pourra être continuée ou reprise, et nous nous féliciterons toujours d'arriver à une entente avec le Gouvernement de la Reine.

Quelle que soit, d'ailleurs, la réponse du Principal Secrétaire d'État, elle ne saurait altérer en rien les rapports d'amitié qui unissent les deux Gouvernements comme les deux Nations, et nos sentiments s'accordent entièrement sur ce point avec ceux que nous avons été heureux de trouver exprimés dans la note communiquée par le Ministre d'Angleterre.

Versailles, le 15 novembre 1872.

XIII.

Lord GRANVILLE
    à M. le Duc DE BROGLIE.

(TRADUCTION.)

Foreign-Office, le 8 janvier 1872.

Monsieur l'Ambassadeur, j'ai eu l'honneur de vous accuser réception, le 1er du mois dernier, de la lettre que Votre Excellence m'avait adressée le 30 novembre avec une note verbale exposant les vues du Gouvernement Français sur la question des négociations engagées entre le Gouvernement de la France et celui de Sa Majesté pour la modification du Traité de commerce de 1860, et je vous ai fait savoir en même temps que je réservais pour une prochaine occasion mes observations sur la note dont il s'agit.

Je vous demande maintenant, Monsieur l'Ambassadeur, la permission de me référer d'abord à la partie de la note dans laquelle, après avoir rappelé que, depuis le mois de juillet dernier, le Gouvernement de Sa Majesté est en possession des vues du Cabinet Français quant aux changements qu'il désire apporter au Traité de 1860, un *désappointement* est exprimé de ce que le Cabinet Anglais, ayant connaissance de ces vues, ait attendu la communication de ma note du 1er novembre pour informer le Gouvernement Français que le Gouvernement de Sa Majesté voyait des inconvénients à entrer dans une discussion de détails sur les propositions de la France, et la déclinait en se fondant sur des principes généraux.

Avant de rapprocher les dates des communications échangées entre les deux Gouvernements sur ce sujet, je demande la permission à Votre Excellence de revenir au terrain sur lequel se plaçait la première demande d'une révision du Traité de commerce adressée au Gouvernement de Sa Majesté. Elle reposait alors sur la nécessité où se trouvait la France de se procurer une augmentation de revenu, pour subvenir aux lourdes charges que la dernière guerre lui avait léguées.

Le Gouvernement de Sa Majesté ne pouvait contester l'existence de cette nécessité, et il aurait pensé, dès lors, manquer aux sentiments amicaux dont tous les partis dans ce pays sont animés pour la France, et que le Gouvernement de Sa Majesté partage, s'il n'avait pas examiné avec soin s'il n'y avait pas moyen d'accéder aux propositions du Gouvernement Français.

En conséquence, aussitôt après avoir reçu la note que Votre Excellence m'a communiquée le 18 juillet, et qui a pour la première fois mis entre les mains du Gouvernement de Sa Majesté un aperçu des changements qu'on se proposait d'apporter au tarif français, le Gouvernement de Sa Majesté examina ce document avec le plus sincère désir de répondre, autant que possible, à l'objet qu'il croyait que le Gouvernement Français avait en vue en le lui communiquant, à savoir le moyen d'augmenter ses ressources. A la suite de cet examen, il fut toutefois reconnu : premièrement, que de plus amples renseignements devaient être donnés pour mettre le Gouvernement en mesure de prendre un parti sur les propositions de la France, et, secondement, que, dans une question qui touchait à des intérêts anglais aussi sérieux, il était nécessaire de consulter les différentes Chambres de commerce du pays pour connaître l'effet que pourraient produire sur les intérêts qu'elles représentent les modifications proposées par le Gouvernement Français.

J'ai donc eu l'honneur d'adresser le 5 août une note à Votre Excellence pour lui demander les informations nouvelles que le Gouvernement de Sa Majesté avait besoin de recevoir avant de pouvoir prendre une décision sur les propositions de la France.

Ce ne fut pas cependant avant le 13 septembre que j'eus l'honneur de recevoir la note de Votre Excellence renfermant un projet de traité de commerce accompagné de deux tableaux dans lesquels étaient indiqués quelques-uns des changements que le Gouvernement Français se proposait de faire au Traité de 1860.

Ce projet était toutefois loin d'être complet, attendu qu'il laissait dans le doute le montant des droits dont serait grevée une grande quantité d'articles compris dans la troisième annexe (Tableau C), à laquelle se référait l'article 3 du projet, et ce Tableau C n'a pas encore été communiqué au Gouvernement de Sa Majesté, parce que l'Assemblée nationale n'a pas encore fixé le taux des droits à prélever sur les articles énoncés audit tableau.

Je n'ai pas manqué de soumettre immédiatement ces importants documents à l'examen de mes collègues, et des mesures furent prises également pour obtenir l'avis des différentes Chambres de commerce sur le projet français.

Il ne peut échapper à Votre Excellence que, quel que fût le désir du Gouvernement de Sa Majesté d'arriver à une prompte décision au sujet des propositions françaises, l'importance des intérêts qui s'y trouvaient engagés rendait nécessaire un examen très-attentif, examen rendu plus difficile par la forme dans laquelle ces propositions étaient présentées.

Ce ne fut donc pas avant le 1ᵉʳ novembre que je fus mis en mesure de communiquer à Votre Excellence les vues du Gouvernement Anglais sur les propositions formulées dans le projet français.

En ce qui concerne donc le retard qui pourrait être imputé au Gouvernement de Sa Majesté dans l'examen des propositions françaises, il résulte du rapprochement des dates des notes échangées que, du 18 juillet, jour où Votre Excellence m'a communiqué pour la première fois un aperçu des modifications proposées, au 5 août, date de ma réponse ayant pour objet d'obtenir un complément d'informations, une période de dix-huit jours s'est écoulée, et entre la dernière de ces dates et le 13 septembre, jour auquel j'ai reçu la réponse de Votre Excellence, une nouvelle période de trente-neuf jours s'est écoulée, et enfin, du 13 septembre, date de la note de Votre Excellence mentionnée en dernier lieu, au 1ᵉʳ novembre, date de la communication faite à Votre Excellence des vues du Gouvernement de Sa Majesté sur les propositions du Gouvernement Français, une nouvelle période de quarante-six jours est intervenue.

Ce rapprochement montre que le Gouvernement de la Reine a pris sept jours de plus pour examiner le projet du Traité français dans tous ses détails qui sont fort nombreux, qu'il n'en a fallu au Gouvernement du Président pour faire son projet. Il y a cependant lieu de croire qu'il en avait complétement arrêté les détails avant de communiquer un premier aperçu au Gouvernement de la Reine par l'intermédiaire de Votre Excellence le 18 juillet précédent, et je ne puis douter que Votre Excellence, tenant compte de l'importance des intérêts engagés et des questions qu'il y avait lieu d'examiner, ne s'accorde avec moi pour reconnaître que la comparaison des dates que je viens de relever ne permet d'imputer au Gouvernement de Sa Majesté aucune intention dilatoire (*delatoriness*) dans l'examen des propositions françaises.

Le résultat de l'étude à laquelle le Gouvernement de Sa Majesté s'est livré sur le projet de traité français, bien que les documents qui lui ont été communiqués ne lui aient pas permis d'établir son appréciation sur une vue complète de son ensemble, l'a amené à se convaincre que les dispositions en avaient été arrêtées plutôt dans un but de protection pour les manufactures françaises, qu'en vue d'une augmentation de revenus, et le Gouvernement de Sa Majesté, ayant conçu cette opinion, a pensé qu'il ne pourrait, en restant fidèle à sa manière de voir, accepter les propositions françaises telles qu'elles étaient alors présentées.

Le Gouvernement de Sa Majesté a hésité d'autant moins à prendre ce parti, que M. Thiers a, dans plus d'une occasion, exprimé l'opinion très-arrêtée qu'il serait de l'intérêt de la France de n'être embarrassée par les engagements d'aucun traité avec les Puissances étrangères pour le règlement de son système commercial, et qu'il a paru, en conséquence, que le Président faisait, jusqu'à un certain point, violence à ses opinions personnelles, et qu'il s'en écartait, si même il n'agissait pas dans un sens contraire aux intérêts de la France, quand il demandait au Gouvernement de Sa Majesté de souscrire aux modifications proposées.

Accepter le projet de traité français dans cet état de choses, c'était placer chacun des deux Gouvernements dans la fausse position de consentir, dans l'intérêt de l'autre Gouvernement, à des propositions que l'un et l'autre considèrent comme contraires aux véritables intérêts des deux pays; position anomale, qui ne manquerait pas de créer de graves embarras. Si cependant le Gouvernement Français pouvait être mis en mesure d'apporter à son projet de révision du Traité de 1860 les changements nécessaires pour écarter les objections que ses propositions soulèvent de la part du Gouvernement de sa Majesté, à raison des principes de restriction commerciale sur lesquels elles sont fondées, le Gouvernement de Sa Majesté serait très-désireux de pouvoir s'entendre avec lui sur ce sujet.

Il me reste seulement à ajouter, Monsieur l'Ambassadeur, que ç'a été un sujet de grande satisfaction pour le Gouvernement de Sa Majesté, de trouver dans le ton de la note de M. de Rémusat et dans les assurances qu'elle contient la confirmation du fait que les deux Gouvernements désirent également que leurs relations politiques ne puissent être en aucune manière affectées par la décision qui pourrait intervenir en ce qui concerne la révision du Traité.

Veuillez agréer, etc.

Signé Granville.

XIV.

Lord Lyons
> au Ministre des Affaires étrangères.

(TRADUCTION.)

Paris, le 19 janvier 1872.

Monsieur le Ministre, pour prévenir à la fois toute erreur et tout malentendu possibles, je suis chargé par le Principal Secrétaire d'État au Département des Affaires étrangères de Sa Majesté d'exposer au Gouvernement Français que le Gouvernement Anglais n'a acquiescé directement ni indirectement à aucune proposition quelconque d'imposer les matières premières qui, en vertu de la seconde Convention additionnelle du 16 novembre 1860, sont exemptes d'impôt.

Je suis chargé, en outre, de faire remarquer à Votre Excellence que le Gouvernement Anglais n'a, ni directement ni indirectement, acquiescé à une proposition définie quelconque relative soit à des droits différentiels qui seraient imposés sur les produits anglais manufacturés par voie de compensation pour la taxe qui serait établie sur les matières premières, soit au drawback à accorder aux manufacturiers français au moment de l'exportation.

Je suis également chargé de rappeler à Votre Excellence qu'aucune proposition définie sur l'un de ces points n'a encore été soumise au Gouvernement de Sa Majesté, et j'ai pour instruction particulière de demander que le malentendu qui semble avoir existé dans cette question soit immédiatement redressé.

J'ai l'honneur, etc.

Signé LYONS.

XV.

NOTE VERBALE.

AMBASSADE D'ANGLETERRE.

Paris, le 20 janvier 1872.

Dans la note que Lord Lyons a eu l'honneur d'adresser à M. de Rémusat le 19 courant, par ordre du Premier Secrétaire d'État au Département du Ministère des Affaires étrangères de Sa Majesté Britannique, il a exposé que le Gouvernement de Sa Majesté n'avait acquiescé ni directement ni indirectement à aucune proposition tendant à imposer un droit sur les matières premières importées en France. Lord Lyons a fait savoir, en outre, que l'on n'avait acquiescé ni directement ni indirectement à aucune proposition spéciale, soit relative à la création d'un droit différentiel sur les produits manufacturés anglais, comme compensation, en faveur du manufacturier français, de la taxe qui serait imposée sur les matières premières de son industrie, soit relative à un drawback à l'exportation qui serait accordé aux produits manufacturés français.

En tout ce qui concerne ces points, le Traité et les Conventions de 1860 restent inattaqués et forment la règle des relations commerciales entre les deux pays.

On aurait pu, sans doute, revenir sur ces points, si le Gouvernement Français n'avait pas à dessein retiré de la discussion l'article 3 du Traité soumis au Comte Granville par le Duc de Broglie dans la note de Son Excellence datée du 13 septembre dernier; mais, malgré ce retrait, Lord Granville crut nécessaire de faire remarquer en termes généraux, dans une dépêche adressée à M. West le 1er novembre dernier pour être communiquée au Gouvernement Français, tout le vague des propositions françaises, vague qui crée une nouvelle difficulté au Gouvernement de Sa Majesté, toujours empressé de répondre favorablement aux désirs de la France, mais qui doit préciser jusqu'à quel point il pourrait consentir à une élévation des droits sur les produits anglais.

En outre, dans sa lettre datée du 5 août dernier et adressée au Duc de Broglie, Lord Granville posait cette question : « Quelle est l'intention « du Gouvernement Français au sujet du tarif sur les matières pre-« mières qui sont en même temps produites en France et importées « du dehors ? »

Aucune réponse n'a été faite à cette question.

Il est donc évident qu'il n'y a aucune raison de croire que le Gouvernement de Sa Majesté ait encouragé l'attente d'une disposition de sa part à faire des concessions au delà du texte strict du Traité et des Conventions de 1860, et le Gouvernement de Sa Majesté est très-loin d'accepter l'assertion que les droits sur les matières premières proposées dans le projet de loi présenté par le Gouvernement à la Chambre pourraient être imposés immédiatement en vertu des clauses des traités de commerce qui sanctionnent l'établissement de droits de douane pour contre-balancer les droits intérieurs sur des articles de même nature.

Le Gouvernement de Sa Majesté admet parfaitement et dans toute leur application l'article 9 du Traité de commerce du 23 janvier 1860 et l'article 3 de la seconde Convention additionnelle du 16 novembre 1860, mais il n'a pas admis qu'il ne ferait aucune objection à ce qui pourrait être décidé en France relativement aux droits inscrits aux tarifs.

Au contraire, le Gouvernement a réclamé expressément un clair exposé de ce qui était projeté, puisque c'était seulement quand cet exposé serait sous ses yeux qu'il pourrait juger du mérite des propositions françaises et régler sa marche en conséquence du jugement qu'il aurait pu se former.

Il y a deux autres malentendus qui semblent avoir existé et qu'il est bon de redresser.

Le premier consiste en ce que le Gouvernement de Sa Majesté aurait renoncé absolument à toute idée de toucher aux droits sur les vins, tels qu'ils sont établis aujourd'hui en Angleterre.

Ce que le Gouvernement de Sa Majesté a dit, c'est que, quelque marche que le Gouvernement français pût adopter en ce qui concerne le Traité, le Gouvernement anglais ne songerait certainement jamais à recourir, par manière de représailles, à la voie mortelle (*suicidal*) d'une politique protectionniste. Mais, dans la dépêche susmentionnée du 1er novembre, Lord Granville a fait une allusion directe au peu de raison qu'aurait le Gouvernement Français d'espérer que la Grande-Bretagne, nonobstant les préjudices auxquels on lui demandait de se soumettre, continuât d'observer les autres stipulations du Traité et des Conventions de 1860 qui engagent sa liberté fiscale en ce qui touche les droits sur les charbons, les vins et les spiritueux.

L'autre point se rapporte à l'assertion portant que l'Angleterre aurait déclaré, à plusieurs reprises, que l'Angleterre aurait été contrainte par la France aux traités de commerce. Les raisons qui ont engagé le Gouvernement de Sa Majesté à proposer la négociation du Traité furent, comme le porte la dépêche du 1er novembre, les espérances qu'il avait conçues que, par les concessions faites à la France, il ferait un pas vers la liberté du commerce qu'il regardait comme essentielle au bien-être de toutes les nations, et aussi qu'en posant par-là les bases de la concorde, il diminuerait les chances de guerre.

La dépêche du 1er novembre a été communiquée par M. West à M. de Rémusat le 3 du même mois.

XVI.

Le Ministre des Affaires étrangères

à lord Lyons.

Versailles, le 27 janvier 1872.

Monsieur l'Ambassadeur, j'ai reçu la lettre que vous m'avez fait l'honneur de m'écrire, le 19 du courant, pour m'informer qu'afin d'éviter tout malentendu possible, vous êtes chargé par le Principal Secrétaire d'État de Sa Majesté Britannique de constater, par une communication au Gouvernement Français :

1.° Que le Gouvernement Anglais n'a acquiescé ni directement ni indirectement à aucune proposition de taxer les matières premières affranchies de tous droits par la seconde Convention supplémentaire du 16 novembre 1860;

2° Qu'il n'a nullement acquiescé non plus à aucune proposition définie d'imposer à des objets manufacturés en Angleterre des droits différentiels, comme compensation de taxes frappées sur les matières premières, et d'accorder un drawback à l'exportation à certains produits de l'industrie française;

3° Qu'aucune proposition définie sur aucun de ces points n'a été encore soumise au Gouvernement de la Reine, et Votre Excellence a pour instructions de demander le redressement des malentendus qui, à ces divers égards, paraissent avoir eu lieu.

Une note verbale communiquée le lendemain ajoute à ces premières observations que Lord Granville a vainement demandé un tableau des changements de tarif projetés par la France. De plus, il nous est déclaré que jamais le Gouvernement Britannique n'a donné lieu de présumer qu'il fût disposé à faire des concessions au delà de la stricte exécution du Traité et des Conventions de 1860, ni qu'il admît que les clauses desdits actes autorisassent la France à l'établissement immédiat d'aucune espèce de droits dits *compensateurs*, avant qu'il eût pu prendre connaissance des tarifs et régler sa conduite sur le jugement qu'il en porterait.

Nous sommes, en outre, avertis par la même note :

1° Que, si le Gouvernement de la Reine désavouait, quelques mesures qu'adoptât la France, toute idée de recourir par voie de représailles aux procédés d'une politique toute protectionniste, il ne se regarderait pas comme obligé de maintenir les stipulations du Traité et des Conventions qui engageraient sa liberté fiscale par rapport aux droits sur les charbons, les vins et les esprits;

2° Qu'il n'est pas exact que les Traités de commerce lui aient été imposés par la France, mais qu'il s'est décidé à les conclure comme un acheminement vers la liberté du commerce, qu'il regarde comme essentielle au bien-être de toutes les nations.

J'ignore, Monsieur l'Ambassadeur, les motifs qui ont déterminé le Gouvernement de Sa Majesté Britannique à nous adresser des déclarations qui semblent destinées à rectifier des assertions qu'on ne rencontre ni dans nos communications officielles ni dans notre correspondance, et nous ne contesterons point l'exactitude littérale des affirmations contenues dans les documents précités, quoiqu'il y eût plus d'une observation à faire sur les conséquences qui paraîtraient résulter des termes d'une rédaction trop absolue.

Mais je me bornerai à un petit nombre de remarques que je prie Votre Excellence de mettre sous les yeux du Gouvernement de la Reine.

C'est en juillet dernier, il y a plus de six mois, que nous avons fait connaître à l'Angleterre notre intention de maintenir le Traité du 23 janvier 1860 et de le renouveler pour une certaine durée, moyennant quelques modifications de détail qui, aux termes de l'article 21, n'en altéreraient point l'esprit.

En même temps, nous vous avons informé qu'en nous prévalant de l'article 9 du Traité et de l'article 3 de la Convention du 16 novembre,

nous avions le projet, à l'effet de nous créer des ressources pour satisfaire à d'onéreux engagements, d'imposer à l'importation les matières
premières et notamment les textiles, ce qui entraînait l'établissement
de droits compensateurs sur certains produits étrangers.

Le Gouvernement Anglais nous a répondu par des témoignages de
bon vouloir plusieurs fois répétés, et dont nous n'avons pas perdu le
souvenir. Il nous a déclaré, à plusieurs reprises, qu'il était sincèrement
disposé à assister la France dans ses nécessités financières. Or par
quel autre moyen pouvait-il réaliser ces assurances que par son
acquiescement à des créations ou à des augmentations de taxes sur des
objets de commerce? Nous avons dû penser, en conséquence, que le
Gouvernement Anglais ne faisait nulle objection directe au principe de
nos propositions. Et en effet jamais la faculté de modifier les tarifs en
relevant modérément la taxe de certains articles, jamais l'application
que nous entendions faire du principe des droits compensateurs ne
nous ont été contestées. Si je me reporte soit aux entretiens que j'ai eu
l'honneur d'avoir avec Votre Excellence ou aux explications qu'elle a
échangées avec M. le Président de la République, soit aux pièces officielles émanées du *Foreign-Office,* soit aux pourparlers dont les négociateurs français m'ont transmis la relation, aucune fin de non-recevoir
n'a été opposée au fond de nos propositions, et nous avons été fondés
à croire que toute la difficulté portait sur les moyens d'exécution, sur
le choix des marchandises imposables, sur la quotité des tarifs, en un
mot sur des questions particulières; et tels sont, en effet, les seuls
points abordés dans une négociation qui a duré plus de sept mois.
Jamais nous n'avons été autorisés à supposer que le Gouvernement
Anglais fût décidé à résister à toute modification à la lettre des Traités,
où qu'il repoussât l'application de l'article 9 au cas où des nécessités
fiscales obligeraient l'une des Parties contractantes à imposer chez
elle les matières premières.

Toujours nous avons eu lieu d'espérer qu'une entente parfaite
pourrait s'établir entre nous sur les points en discussion. Cependant,
et surtout dans ces derniers temps, le Gouvernement Britannique ne
nous a pas laissé ignorer sa répugnance à souscrire à des stipulations

qui pourraient paraître, à un certain degré, non des progrès, mais des pas rétrogrades dans la carrière de la liberté des échanges; et il est vrai enfin que, par une note du 1er novembre dernier, et pour la première fois, le Principal Secrétaire d'État de Sa Majesté Britannique pour les Affaires étrangères ne nous a laissé qu'un faible espoir de mener à bien les négociations si vainement prolongées. Non qu'il ait retiré l'assentiment implicite accordé à l'admissibilité de nos bases de négociation ; mais il nous a mieux fait connaître les considérations générales qui rendaient difficile au Gouvernement Anglais de les accepter aujourd'hui.

Sans renoncer à l'espoir de voir, par des explications ultérieures, s'aplanir des difficultés que nous regrettons, et s'attester par des effets les dispositions bienveillantes dont nous avons reçu l'assurance répétée, la nécessité de recouvrer notre liberté fiscale et la faculté de recourir à toutes les ressources qui peuvent subvenir aux nécessités de nos finances nous détermineront à ne pas prolonger la durée des conventions commerciales qui nous lient avec l'Angleterre, et dont le terme est arrivé. Nous avons longtemps désiré éviter la dénonciation du Traité du 23 janvier 1860; mais il nous a paru que le Gouvernement Britannique lui-même la préférerait à des modifications qui pourraient, du moins en apparence, coûter quelque chose à la rigueur de ses principes économiques.

En dénonçant le Traité, nous n'entendrions nullement fermer la négociation qui peut le renouveler en le modifiant. Jusqu'au jour où ses effets doivent expirer, cette négociation resterait ouverte. D'ailleurs, en reprenant notre liberté, nous n'aurions nulle intention de rouvrir une guerre de douanes. Les bases générales de notre régime commercial seraient respectées. La Grande-Bretagne nous a souvent rappelé que le Traité de 1860 et les Traités de commerce, en général, étaient contraires aux vrais principes de la liberté des échanges. Nous pensons donc qu'elle les verra expirer sans regret, si, comme nous en avons la ferme assurance, les bonnes et utiles relations qui unissent nos deux pays sont soigneusement maintenues. Nous acceptons avec une entière confiance la déclaration portant que l'Angleterre, fidèle à ses principes, ne reviendra jamais aux représailles douanières d'une autre époque, et, quant à sa liberté fiscale, elle n'avait pas besoin de nous rappeler qu'elle la recouvrerait par les mesures mêmes qui nous rendraient la nôtre. L'Angleterre et la France sont l'une et l'autre trop éclairées pour en abuser.

Agréez, etc.

Signé RÉMUSAT.

XVII.

Lord LYONS

> au Ministre des Affaires étrangères.

(TRADUCTION.)

Paris, le 28 janvier 1872.

Monsieur le Ministre, je suis chargé par le Gouvernement de Sa Majesté d'exposer à Votre Excellence que, dans son opinion, l'article IX du Traité de commerce du 23 janvier 1860 a trait seulement aux objets énumérés dans l'article Ier de ce même Traité avec la clause additionnelle qu'ils doivent être de production ou de fabrique française, et de dire qu'en conséquence il ne croit pas qu'aucune élévation de droits puisse être imposée à des objets semblables d'origine ou de fabrique anglaise sans qu'une taxe correspondante ou un droit intérieur soit en même temps imposé aux objets semblables de production ou de fabrique française.

Le Gouvernement de Sa Majesté pense également qu'en ce qui concerne l'article III de la seconde Convention supplémentaire, aucune élévation de droits supérieurs à ceux qui sont spécifiés dans ledit article ne peut être imposée aux objets d'origine ou de fabrique anglaise, excepté dans le cas d'une modification des droits existant à la date de la Convention sur les fabriques françaises, en tant que cette modification établirait une augmentation correspondante dans le prix des objets similaires de fabrique française.

Votre Excellence verra, d'après ce qui précède, que, dans l'opinion du Gouvernement de Sa Majesté, les termes du Traité ne comportent pas l'admission soit d'une taxe sur les matières premières, soit de droits additionnels, comme droits compensateurs, sur des objets fabriqués dans la fabrication desquels entrent ces matières premières.

Je n'ai pas besoin d'ajouter que cet exposé des vues du Gouvernement de Sa Majesté est fait dans le même esprit loyal et amical qui l'a animé dans toutes ses communications avec le Gouvernement Français au sujet des Traités de commerce.

J'ai l'honneur, etc., etc.

Signé Lyons.

XVIII.

Lord Lyons

au Ministre des Affaires étrangères.

(*TRADUCTION*.)

Paris, le 28 janvier 1872.

Monsieur le Ministre, des débats qui ont eu récemment lieu au sein de l'Assemblée nationale, et des articles qui ont été publiés dans les journaux français, il résulte pour le Gouvernement de la Reine que de grands doutes règnent en France au sujet de la marche que le Gouvernement de Sa Majesté a suivie dans les négociations engagées avec le Gouvernement Français relativement au Traité.

Le Gouvernement de Sa Majesté a donc considéré comme son devoir de m'ordonner de rappeler à Votre Excellence les principes d'après lesquels il a agi.

Le Gouvernement de Sa Majesté a reconnu le droit parfait de la France de juger ce que ses nécessités fiscales exigent et de décider si et jusqu'à quel point quelques nouvelles restrictions protectrices apportées au commerce aideront le pays à faire face à ces nécessités.

En dehors donc d'une simple constatation des faits et des motifs, le

Gouvernement de Sa Majesté n'élève aucune plainte à l'égard des mesures prises par le Gouvernement Français dans un sens fiscal, et il s'efforcera d'empêcher tout affaiblissement des sentiments de cordialité entre les deux pays dans le cas où le Gouvernement Français dénoncerait le Traité. Si le Traité gêne la France en matières purement fiscales, le Gouvernement de Sa Majesté est prêt à modifier le Traité en tant qu'il s'agira de ces points.

Quant aux propositions qui ont un caractère de protection, le Gouvernement de la Reine voit de grandes objections à en accepter de semblables, mais il ne leur a pas définitivement fermé la porte :

1° parce qu'il a paru possible qu'elles fussent à tel point réduites qu'elles deviendraient insignifiantes, et 2° parce que l'esprit général de la politique commerciale du Gouvernement Français deviendra certainement beaucoup plus évident, lorsqu'il aura fait connaître tous ses plans au delà comme en deçà des limites du Traité.

Le Gouvernement de la Reine a déjà plus d'une fois déclaré qu'il ne se propose aucune guerre de tarifs, ni de revenir aux droits protecteurs; mais il attache un grand prix au recouvrement de sa liberté fiscale, en cas où il aurait l'occasion d'en user sur tels ou tels points sur lesquels le Traité lui pose actuellement des restrictions.

Il n'a jamais approuvé ni en détail ni en principe aucun projet de frapper d'un droit quelconque les matières premières ou de prélever un droit compensateur sur les marchandises.

Il pense que la dénonciation du Traité, bien qu'elle ne le porte pas jusqu'à se refuser à la reprise de la négociation, si la France la désire, serait déjà un grand pas vers l'abrogation de ce Traité.

En dernier lieu, j'ai reçu du Gouvernement de la Reine l'ordre de déclarer à Votre Excellence que, dans son opinion, le Traité devra fixer les douze mois à partir du jour quel qu'il soit où il serait dénoncé.

J'ai l'honneur, etc., etc.

Signé Lyons.

XIX.

LE MINISTRE DES AFFAIRES ÉTRANGÈRES
à Lord LYONS.

Versailles, le 1er février 1872.

Monsieur l'Ambassadeur, Votre Excellence a bien voulu me remettre, le 28 janvier, une lettre dans laquelle elle résume l'opinion
définitive du gouvernement de Sa Majesté Britannique sur divers points
relatifs aux négociations dont le traité de commerce du 23 janvier 1860
a été l'objet.

Il en résulte que le gouvernement anglais, reconnaissant dans sa
plénitude le droit de la France de prendre les mesures fiscales que la
nécessité lui impose, s'attachera, si la dénonciation des conventions
commerciales est au nombre de ces mesures, à empêcher qu'il s'en-
suive aucune atteinte portée à la cordialité des sentiments qui unissent
les deux pays. Cette assurance loyalement donnée, nous sommes heureux de la recevoir. Votre Excellence ajoute que, toutes les fois que,
dans un but purement fiscal, des mesures même de protection lui seraient proposées par nous, le gouvernement de la Reine, bien qu'il y
fût, en général, opposé, ne regarderait pas que la porte fût fermée pour
cela à toute négociation; cependant il considérerait la dénonciation
du traité comme un grand pas vers son extinction. Celle-ci, d'ailleurs,
serait de droit douze mois après le jour, quel qu'il soit, de la dénonciation.

Je suis heureux, Monsieur l'Ambassadeur, de reconnaître, grâce à cette
communication, que les vues du gouvernement de Sa Majesté Britannique s'accordent en grande partie avec celles du gouvernement français. Nous tenons également au maintien de la cordialité des relations
entre les deux pays. Nous espérons que les négociations pourront être
continuées utilement, et la dénonciation du Traité, si nous sommes
conduits à y recourir, ne les interromprait pas. Dans le cas où il serait définitivement abrogé, l'esprit qui présiderait à notre régime com-

mercial serait l'esprit même dans lequel le traité a été conçu. Les modifications que nous avons déjà proposées sont le type de celles que nous pourrions alors adopter, et nous nous conformerions, à cet égard, aux déclarations que M. le Président de la République a faites dans son message à l'Assemblée nationale, du 6 décembre 1871.

Agréez, etc.

Signé RÉMUSAT.

XX.

LE MINISTRE DES AFFAIRES ÉTRANGÈRES
à Lord LYONS.

Versailles, le 1ᵉʳ février 1872.

Monsieur l'Ambassadeur, Votre Excellence m'a fait l'honneur de me remettre une lettre en date du 28 janvier dernier, par laquelle elle me fait connaître la manière dont le gouvernement de la Reine entend l'application de l'article 9 dudit Traité et de l'article 3 de la Convention additionnelle du 16 novembre. Il résulterait de cette interprétation que les taxes que le Gouvernement français se proposait d'établir sur les matières premières ne sauraient en effet être établies sans infraction aux articles précités. Je n'ai pas le dessein de discuter en ce moment cette question; je remarquerai seulement que l'esprit des stipulations sur lesquelles nous nous sommes appuyés est tellement favorable à nos propositions, que, pendant sept mois de négociation, elles n'avaient jamais été contestées en principe. L'objection formelle tirée du texte des traités nous est notifiée pour la première fois. En se bornant, dès le début, à nous demander des éclaircissements et des projets de tarif, le Gouvernement britannique semblait admettre implicitement le système proposé comme base de négociation; il nous avait laissés jusqu'à ces derniers temps dans cette persuasion. Si l'opinion dont nous recevons aujourd'hui l'expression devait être considérée comme un rejet absolu des mesures qui sont peut-être les seules propres à compléter les ressources dont nous avons besoin pour faire face à nos nécessit és financières; ce serait pour nous un motif nouveau de recourir à la dénonciation du traité, unique moyen qui nous resterait de recouvrer notre liberté fiscale. En toute hypothèse, d'ailleurs, nous n'en userions qu'avec une grande modération et dans un esprit propre à entretenir les bons rapports qui unissent nos deux Nations.

Agréez, etc.

Signé Rémusat.

XXI.

Le Ministre des Affaires étrangères
à M. le Duc de Broglie.

Versailles, le 7 février 1872.

Monsieur le Duc, l'Assemblée nationale, par la loi qu'elle a votée le 2 du courant, a décrété la révision des tarifs de douanes et donné au Gouvernement la faculté de dénoncer le Traité de commerce du 23 janvier 1860. Notre intention est, pour la première de ces opérations, de ne pas abandonner la voie des négociations, et de n'insister que sur les rectifications dont vous avez déjà entretenu le Gouvernement de Sa Majesté Britannique. Quant à la faculté de dénonciation qui nous est accordée, nous n'en userons que pour avoir la certitude de recouvrer notre liberté fiscale et commerciale le plus tôt possible après le moment où il sera constant que les négociations ne peuvent aboutir à aucun résultat.

Vous voudrez donc bien informer le Principal Secrétaire d'État pour les Affaires étrangères que nous sommes prêts à rouvrir ou plutôt à continuer les négociations entamées depuis huit mois.

Les bases de négociation que nous avons proposées se divisent en deux catégories. Les unes ont pour objet de modifier quelques-uns des droits portés au tarif. Les autres ont un but purement fiscal.

Les premières, vous le savez, tendent à relever les droits sur certains fils et sur certains tissus de lin, de coton, de laine, sans atteindre toujours et sans jamais dépasser la limite conventionnelle de 15 p. o/o.

Ces propositions peuvent avoir sans doute une certaine tendance protectrice, puisqu'elles auraient pour effet d'augmenter légèrement les droits sur quelques produits étrangers. Mais ce changement, si peu considérable en lui-même, ne s'écarterait pas de l'esprit du Traité, c'est-à-dire du système d'une protection très-modérée, qui tend à substituer l'égalité au privilége. Il ne faudrait attribuer aucun sens à l'article 21, si ces modifications, dont l'expérience et une enquête ont montré la nécessité, étaient repoussées sans examen. Par une dépêche du 29 janvier, le Gouvernement Anglais, sans nous dissimuler sa répugnance à sanctionner des droits dont la tendance pouvait sembler protectrice, nous a déclaré cependant que, même à cet égard, il ne fermait pas la porte à toute négociation, s'il s'agissait d'augmentations peu importantes; or, il nous semble que c'est l'hypothèse même dans laquelle nous traitons. Je vous prie de représenter à Lord Granville que, les détails de nos propositions étant depuis longtemps connus de l'Administration Anglaise, nous nous croyons en droit d'attendre d'elle enfin l'expression précise de son opinion sur nos propositions en elles-mêmes.

La seconde série de nos propositions, étant éminemment fiscale, ne peut en principe rencontrer d'objection péremptoire. Le Gouvernement de la Reine nous a plusieurs fois assurés de ses bonnes dispositions, s'il fallait nous assister dans nos nécessités financières. C'était admettre la possibilité de consentir à des créations ou à des augmentations de taxes; car on ne voit pas de quelle autre manière l'assistance promise pourrait se réaliser. C'est donc avec confiance que nous avions présenté le système que je vais rappeler.

Nous prévalant de l'article 9 du Traité du 23 janvier et de l'article 3 de la Convention du 16 novembre, nous avons pensé et nous persistons à penser que, soit la lettre, soit l'esprit de ces articles nous autorise à proposer l'établissement d'un droit d'entrée sur les matières premières, et notamment sur les textiles, impôt qui, devant porter sur

nos nationaux et renchérir leurs produits, justifierait l'imposition
d'un droit compensateur sur les produits étrangers correspondants.
En lui-même et sauf certaines applications, ce système n'offre point
les caractères du protectionnisme. Les droits vraiment protecteurs sont
essentiellement différentiels. Ici, au contraire, on s'attache à égaliser
les charges sur tous les producteurs tant français qu'étrangers. L'égalité
est le but du système. Sans aucun doute, il en résultera une charge
nouvelle; mais il faut bien qu'il en soit ainsi, puisqu'il s'agit d'une
proposition fiscale.

Quelques matières textiles de certaines provenances sont, il est
vrai, exemptées de tous droits par la Convention du 16 novembre.
Mais faut-il répéter que les nécessités financières qui pèsent sur la
France ne peuvent se conjurer que par des taxes nouvelles, et celles-ci
ne constituent point, en principe, une protection pour une industrie
aux dépens d'une autre.

Je sais qu'il a été soutenu, au nom du Gouvernement de la Reine,
que les articles des Traités dont nous nous appuyons ne se prêtaient
pas aux conséquences que nous en voulions tirer. Cette objection, nouvellement produite, ne nous paraît pas avoir toute la solidité qu'on
lui attribue.

Si nous prenons pour exemple le coton, il est certain que le droit
d'entrée sur les cotons bruts est un impôt qui agit à l'intérieur. Avancé
par l'industriel, il est, en dernière analyse, payé par le consomma-
teur, qui le confond avec le prix des choses à la manière de toute
autre contribution indirecte, et il peut, par conséquent, être assimilé
soit au *droit d'accise* ou *impôt* dont parle l'article 9 du Traité, soit aux
charges directes ou indirectes que mentionne la Convention du 16 novembre, et qui doivent être compensées par une charge équivalente
sur les produits étrangers.

Il y a certainement plus de difficultés pour les textiles, dont les
similaires sont produits à l'intérieur, et, de tous, la laine est celui
qu'on a le plus souvent cité dans la discussion. La laine étant un produit français, qui ne saurait être taxé directement, les droits qui
grèveraient celle qui vient du dehors constitueraient une protection

pour l'industriel, qui emploierait concurremment les laines des deux provenances. Mais, d'abord, cette protection ne s'élèverait pas à la totalité du droit. Il s'établirait un prix moyen en raison des deux origines de la matière employée, et, en proportionnant à ce prix moyen le droit compensateur, on serait bien près de rétablir l'égalité. Celle-ci serait même au fond tout à fait reconnue, si, comme il est juste de le faire, on tenait compte du surcroît de charges imprévu à l'époque de la conclusion des Traités, et que des circonstances impérieuses ont imposé au producteur français. Là aussi se retrouve une de ces charges indirectes désignées dans la Convention de novembre comme *pouvant grever les fabricants français*. Il nous paraît donc que, dans certains cas, la lettre, dans tous, l'esprit des Traités, serait loin d'exclure la taxation des matières premières. On a dit que la discussion de cette question devrait être ajournée, parce qu'elle serait hypothétique, l'impôt proposé pouvant n'être pas adopté par l'Assemblée nationale. Mais le Gouvernement, qui n'a point changé d'opinion, persiste à croire qu'elle ne saurait trouver un système d'impôts préférable. Il a donc besoin de savoir à quoi s'en tenir sur les intentions du Gouvernement de la Reine, et il est de son devoir de le prévenir que ses propositions à cet égard ne sont pas abandonnées, et qu'il demande une réponse précise.

Il désirerait sans doute qu'elles pussent être acceptées immédiatement et par la voie des négociations; mais si, comme il y a lieu de le craindre, son espoir ne peut se réaliser, s'il est prochainement conduit à une dénonciation formelle, ce ne sera que pour prendre date, pour ne pas s'exposer à trop retarder l'époque où il recouvrera, comme l'Angleterre elle-même, sa liberté fiscale. Dans l'intervalle, il ne renoncera pas à négocier encore. Il ne cache pas cependant qu'il regarde comme plus conforme aux vrais principes économiques que les deux pays soient replacés sur un pied de liberté réciproque.

Quoi qu'il advienne, nous avons la ferme confiance que la cordialité et la bienveillance subsisteront tout entières dans les rapports entre les deux nations.

Vous voudrez bien, Monsieur le Duc, donner lecture de cette dépêche au Principal Secrétaire d'État pour les Affaires étrangères et lui en laisser copie.

Agréez, etc.

Signé RÉMUSAT.

***

XXII.

Lord GRANVILLE
    à Lord LYONS.

(TRADUCTION.)

Foreign-Office, le 24 février 1872.

Monsieur l'Ambassadeur, le Gouvernement de la Reine n'a pas manqué de donner la plus sérieuse attention à la dépêche de M. de Rémusat, du 7 de ce mois, que Votre Excellence a bien voulu me communiquer le 10 suivant, et qui est relative au Traité de commerce entre ce pays et la France. J'ai maintenant l'honneur d'exposer à Votre Excellence les observations que cette communication a suggérées au Gouvernement de Sa Majesté. En premier lieu, cependant, je crois utile de rappeler encore une fois les principes qui n'ont pas cessé de le diriger dans cette question.

Le Gouvernement de Sa Majesté a entièrement reconnu le droit de la France de juger ce que ses besoins financiers réclament, de décider si et jusqu'à quel point un accroissement de restrictions protectrices imposées au commerce peut l'aider à y faire face. En conséquence, le Gouvernement de la Reine, après un loyal exposé de faits et de raisons, n'élève aucune plainte contre les mesures prises dans ce sens par le Gouvernement français.

Si le Traité gêne la France dans les matières purement fiscales, le Gouvernement de la Reine est prêt à modifier le Traité en ce qui concerne ces questions.

Quant à des propositions de mesures protectrices, le Gouvernement de la Reine a trouvé de fortes objections à en accepter aucune, mais il ne leur a pas fermé la porte d'une manière absolue et définitive.

D'abord, parce qu'il a semblé possible d'atténuer de telles mesures et de les rendre insignifiantes; et secondement, parce qu'il était certain que l'esprit général qui dirige la politique du Gouvernement Français en matière commerciale deviendrait plus manifeste quand il aurait fait connaître l'ensemble de ses vues en dedans comme en dehors du Traité.

Le Gouvernement de Sa Majesté a toujours été disposé à prendre en considération toute proposition émise par le Gouvernement Français et désireux de le seconder en ces sortes d'affaires autant qu'il dépendait de lui. Cependant il n'a pas cessé de déclarer qu'il ne pourrait se départir des principes généraux du système de politique commerciale que le Traité consacre, ni s'écarter de ses devoirs envers les intérêts anglais engagés, ni donner son assentiment en principe ou dans les détails à des propositions qui n'avaient pas été pleinement mises sous ses yeux. Enfin, il pense que la dénonciation du Traité serait un très-grand pas vers son extinction, quoiqu'elle ne dût pas mettre obstacle à des négociations ultérieures, si le Gouvernement Français désire les reprendre.

Quel que soit le résultat de la présente discussion, le Gouvernement de Sa Majesté s'efforcera d'éviter toute altération des sentiments de cordialité qui existent actuellement entre les deux pays, et, bien qu'il n'ait aucune intention d'engager une guerre de tarifs ou de revenir à des mesures de protection, il attacherait du prix à recouvrer sa liberté fiscale, dans le cas où il aurait occasion d'en faire usage sur un des points à l'égard desquels le Traité la restreint aujourd'hui dans une certaine mesure.

Quant au passage suivant de la dépêche de M. de Rémusat : « Je vous prie de représenter à Lord Granville que les détails de nos propositions étant depuis longtemps connus de l'Administration Anglaise, nous nous croyons en droit d'attendre d'elle enfin l'expression de son opinion sur ces propositions en elles-mêmes, » je suis obligé de rappeler au souvenir de Votre Excellence que le Gouvernement de la Reine n'a pas, jusqu'à présent, reçu le tableau C auquel se réfère votre note du 13 septembre. Il en résulte que les propositions du Gouvernement Français concernant les modifications de tarifs n'ont jamais été placées sous les yeux du Gouvernement de Sa Majesté d'une manière complète, et tant que ce complément ne lui aura pas été communiqué, il ne sera pas en mesure de se faire une idée correcte de leur ensemble.

Au sujet de l'impôt sur les matières premières et des droits compensateurs sur les produits fabriqués, le Gouvernement de Sa Majesté admet qu'ils peuvent être considérés comme établis dans un but fiscal et qu'il n'y aurait pas d'objection à leur opposer au point de vue de la protection, pourvu que les matières premières similaires de production française fussent taxées également et que les droits compensateurs sur les produits manufacturés fussent limités au montant de la taxe imposée sur les matières premières servant à leur fabrication.

Mais si, comme dans le cas de la laine et de la soie, la matière première est également produite en France, et si le produit français n'est pas soumis à la taxe, le droit perçu à l'importation du produit similaire étranger devient une taxe de protection en faveur des producteurs français de laine et de soie contre leurs concurrents étrangers.

Relativement aux droits à imposer sur certains articles manufacturés, droits qui ne doivent pas dépasser 15 p. o/o, je dois faire remarquer que cette mesure donnerait aux fabricants français de ces articles une somme de protection plus élevée que celle dont ils jouissent maintenant et, en outre, que ces droits sont ouvertement augmentés dans une vue de protection et non de fiscalité.

Maintenant, Monsieur l'Ambassadeur, je suis obligé de revenir à l'observation que j'ai déjà faite, à savoir que le Gouvernement de Sa Majesté serait mieux en mesure de se faire une opinion du caractère des propositions françaises lorsqu'il aurait été plus complétement édifié sur les plans financiers du Gouvernement Français qui restent dans les limites du Traité ou qui les dépassent.....................

Signé GRANVILLE.

XXIII.

NOTE VERBALE.

Londres, le 15 mars 1872.

Le soussigné, ambassadeur extraordinaire et plénipotentiaire de la République Française, a l'honneur de porter à la connaissance de Son Excellence M. le Principal Secrétaire d'État de Sa Majesté Britannique les instructions qu'il a reçues de son Gouvernement et qui sont contenues dans la dépêche ci-jointe, dont il a ordre de lui donner communication.

Comme Son Excellence le verra par cette dépêche, c'est avec regret que le Gouvernement de la République s'est convaincu, par l'examen de la dernière Note qui lui a été transmise au nom du Gouvernement de Sa Majesté Britannique, qu'il devait renoncer à l'espoir de voir accepter en ce moment la révision du Traité de commerce de 1860 sur les bases qu'il avait proposées.

En conséquence, et par les raisons dont le soussigné a plusieurs fois eu l'honneur d'entretenir Son Excellence, le Gouvernement de la République se voit obligé de faire usage de la faculté réservée par l'article 21 de ce Traité et de l'autorisation qui lui a été spécialement accordée à cet effet par l'Assemblée nationale de France dans la loi du 2 février dernier.

Ledit Traité doit donc dès à présent être considéré comme dénoncé par le Gouvernement de la République, et ses effets devront cesser, si aucune disposition contraire n'intervient, une année à partir du jour où la présente communication sera parvenue entre les mains de Son Excellence le Principal Secrétaire d'État.

Le soussigné croit pourtant devoir rappeler, pour le cas où, dans le cours de cette année, le Gouvernement Britannique penserait pouvoir, avec utilité, prendre en considération les propositions qui lui ont été faites, que le Gouvernement Français a toujours déclaré qu'il se

8

montrerait, à toute époque, prêt à rentrer en négociations pour le maintien, avec modifications, du Traité de 1860.

Il fera également observer qu'en vertu de l'article 2 de la loi déjà citée, les tarifs conventionnels établis doivent rester en vigueur, même après la cessation du Traité, jusqu'au vote des tarifs nouveaux par l'Assemblée nationale, et ne seront, par conséquent, modifiés que sur les points où cette Assemblée l'aurait jugé indispensable.

Le Gouvernement Britannique verra sans doute dans cette disposition la confirmation de l'assurance qui lui a été plusieurs fois donnée, que le Gouvernement Français ne songe point à profiter de la liberté qu'il désire recouvrer pour opérer une révolution économique de nature à troubler l'ensemble des relations commerciales des deux pays, mais qu'il veut seulement pourvoir, dans la plus juste mesure, aux besoins urgents des finances et de l'industrie françaises.

Enfin le soussigné s'associe pleinement à l'espérance exprimée par son Gouvernement, et confirmée par les assurances réitérées de Son Excellence le Principal Secrétaire d'État, que la cessation du Traité de commerce, si elle doit demeurer définitive, ne sera suivie d'aucun refroidissement dans les relations d'intimité qui existent depuis tant d'années entre la France et l'Angleterre, et dont le maintien est d'un si grand prix pour les deux Nations.

Le soussigné prie Son Excellence de vouloir bien lui accuser réception de la communication qu'il a l'honneur de lui faire, et saisit, etc.

Signé Broglie.

XXIV.

Le Ministre des Affaires étrangères
à M. le Duc de Broglie.

Versailles, le 10 mars 1872.

Monsieur l'Ambassadeur, la note que vous avez reçue du Principal Secrétaire d'État de Sa Majesté Britannique pour les Affaires étrangères a été pour le Gouvernement de la République l'objet d'un examen attentif. Il y a reconnu toute la courtoisie que Lord Granville porte dans ses communications avec la France ; mais il a eu le regret de trouver dans ce document des objections qui ne lui laissent nul espoir de voir accepter la révision du Traité du 23 janvier 1860 sur les bases de négociation qu'il avait proposées.

Un mot seulement sera dit ici de ces propositions ; elles se divisent en deux classes : les unes, sans aucun doute, ont une tendance protectrice ; mais le Traité lui-même est conçu dans un esprit de protection modérée ; et, puisque le Gouvernement de la Reine a déclaré par deux fois que, malgré sa répugnance pour toute protection systématique, il n'opposait pas une fin de non-recevoir absolue à toute proposition de droits légèrement protecteurs, nous aurions désiré qu'il voulût bien examiner si nos propositions n'étaient pas de celles qu'il ne peut tenir pour inacceptables, puisqu'elles sont au-dessous de la limite que s'étaient posée les négociateurs du Traité de 1860. Nous avons d'ailleurs la conviction que, si elles étaient acceptées, elles ne porteraient pas une atteinte sensible aux importations de l'industrie britannique en France.

Quant à la seconde classe de nos propositions, elles ont un but éminemment fiscal. Si, comme on nous l'a plusieurs fois rappelé, le tableau détaillé des tarifs projetés n'a pas été fourni, c'est que ces tarifs restaient hypothétiques, tant qu'il n'était pas possible de préjuger à quels calculs s'arrêterait l'Assemblée nationale. Il règne encore quelque incertitude à cet égard. Mais des désignations de chiffres n'étaient pas nécessaires pour apprécier le système en général, et, du moment que nous déclarions notre intention d'imposer certaines matières premières déterminées à un taux qui ne dépasserait jamais 20 p. o/o et qui pourrait souvent être inférieur, il nous paraissait facile d'émettre en suffisante connaissance de cause une opinion motivée sur un semblable plan.

Au reste nous voyons avec satisfaction que le Gouvernement de la Reine se montre plus disposé à entrer dans cet examen qu'il ne l'avait fait jusqu'ici ; et, des deux conditions qu'il met à la prise en considération de nos projets fiscaux, la seconde, portant que les taxes compensatrices sur les produits manufacturés doivent être limitées au montant des droits établis sur les matières premières servant à leur fabrication, cette condition, dis-je, ne saurait donner lieu à aucune contestation. Quant à la première, c'est-à-dire, à l'établissement à l'intérieur d'un droit identique au droit d'entrée qui frapperait les matières premières, elle souffre beaucoup plus de difficulté; mais, sans rappeler toutes les considérations exposées dans notre dépêche du 7 février, nous ne croyons pas impossible de combiner certains tempéraments qui atténueraient l'inégalité des charges entre le producteur indigène et le producteur étranger.

Mais nous pourrons revenir sur ces diverses questions, si nous rouvrons les négociations que le Principal Secrétaire d'État de Sa Majesté Britannique consentirait à reprendre après que le Traité de 1860 aurait été dénoncé.

Longtemps nous avions espéré éviter cette dénonciation; nous craignions qu'elle ne fût prise pour le début d'une révolution commerciale, qu'elle ne portât une perturbation trop brusque dans les intérêts engagés sur la foi de conventions antérieures, enfin qu'elle ne devînt, pour des esprits prévenus, le signe d'un refroidissement entre deux pays qui n'ont que des motifs de constant accord et d'entente mutuelle. Mais les déclarations du Gouvernement de la Reine nous rassurent pleinement. Nous lisons, dans la dépêche qui nous est communiquée, que, s'il regarde la dénonciation du Traité comme un pas vers son extinction définitive, elle ne lui paraît cependant pas un obstacle à des négociations ultérieures. Nous lisons encore que, quel que soit le résultat de la discussion, l'Angleterre s'efforcera d'éviter toute altération dans la cordialité des rapports entre les deux pays, et qu'enfin, bien qu'elle n'ait aucune intention d'engager une guerre de tarifs, elle attacherait comme nous un grand prix à recouvrer sa liberté fiscale.

Ces sentiments sont les nôtres. Pour nous, en effet, la liberté fiscale serait bien précieuse, nécessaire même, dans un moment où nous aurions besoin de toutes nos ressources pour faire face à des charges extraordinaires. C'est cette considération surtout qui nous ferait désirer d'être affranchis des restrictions qu'une série de conventions commerciales a imposées pour nous au droit de taxation que possède toute nation sur elle-même. C'est pour sortir de cette sorte d'impuissance que nous sommes conduits à mettre un terme, dès que nous en avons la faculté, aux engagements qui résultent pour nous de nombreux traités de commerce. Celui qui nous lie à la Grande-Bretagne est le premier qui soit arrivé à l'époque d'une résiliation régulière. Nous ne pouvons plus même compter, avec quelque assurance, sur la possibilité de modifications qui nous seraient nécessaires. Nous sommes donc obligés de prendre date en le dénonçant aujourd'hui. Confiants dans nos intentions, résolus à n'user qu'avec une grande modération de la liberté qui nous serait rendue, soit en négociant des conventions nouvelles, soit plutôt en statuant seuls par voie législative sur notre régime commercial, nous avons pris notre résolution sous l'empire d'un intérêt public qui ne peut être méconnu. Veuillez donc, Monsieur l'Ambassadeur, faire connaître au Principal Secrétaire d'État de Sa Majesté Britannique que, dans notre pensée, les effets du Traité du 23 juin 1860 doivent expirer un an après le jour où vous lui aurez fait connaître nos intentions. Vous voudrez bien nous en informer immédiatement, afin que le fait soit porté, comme il convient, à la connaissance du commerce et de l'industrie.

Je me réserve de traiter dans une dépêche spéciale les questions qui ont trait à la nouvelle législation sur la marine marchande, et d'examiner les observations que Lord Granville a bien voulu vous communiquer à ce sujet.

Je vous prie de lire cette dépêche au Principal Secrétaire d'État de Sa Majesté et, s'il le désire, de lui en laisser copie.

J'espère que la notification qu'elle contient, et à laquelle vous donnerez dans la forme l'authenticité qui sera jugée convenable, sera reçue dans le même esprit que celui qui l'a dictée, et qu'aucune atteinte ne sera portée aux sentiments réciproques d'estime et de bienveillance qui subsistent entre les deux Nations.

Agréez, etc.

Signé RÉMUSAT.

XXV.

Foreign-Office, 18 mars 1872.

Le soussigné, Principal Secrétaire d'État de Sa Majesté Britannique pour les Affaires étrangères, a l'honneur d'accuser réception de la Note qui lui est parvenue le 15 de ce mois et qui lui était adressée par Son Excellence le Duc de Broglie, Ambassadeur extraordinaire de la République Française, laquelle Note avait pour objet de notifier que e Gouvernement de la République Française se trouve dans la nécessité d'exercer la faculté réservée par l'article 21 du Traité de commerce de 1860 et conférée par l'Assemblée nationale en vertu de la loi du 2 février dernier, par rapport à l'annulation dudit Traité.

Son Excellence le Duc de Broglie a informé en conséquence le soussigné que le Traité est considéré dorénavant comme dénoncé par le Gouvernement de la République Française et que ses effets cesseront dans un an à partir du jour (c'est-à-dire le 15 mars) où la note du Duc de Broglie est parvenue au soussigné.

Le soussigné, en accusant réception de cette Note du Duc de Broglie, profite de cette occasion pour renouveler à Son Excellence les assurances de sa plus haute considération.

Signé Granville.

XXVI.

Lord Granville
　à M. le Duc de Broglie.

(TRADUCTION.)

Foreign-Office. Londres, le 25 mars 1872.

Monsieur l'Ambassadeur, dans la note que j'ai eu l'honneur d'adresser à Votre Excellence le 18 de ce mois, j'ai accusé réception de votre note du 15 du même mois, contenant la notification donnée par le Gouvernement de la République Française de la dénonciation du Traité de commerce de 1860.

Je viens maintenant demander à Votre Excellence de transmettre à son Gouvernement les observations suivantes, relativement au même sujet.

En premier lieu, je vous prie de constater que le Gouvernement de Sa Majesté admet complétement le droit du Gouvernement Français de mettre fin au Traité; mais que, de notre côté, nous ne considérons pas comme moins établi que les stipulations du Traité devront être observées rigoureusement tant qu'il demeurera en vigueur.

Je suis d'autant plus obligé de faire cette déclaration que la tendance paraît s'établir parmi les officiers de quelques bureaux de douanes français de limiter ou d'atténuer les stipulations du Traité. Dans la note que j'ai eu l'honneur d'adresser à Votre Excellence, le 24 de ce mois, j'ai appelé votre attention sur les représentations adressées au Gouvernement Français par l'Ambassadeur de Sa Majesté à Paris, au sujet des droits dont sont grevées, à leur importation en France, les huiles minérales d'origine britannique. Ces huiles étaient classées, dans le tarif publié par la Douane française, comme passibles d'un droit de 5 p. o/o. Cette disposition a été subitement modifiée, et le droit sur ce produit a été élevé à 37 francs par 100 kilogrammes, taxe équivalente, d'après l'évaluation donnée par les négociants anglais, à environ 80 p. o/o de la valeur, tandis que, d'après les termes du Traité, suivant l'interprétation que leur donne le Gouvernement de Sa Majesté, aucun droit de cette nature ne doit dépasser 25 p. o/o.

Ce n'est pas tout; malgré les dispositions de l'article 19 du Traité du 23 janvier 1860 et de l'article 5 de la seconde Convention supplémentaire du 16 novembre de la même année qui nous assurait le traitement de la nation la plus favorisée, les huiles minérales américaines ont été admises en France à un droit inférieur de 5 francs par 100 kilogrammes à celui dont sont grevées les importations anglaises, et constituant, d'après les évaluations données par les négociants an-

glais, un avantage de 9 p. o/o de la valeur pour le produit américain. Et, de plus, les maisons anglaises qui, par suite de ces changements, se sont trouvées dans l'impossibilité d'exécuter leurs contrats
sans perte, ont été astreintes à des frais de justice considérables, et,
dans certains cas, ont encouru des décisions judiciaires impliquant
des dommages et intérêts. Les représentations que, d'après les instructions du Gouvernement de la Reine, l'Ambassadeur de Sa Majesté à Paris a itérativement adressées au Gouvernement français à
ce sujet sont restées, depuis plusieurs semaines, sans réponses précises
et sans qu'aucune disposition ait été prise pour donner satisfaction aux
plaintes du Gouvernement Anglais.

D'autre part, des réclamations ont été adressées au Gouvernement
de Sa Majesté, dans ces derniers temps, concernant les entraves qui
seraient apportées par l'Administration des Douanes françaises au
commerce des fils et tissus entre l'Angleterre et la France. Des saisies
ont été faites et des amendes infligées à la faveur d'une interprétation
du tarif annexé au Traité de commerce que l'on considère comme nouvelle et en opposition avec sa lettre et son esprit. L'examen auquel ont
été soumises les explications données sur les motifs qui ont amené la
saisie de ces marchandises est regardé comme ayant donné un résultat
très-peu satisfaisant.

J'ai également l'honneur d'informer Votre Excellence qu'aucune
réponse n'a été faite jusqu'à présent aux représentations faites par le
Gouvernement de Sa Majesté, et auxquelles je me suis également
référé dans ma note du 24 du mois dernier, relativement à la récente
loi française sur la marine marchande, bien que j'aie appris qu'à la
suite des observations du Gouvernement Espagnol, les navires de ce
pays ont été affranchis de l'application des droits différentels de pavillon. J'ai également été informé ultérieurement que la taxe de
10 centimes afférente aux produits qui franchissent la frontière
française a été supprimée au profit de l'Espagne.

Je prie Votre Excellence de vouloir bien assurer à son Gouvernement que le Gouvernement de la Reine a toujours reçu avec la plus
grande satisfaction, comme je vous l'ai souvent dit, l'expression des

sentiments amicaux dont le Président de la République Française et ses Ministres sont animés envers ce pays. Le Gouvernement de Sa Majesté attache également beaucoup de prix aux assurances données à différentes reprises par le Président et ses Ministres, aussi bien que par vous-même, qu'il n'est pas dans l'intention du Gouvernement Français d'abandonner les principes du Traité anglo-français, de placer ce pays dans une position moins avantageuse que les autres pays ou d'imposer une charge particulière à la navigation britannique, et qu'il n'y avait pas lieu de craindre, tant que ce Traité demeurerait en vigueur, qu'aucune autorité subalterne fût autorisée à en restreindre l'application. Le Gouvernement de Sa Majesté a été également heureux d'apprendre que l'intention du Président était simplement d'imposer des droits modérés semblables à ceux qu'il avait proposés au Gouvernement de Sa Majesté, et de recevoir de M. de Rémusat l'assurance que le Gouvernement n'entreprendrait pas une guerre de tarifs.

Pour ces motifs, le Gouvernement de la Reine a compris qu'il n'entrait pas dans la pensée du Gouvernement Français que les modifications qu'il se proposait d'introduire dans son régime fiscal tournassent au préjudice du commerce anglais, et il accepte dans ce sens la déclaration que Votre Excellence lui a faite que les différents tarifs annexés au Traité demeureraient en vigueur, même après son expiration, excepté sur les points où ses dispositions seraient expressément modifiées par une décision de l'Assemblée nationale.

Toutefois, la ligne de conduite adoptée par votre Gouvernement au sujet des différentes questions que je prie Votre Excellence de signaler à son attention, montre que les intentions du Gouvernement Français, en ce qui concerne les points dont il s'agit, n'ont pas été suivies par les autorités subalternes. Au contraire, la manière dont les importantes matières sur lesquelles j'ai appelé votre attention ont été traitées par elles semblerait donner à croire que les intérêts de ce pays sont soumis à un régime spécialement désavantageux. Les droits dont nous nous plaignons continuent à être perçus; les procédés vexatoires des autorités douanières, avec tout le préjudice qui en est la conséquence, semblent augmenter plutôt que diminuer; l'examen de nos réclamations est indéfiniment différé, et des discussions, que le Gouvernement de Sa Majesté regrettera infiniment, ne pourront manquer de s'ensuivre.

En de précédentes occasions, j'ai exposé les raisons qui feraient regretter au Gouvernement de Sa Majesté la rupture du Traité de commerce qui a indubitablement augmenté dans une notable proportion les échanges des deux pays, et je vous ai fait savoir que le Gouvernement de Sa Majesté était disposé à seconder le Gouvernement Français, autant qu'il lui serait possible, dans ses nouveaux arrangements financiers, à la condition que cette assistance n'impliquerait pas un assentiment à des principes auxquels le Gouvernement de Sa Majesté est absolument opposé. Je regrette d'avoir à appeler votre attention sur des plaintes qui affectent aussi sérieusement les intérêts britanniques. Le Gouvernement de Sa Majesté partage sincèrement avec le Gouvernement Français le désir, que vous et M. de Rémusat avez exprimé avec tant de force et de courtoisie, d'éviter tout ce qui pourrait amener quelque altération des relations amicales des deux pays. C'est pour me conformer à ce désir que je me vois obligé de vous demander que, si les plaintes du commerce anglais ne peuvent être réfutées, des instructions efficaces soient données aux autorités compétentes en France pour assurer la stricte exécution du Traité de 1860 et de ses différentes annexes, aussi longtemps que ses stipulations demeureront en vigueur.

J'ai l'honneur d'être, etc.

Signé Granville.

XXVII.

NOTE.

MINISTERE DES FINANCES.

Paris, 12 avril 1872.

La note remise par Lord Granville, le 25 mars dernier, à M. le Duc de Broglie, Ambassadeur de France à Londres, attribue à la Douane française des tendances et des procédés contre lesquels s'élève le Gouvernement Anglais. Il est du devoir de l'Administration de rétablir l'exactitude des faits.

Fils et tissus. — « Des réclamations, dit Lord Granville, ont été « adressées au Gouvernement de Sa Majesté, dans ces derniers temps, « concernant les entraves qui seraient apportées par l'Administration des « douanes françaises au commerce des fils et tissus entre l'Angleterre et « la France. Des saisies ont été faites et des amendes infligées à la fa- « veur d'une interprétation du Tarif annexé au Traité de Commerce, « que l'on considère comme nouvelle et en opposition avec sa lettre et « son esprit. »

D'après l'une des conventions annexées au Traité de 1860, les fils de laine retors importés en France sont passibles de droits variant de 32 fr. 50 cent. à 225 francs par quintal métrique. Les fils de poil de chèvre, quel qu'en soit le degré de finesse, acquittent seulement 24 francs. Cette taxe fort modérée, bien antérieure au Traité de 1860, a été éta- blie et maintenue, sur la demande de la Chambre de commerce d'A- miens, dans l'intérêt de la fabrication des tissus dits velours d'Utrecht. La France n'ayant jamais filé de poil de chèvre, on n'avait vu aucun inconvénient, même sous le régime des prohibitions, à renoncer pour ce produit à toute protection [1]. Or l'industrie anglaise a su donner à certains fils de laine les apparences des fils de poil de chèvre, et les importateurs, incités par une différence très-considérable de droits, ont déclaré fils de poil de chèvre tantôt des fils de laine pure, tantôt des fils mélangés de laine dans une proportion qui, aux termes du Traité, les classait dans la catégorie des fils de laine. Le service des douanes a pu y être accidentellement trompé. Mais d'autres fois, plus attentif ou mieux renseigné, il a découvert et réprimé la fraude. De là le grief. Si encore, en pareil cas, la Douane procédait de son autorité propre, les intéressés pourraient l'accuser d'avoir fait une application arbitraire du Tarif. Mais, quand des contestations s'élèvent, sur la na- ture d'une marchandise, entre la Douane et les importateurs, ce n'est pas la Douane qui prononce; des échantillons sont prélevés contra-

---

[1] Le droit de 24 francs représente à peine 1 p. o/o de la valeur du produit.

dictoirement, mis sous double cachet, envoyés aux experts institués par la loi du 27 juillet 1822 auprès du Ministère du Commerce, et ces experts, complétement affranchis de l'action de la Douane, qui n'est pas même autorisée à se faire représenter dans leur comité, décident en dernier ressort. Existe-t-il ailleurs, pour la perception des droits de douanes, un régime plus libéral et offrant au commerce de plus sérieuses garanties ? Le Gouvernement Anglais a certainement ignoré que les plaintes dont il a été saisi émanaient d'expéditeurs ou de commissionnaires condamnés par les experts.

Pour les tissus, les faits sont tout aussi simples.

La plus grande partie des tissus vendus par l'Angleterre sur le marché français sont des tissus de laine mélangés de coton, généralement fabriqués à Bradford. Au lieu d'être taxés au poids, comme les fils, ces tissus sont imposés à 10 p. o/o de leur valeur. C'est donc le prix qu'il faut déterminer pour asseoir le droit. Aux termes de l'article 4 du Traité du 23 janvier 1860, il s'agit du prix *au lieu d'origine ou de fabrication, augmenté des frais de transport, d'assurance ou de commission,* c'est-à-dire, en réalité, de la valeur du produit parvenu au bureau d'entrée. Si les déclarations étaient faites avec exactitude, il ne s'élèverait guère de difficultés. Malheureusement il n'en est pas toujours ainsi. Beaucoup d'importateurs se font représenter en douane par des commissionnaires avec lesquels ils traitent à forfait pour les frais de toute sorte, y compris les droits, et la plupart de ces commissionnaires cherchent à tromper le service par des atténuations de prix dont ils profitent. De la part des importateurs qui déclarent eux-mêmes, les mésestimations sont également très-fréquentes. Ces faits abusifs sont de notoriété publique. Ils ont trop souvent retenti dans nos assemblées parlementaires et dans la grande Enquête de 1870 pour qu'on puisse reprocher à la Douane française de s'attacher à les déjouer.

Il semblerait résulter, il est vrai, de la note de lord Granville qu'on serait en présence d'ordres récents et de procédés de vérification plus rigoureux que par le passé. Mais les réclamations renouvelées aujourd'hui par le Gouvernement Anglais se sont déjà produites il y a bien des années ; elles ont été formulées, à diverses reprises, par la Grande-Bretagne, la Belgique, l'Allemagne et la Suisse ; il a été répondu, chaque fois, que, si le service des douanes devait s'efforcer de donner toute facilité aux opérations régulières du commerce d'échange entre la France et les États contractants, il n'y avait pas à lui demander de tolérance pour les fausses déclarations de marchands ou d'intermédiaires peu scrupuleux. C'est dans ce sens qu'ont toujours été conçues les instructions adressées par l'Administration aux fonctionnaires des bureaux de perception. Aucune recommandation spéciale n'est intervenue depuis qu'il a été question de dénoncer le Traité de 1860. Si les cas de répression se sont multipliés, c'est, d'un côté, parce que les importations de tissus de laine ont beaucoup augmenté depuis un an, surtout dans les premiers mois de 1872, ce qui prouverait d'ailleurs que les pratiques de la douane n'entravent pas les opérations [1] ; c'est, en second lieu, parce que les expéditeurs et les importateurs se sont habitués de plus en plus à traiter à forfait avec des intermédiaires qui cherchent à faire de la fraude un élément de leurs bénéfices ; c'est, enfin, parce que des falsifications criminelles, dont le parquet de la Seine est saisi en ce moment même, sont venues exciter la sollicitude et la vigilance du service.

Il convient, au reste, de rappeler encore que les règles établies en France depuis 1860, pour l'application des droits à la valeur, offrent aux importateurs des garanties qui ne se rencontrent, à un égal degré, dans aucune législation étrangère. Quand les agents de vérification suspectent une mésestimation, la décision n'appartient ni à la douane ni même à un comité placé sous la direction d'un département ministériel quelconque : le service choisit un expert ; le déclarant en désigne un autre ; ils examinent contradictoirement la marchandise ; s'ils ne s'entendent pas pour en déterminer le prix, le Président du tribu-

---

[1] Ce qui le prouve mieux encore, ce sont les chiffres suivants :

Dans le premier trimestre de 1872, la douane de Paris a reçu 33,367 déclarations pour des marchandises taxées à la valeur.

Sur ces 33,367 déclarations, 33,114 ont été admises pour conformes, sans contestation aucune. Les difficultés ont donc porté sur 253 seulement.

nal de commerce de la localité est requis de nommer un tiers arbitre, et c'est le résultat de l'expertise ainsi constituée qui fait loi pour la douane comme pour le déclarant. On ne saurait alléguer que les présidents de tribunaux de commerce choisissent systématiquement des experts favorables au service. Les importateurs eux-mêmes n'oseraient probablement pas produire une telle allégation, car ils savent fort bien que les magistrats consulaires, s'il leur est arrivé d'être induits en erreur sur l'impartialité des tiers arbitres, se sont trompés parfois contre la douane et non en sa faveur. On pourrait citer des expertises où le tiers arbitre n'était autre que l'importateur, masqué dans la declaration par un intermédiaire. Il faut ajouter que la répression des déclarations inexactes participe du libéralisme extrême des procédés de constatation. Lorsque la mésestimation accusée par les experts n'excède pas 5 p. o/o, on liquide les droits sur le prix déclaré ; lorsqu'elle atteint de 5 à 10 p. o/o, on se borne à asseoir la taxe sur le prix reconnu. C'est seulement à la limite de 10 p. o/o ou au-dessus qu'elle donne lieu à l'application d'une amende ; et encore, en pareil cas, l'amende a-t-elle pour maximum la moitié du droit sur lequel la fraude a été tentée. Pour qui a pénétré dans le jeu de ce mécanisme, ce ne sont pas les importateurs qui peuvent être fondés à réclamer des sécurités plus complètes.

Marine marchande. — « Aucune réponse n'a été faite jusqu'à présent, « expose Lord Granville, aux représentations faites par le Gouverne- « ment de Sa Majesté et auxquelles je me suis également référé dans « ma note du 24 du mois dernier, relativement à la récente loi fran- « çaise sur la marine marchande, bien que j'aie appris qu'à la suite « des observations du Gouvernement Espagnol, les navires de ce pays « ont été affranchis de l'application des droits différentiels de pa- « villon »

Probablement le retard dont on se plaint ici aura tenu à des circonstances purement accidentelles, car les départements ministériels compétents ne devaient éprouver nul embarras à répondre à cette réclamation.

Le Traité du 23 janvier 1860 n'a point stipulé, en effet, pour la marine marchande. On est convenu, dans les négociations préliminaires, de ne point toucher aux questions maritimes et de s'en tenir à la Convention du 26 janvier 1826, d'après laquelle (articles 4 et 6) les concessions réciproques se limitaient aux transports entre les deux pays et les possessions soumises à leur domination respective en Europe. Dans l'enquête qui a suivi le Traité du 23 janvier, les industriels français signalèrent les hauts prix qu'ils subissaient pour leur approvisionnement en laine d'Australie, en cotons et en jutes de l'Inde. D'après leurs affirmations, ces hauts prix résultaient des surtaxes d'entrepôt ou de pavillon dont ils étaient grevés, soit en achetant les produits dans les ports britanniques, soit en les faisant venir des lieux d'origine par navires anglais. Afin de leur donner satisfaction sans recourir au Corps Législatif, le Gouvernement a stipulé, dans la Convention complémentaire du 12 novembre 1860, que les cotons, les jutes et les laines de l'Inde ou d'Australie pourraient être importés en franchise absolue par navires anglais ou français, aussi bien pour les chargements faits dans les entrepôts britanniques que pour les arrivages directs. Mais cette disposition a été la seule qui ait apporté une modification au Traité de 1826.

Or le régime applicable au pavillon anglais pour la navigation directe, en vertu du Traité de 1826, a été respecté par la loi du 30 janvier; la franchise accordée par la Convention du 12 novembre 1860 pour certaines importations de laines, de cotons et de jutes, a été maintenue. En réalité donc, la réclamation du Gouvernement anglais ne porte pas sur un dommage éprouvé par suite d'une infraction aux engagements conventionnels; elle s'appuie seulement sur une faveur qui aurait été faite à l'Espagne. Mais cette faveur consiste uniquement dans la concession du traitement national aux importations directement effectuées d'Espagne par des navires de cette puissance; c'est le régime dont les navires anglais venant d'Angleterre jouissent depuis 1826 et qui, d'ailleurs, est applicable aujourd'hui à toutes les marines européennes dans leurs relations directes avec la France.

La véritable cause des plaintes formulées par le Gouvernement

anglais tient à la franchise de pavillon concédée à l'Autriche en 1865,
pour la navigation indirecte, franchise qui a dû être étendue, en vertu
de clauses formelles des traités, à la Belgique, à l'Italie, aux Pays-Bas,
au Portugal, à la Suède, à la Norwége, au Zollverein, et dont l'Angleterre se trouve exclue par les dispositions restrictives du Tra té de
1826, comme en sont exclus l'Union américaine par la Convention
de 1822, le Danemark, la Russie, l'Espagne, etc. Assurément la loi
du 30 janvier dernier, limitée en partie dans son application par les
engagements conventionnels de la France, crée une situation transi-
toire regrettable à quelques égards. Il peut sembler fâcheux de voir
dans les ports français certains pavillons amis moins favorablement
traités que d'autres. Mais c'est là une conséquence naturelle des Conventions maritimes ou commerciales. Depuis 1826, l'Angleterre a toujours obtenu en France, soit pour sa marine, soit, plus tard, pour ses
marchandises, des immunités particulières. Les laines d'Australie
profitent encore, sur le marché français, d'un régime de faveur refusé
aux laines de la Barbarie, de la Russie et de l'Amérique du Sud.
En définitive, le privilége du pavillon national, pour la navigation indirecte, est la base fondamentale de la loi du 30 janvier. Si ce privilége
disparaissait, il entraînerait la suppression de la taxe établie sur les
constructions étrangères. Il ne resterait plus guère qu'un droit de quai
applicable uniformément à tous les bâtiments, français ou autres, de
sorte qu'une loi rendue surtout dans l'intérêt de notre marine abcu-
tirait, pour les armateurs français, à une charge nouvelle sans compensation.

Droit de statistique. — « J'ai également été informé ultérieurement,
« dit Lord Granville, que la taxe de 10 centimes afférente aux produits
« qui franchissent la frontière française a été supprimée au profit de
« l'Espagne. »

Sur ce point encore le Gouvernement anglais a été mal informé. Le
droit de statistique, de même que le droit de quai, est appliqué sans
distinction de nationalité. On le perçoit à l'entrée et à la sortie, pour
les échanges entre la France et l'Espagne, dans des conditions abso-

lument identiques à celles qui servent de règle pour les échanges entre la France et tous les autres pays.

Huiles minérales. — Cette question paraît avoir tout particulièrement éveillé la sollicitude du Gouvernement Anglais. On lit à ce sujet dans la note de Lord Granville :

« Les huiles minérales d'origine britannique étaient classées dans le « tarif publié par la douane française comme passibles d'un droit de « 5 p. o/o. Cette disposition a été subitement modifiée, et le droit sur ce « produit a été élevé à 37 francs par 100 kilogrammes, taxe équivalente, « d'après l'évaluation donnée par les négociants anglais, à environ 80 p. o/o « de la valeur, tandis que, d'après les termes du Traité, suivant l'inter- « prétation que leur donne le Gouvernement de Sa Majesté, aucun droit « de cette nature ne doit dépasser 25 p. o/o. Ce n'est pas tout : malgré « les dispositions de l'article 19 du Traité du 23 janvier 1860 et de « l'article 5 de la seconde Convention supplémentaire du 16 novembre « de la même année qui nous assuraient le traitement de la nation la « plus favorisée, les huiles minérales américaines ont été admises en « France à un droit inférieur de 5 francs par 100 kilogrammes à celui « dont sont grevées les importations anglaises, et constituant, d'après « les évaluations données par les négociants anglais, un avantage de « 9 p. o/o de la valeur pour le produit américain. »

Dans cette partie de sa note, Lord Granville s'est séparé des premières impressions manifestées par le commerce anglais. On avait d'abord soutenu que le droit de 5 p. o/o, appliqué depuis quelques années aux huiles rectifiées de schiste et de pétrole, résultait d'un engagement conventionnel dont la France n'avait pas la faculté de s'affranchir. Ce qui est vrai, c'est que les Conventions de 1860 ne stipulaient rien à l'égard des huiles minérales. Les huiles rectifiées de schiste et de pétrole ne figuraient pas davantage dans les Conventions ultérieures avec la Belgique et d'autres États. Elles n'étaient pas même reprises dans le Tarif général, et c'est par voie d'assimilation admistrative que ces huiles avaient été momentanément traitées comme les essences de houille, inscrites pour un droit de 5 p. o/o dans le

Traité du 1ᵉʳ mai 1861. Cette assimilation, motivée par le silence du Tarif, cessait d'avoir sa raison d'être le jour où une loi spéciale dénommait et taxait les huiles minérales. Le Gouvernement Anglais l'a compris sans doute, puisqu'il n'insiste pas. On se bornera donc à suivre Lord Granville sur le terrain où il s'est placé dans sa note. Il s'agit de savoir si le Traité du 23 janvier 1860 interdit de taxer un produit anglais quelconque à plus de 25 p. o/o, et si la Convention du 16 novembre de la même année limite également l'application des surtaxes de provenance.

L'article 1ᵉʳ du Traité du 23 janvier 1860 porte :

« Sa Majesté l'Empereur des Français s'engage à admettre les objets « ci-après dénommés, d'origine et de manufacture britanniques, im- « portés du Royaume-Uni en France, moyennant un droit qui ne devra, « en aucun cas, dépasser 30 p. o/o de la valeur, les deux décimes addi- « tionnels compris. Ces objets et marchandises sont les suivants : » — Suit l'énumération.

L'article 16 du même Traité est ainsi conçu :

« Sa Majesté l'Empereur des Français s'engage à ce que les droits « *ad valorem* établis à l'importation en France des marchandises d'ori- « gine et de manufacture britanniques aient pour maximum la limite « de 25 p. o/o à partir du 1ᵉʳ octobre 1864. »

Ces deux articles sont trop précis pour fournir matière à une double interprétation. Ils signifient uniquement que les produits énumérés dans le premier ne pourront pas être imposés à plus de 30 p. o/o, et que ce maximum descendra à 25 p. o/o, à partir du 1ᵉʳ octobre 1864, pour les articles imposés *ad valorem*. Si donc les huiles minérales avaient pris place parmi les marchandises énumérées en l'article 1ᵉʳ, on ne serait pas fondé à leur appliquer le droit de 37 francs par 100 kilogrammes édicté par la loi du 8 juillet 1871, car ce droit excède de beaucoup la proportion de 25-30 p. o/o. Mais, comme on l'a fait remarquer, les huiles minérales ne figurent ni dans le Traité du 23 janvier ni dans les Conventions ultérieures. Elles ne rentrent dès lors, à aucun titre, dans l'hypothèse prévue par les articles 1 et 16.

Pour ces huiles, de même que pour tous les autres produits non énumérés dans le Traité de 1860, il a laissé intacte la liberté du Gouvernement.

Reste l'article 5 de la Convention du 16 novembre; il porte :

« Chacune des Hautes Puissances contractantes s'engage à faire pro
« fiter l'autre de toute faveur, de tout privilége ou abaissement de tarif
« que l'une d'elles accorderait à une tierce puissance pour l'importa
« tion des marchandises mentionnées ou non dans le Traité du 23 jan
« vier 1860 [1]. »

D'après le sens attribué à cet article par le Gouvernement anglais, il ne s'agirait plus d'admettre les huiles minérales de la Grande-Bretagne au droit de 3 francs par 100 kilogrammes porté au Tarif général avant la loi du 8 juillet, ou à celui de 5 p. o/o de la valeur, concédé pour l'essence de houille; il s'agirait seulement de les recevoir à 32 francs, comme les huiles des pays hors d'Europe, en les exonérant de la surtaxe de 5 francs appliquée aux arrivages des pays d'Europe.

Ramenée à de pareils termes, la réclamation du Gouvernement anglais perd singulièrement de son importance. Au fond, la loi du 8 juillet 1871 n'a constitué, pour les huiles américaines, ni un abaissement de tarif, ni un privilége, puisqu'elle a décuplé le droit ancien et assimilé les huiles américaines aux huiles analogues de tous les pays extra-européens. D'un autre côté, l'article 5 de la Convention du 16 novembre, comme toutes les stipulations conventionnelles de douanes, s'applique au droit principal, abstraction faite des surtaxes de pavillon ou d'entrepôt. Il convient, d'ailleurs, de remarquer que, si une exception pouvait être faite en faveur de l'Angleterre, cette exception devrait être étendue à la Belgique, où le commerce des huiles minérales a pris un grand développement. Il deviendrait alors bien difficile de distinguer des huiles nationales les huiles américaines emmagasinées à Londres, à Liverpool ou à Anvers, et l'on arriverait

---

[1] L'article 19 du Traité du 23 janvier, article également cité par Lord Granville, ne garantit aux Anglais le traitement de la nation la plus favorisée que pour les marchandises mentionnées dans ce Traité.

ainsi à supprimer indirectement, pour ce produit, la surtaxe d'entrepôt établie par la loi du 30 janvier.

En résumé, la Douane française n'a rien changé à ses procédés. Les seules opérations qu'elle ait contrariées, en matière de fils ou de tissus, sont des opérations de fraude. Pour les marchandises, comme pour la marine, elle n'a pas cessé de se conformer au Traité de 1860.

DOCUMENTS DIPLOMATIQUES.

MINISTÈRE DES AFFAIRES ÉTRANGÈRES.

DOCUMENTS DIPLOMATIQUES.

NÉGOCIATIONS COMMERCIALES

ENTRE

LA FRANCE ET LA GRANDE-BRETAGNE.

AOÛT 1880–FÉVRIER 1882.

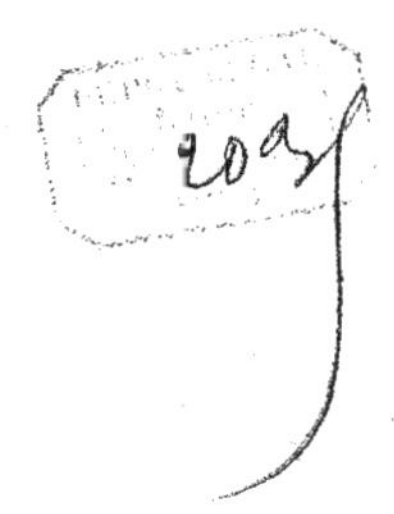

PARIS.

IMPRIMERIE NATIONALE.

M DCCC LXXXII.

TABLE DES MATIÈRES.

NÉGOCIATIONS COMMERCIALES

ENTRE

LA FRANCE ET LA GRANDE-BRETAGNE.

AOÛT 1880–FÉVRIER 1882.

N° 1.

Sir CHARLES W. DILKE, Sous-Secrétaire d'Etat de Sa Majesté Britannique pour les Affaires étrangères,

à M. CHALLEMEL-LACOUR, Ambassadeur de la République française à Londres.

(TRADUCTION.)

Foreign Office, 14 août 1880.

Monsieur l'Ambassadeur, en connexité avec la question générale des relations commerciales entre les deux Pays et en me référant à notre entretien relatif aux droits perçus en France sur les huiles minérales britanniques, j'ai l'honneur de transmettre à Votre Excellence un memorandum sur ce sujet.

Le Gouvernement de Sa Majesté a la confiance que le Gouvernement français voudra bien fixer son attention sur ces observations, et qu'il prendra des mesures pour donner effet aux stipulations du traité du 23 juillet 1873, en ce qui concerne cette branche de commerce.

Le but du Gouvernement de Sa Majesté est d'obtenir que la corrélation entre les droits sur les huiles minérales brutes et les droits sur les huiles minérales raffinées anglaises soit fixée en conformité avec l'arrangement conclu en 1873. La question porte sur des détails techniques, et le meilleur moyen d'arriver à une entente, serait, ce semble, que ces détails fussent dorénavant discutés par des agents des deux Gouvernements familiarisés avec cette matière.

J'ai l'honneur, etc.

CHARLES W. DILKE.

ANNEXE.

MÉMORANDUM

AU SUJET DES DROITS SUR LES HUILES MINÉRALES ANGLAISES IMPORTÉES EN FRANCE

(TRADUCTION.)

Les difficultés en cette matière sont nées de la corrélation établie par la loi du 29 décembre 1873 entre les droits sur les huiles minérales brutes et les droits sur les huiles minérales raffinées. Cette corrélation est tout à fait disproportionnée; elle favorise l'importation des huiles brutes et du pétrole, tandis qu'elle agit comme un droit différentiel contre les huiles minérales raffinées britanniques. L'article 4 du traité du 23 juillet 1873 entre la Grande-Bretagne et la France contient les dispositions suivantes :

« A partir du 1er janvier 1874, ou plus tôt, si faire se peut, les huiles minérales, d'ori-
« gine britannique seront admises en France et en Algérie au droit de douane de 5 p. o/o,
« c'est-à-dire au taux du droit en vigueur avant la loi du 8 juillet 1871. Il demeure cepen-
« dant convenu que lesdites huiles devront, conformément aux dispositions de l'article 9
« du traité du 23 janvier 1860, remis en vigueur par l'article 1er du présent traité, acquit-
« ter, en outre, les droits de 5 ou 8 francs par 100 kilogrammes, établis sur les huiles
« brutes ou raffinées par la loi du 16 septembre 1871, ou ceux qui seraient ultérieurement
« établis sur les mêmes huiles fabriquées en France. »

La différence, au point de vue du taux de la taxe, entre les deux variétés d'huiles fut alors, en conséquence, fixée à 3 francs les 100 kilogrammes. Le droit du Gouvernement français de régler le taux de la taxe intérieure était hautement reconnu dans le traité, mais, en même temps, les stipulations de cet acte établissent clairement qu'il était dans l'intention des deux Puissances de permettre la reprise du commerce des huiles minérales anglaises, qui avait été arrêté par la loi du 8 juillet 1871. Dans le cours des négociations qui aboutirent à la conclusion du traité du 23 juillet 1873, il ne fut pas dit une parole qui pût donner lieu aux représentants de l'Angleterre de penser que le Gouvernement français se proposât d'apporter aucun changement au taux des droits fixés par la loi du 16 septembre 1871. Une nouvelle loi fut cependant votée, comme on l'a rappelé plus haut, le 29 décembre 1873. Le commerce déclara aussitôt que l'échelle de droits établie par cette loi rendrait inefficaces les stipulations du traité du 23 juillet 1873, et l'expérience des six dernières années a malheureusement démontré la justesse de cette prévision.

Des réclamations ont été constamment adressées au Gouvernement français, et de pressantes représentations lui ont été faites contre cette infraction virtuelle aux dispositions du traité de 1873.

Il n'est pas nécessaire de revenir ici sur toute la longue correspondance qui a été échangée à ce sujet. Il suffit de constater que M. Amé et M. Ozenne ont, tous deux, franchement reconnu qu'au moins dans une certaine mesure, les représentations du Gouvernement de

Sa Majesté sont bien fondées ; il suffit d'appeler l'attention sur une *Note verbale* traitant de la question en général, qui a été communiquée à M. de Freycinet, le 21 janvier dernier, ainsi que sur une autre *Note verbale* communiquée, le 28 mai dernier, à Son Excellence et relative à la nouvelle échelle de droits votée, le 30 avril, par la Chambre des Députés. Des copies de ces documents sont ci-annexées. Ni l'un ni l'autre n'a encore reçu de réponse.

PREMIÈRE PIÈCE JOINTE AU MEMORANDUM RELATIF AU RÉGIME DES HUILES MINÉRALES BRITANNIQUES ET COMMUNIQUÉ, LE 14 AOÛT 1880, À M. L'AMBASSADEUR DE LA RÉPUBLIQUE FRANÇAISE À LONDRES.

NOTE

Remise par lord Lyons, Ambassadeur d'Angleterre,

à M. DE FREYCINET, Président du Conseil, Ministre des Affaires étrangères.

(TRADUCTION.)

Paris, 21 janvier 1880.

L'arrangement relatif aux [droits perçus sur les huiles anglaises brutes ou raffinées, en compensation des droits d'accise sur les huiles françaises de même nature, est contenu dans l'article 9 du traité du 23 janvier 1860, confirmé par l'article 1er de la Convention additionnelle du 24 janvier 1874.

Ledit article 9 contient le paragraphe suivant :

« Il est entendu entre les Hautes Puissances contractantes que, si l'une d'Elles juge nécessaire d'établir un droit d'accise ou impôt sur un article de production ou de fabrication nationale qui serait compris dans les énumérations qui précèdent, l'article similaire étranger pourra être immédiatement grevé, à l'importation, d'un droit égal. »

Les huiles minérales sont l'un de ces articles énumérés dans le traité.

Sous l'empire du traité de 1860, les huiles minérales étaient admises en France moyennant le payement d'un droit *ad valorem* de 5 p. o/o.

Ce traité fut enfreint, en 1871, par l'établissement d'un droit de 37 francs les 100 kilogrammes, dont l'effet était de prohiber entièrement l'importation des huiles d'éclairage anglaises. En 1873, le Gouvernement français consentit, en conséquence, à indemniser les manufacturiers anglais et à admettre dorénavant les huiles britanniques sur le pied de l'ancien droit *ad valorem* de 5 p. o/o, sauf addition de tels droits qui seraient perçus sur les huiles similaires fabriquées en France.

L'article 4 du traité du 23 juillet 1873 est ainsi conçu :

« A partir du 1er janvier 1874, ou plus tôt, si faire se peut, les huiles minérales d'origine britannique seront admises en France et en Algérie au droit de douane de 5 p. o/o, « c'est-à-dire au taux du droit en vigueur suivant la loi du 8 juillet 1871. Il demeure cependant convenu que lesdites huiles devront, conformément aux stipulations de l'article 9 du traité du 23 janvier 1860, remises en vigueur par l'article 1er du présent traité, acquitter, « en outre, les droits de 5 ou 8 francs par 100 kilogrammes établis sur les huiles brutes « ou raffinées par la loi du 16 septembre 1871, ou ceux qui seraient ultérieurement établis « sur les mêmes huiles fabriquées en France. »

1.

Mais, le 29 décembre 1873, une loi, votée par l'Assemblée nationale, était promulguée par le Président de la République, établissant certains droits sur les huiles minérales d'origine française. Elle contenait les dispositions suivantes :

« Art. 1er. A dater du 1er janvier 1874, les huiles de schiste et toutes autres huiles minérales propres à l'éclairage sont soumises aux droits intérieurs ci-après, décimes compris :

« Essence à 700 degrés de densité et au-dessous, à la température de 15 degrés, les 100 kilogrammes : 44 fr. 50 cent.

« Huiles raffinées à 800 degrés de densité et au-dessus, à la température de 15 degrés, les 100 kilogrammes : 34 fr. 50 cent.

« Huiles brutes : 22 centimes pour chaque kilogramme d'huile pure à 800 degrés qu'elles contiennent, à la température de 15 degrés; 32 centimes pour chaque kilogramme d'essence à 700 degrés qu'elles contiennent, à la température de 15 degrés.

« Art. 3. Les fabricants français continueront à avoir la faculté d'acquitter les droits exclusivement sur les huiles brutes, d'après la base indiquée à l'article 1er. »

Le résultat fut que, en vertu de l'article 3, les fabricants, écoulant leurs huiles à l'état brut, n'avaient à payer qu'un droit de 22 francs par 100 kilogrammes, sur la quantité d'huile raffinée qu'elles étaient estimées capables de rendre.

Les fabricants anglais, au contraire, étant nécessairement réduits à l'importation d'huiles raffinées, étaient appelés à acquitter sur elles 34 francs par 100 kilogrammes, outre le droit de douane *ad valorem* de 5 p. o/o.

La compensation n'était pas fixée à un taux égal pour les fabricants anglais.

La loi du 29 décembre 1873 provoqua de nombreuses protestations, de la part des fabricants anglais, et une correspondance active entre les deux Gouvernements.

Les arguments, du côté de l'Angleterre, portèrent particulièrement sur deux points :

1° Le fabricant français payant un droit sur des huiles brutes est proportionnellement moins imposé que le fabricant anglais qui importe des huiles raffinées;

2° Les huiles de schiste brutes donnent un rendement plus considérable que ne l'estime la loi du 29 décembre 1873.

Au printemps de 1877, la question du droit compensateur sur les huiles minérales anglaises fut discutée par les délégués anglais et français à Paris.

Les premiers firent connaître, sous la date du 17 avril 1877, que les points en litige se rapportaient à la relation entre le droit d'accise sur les huiles françaises et le droit compensateur sur les huiles britanniques, et que les délégués français étaient disposés à admettre que le système actuellement en vigueur pour la perception de ces droits n'était pas satisfaisant, et à chercher les moyens d'arriver à une solution convenable de la question. Le 12 mai 1877, M. C.-M. Kennedy, le délégué anglais qui était encore à Paris, rapportait que M. Amé avait proposé l'arrangement suivant :

1° En ce qui concerne les huiles minérales raffinées, on égaliserait le droit sur la totalité du produit obtenu;

2° Pour les huiles minérales brutes, on fixerait un tant pour cent qui représenterait le rendement;

3° Le fabricant français payerait les mêmes droits que l'importateur anglais, moins 5 p. o/o, d'après les termes du traité du 23 juillet 1873.

Un pareil arrangement aurait été satisfaisant, et lord Lyons reçut, le 1er juin, l'ordre de chercher à en obtenir l'adoption formelle et de pousser vivement à ce que des mesures fussent prises pour lui donner force de loi dans le plus bref délai possible.

L'état politique intérieur de la France apporta néanmoins du retard; mais une communication dans le sens indiqué plus haut fut faite par lord Lyons à M. Waddington, quand celui-ci fut arrivé aux affaires, à la fin de 1877.

Le 3 février 1878, M. Waddington informait lord Lyons que le Ministre du Commerce avait déposé sur le bureau de la Chambre des Députés, le 21 janvier précédent, un projet de loi dont les dispositions étaient soi-disant conformes à la proposition de lord Lyons.

Cependant, il se trouva qu'aucun projet se rapportant spécialement aux huiles minérales n'avait été présenté le 21 janvier 1878, mais que le projet de tarif général des douanes avait été déposé ce même jour, que, dans le tableau A, y annexé, les derniers articles, sous le titre de « Matières minérales » traitaient des huiles minérales, et que les droits spécifiés étaient les mêmes que ceux mentionnés par M. Waddington, dans la note de février 1878, ci-dessus citée.

M. Waddington, dans une note ultérieure, en date du 16 août 1879, se référait à sa note du 3 février, laquelle établissait que le Ministre du Commerce ne pouvait pas régler la question par un projet de loi spécial, attendu que les droits intérieurs devaient dépendre du tarif d'importation adopté dans le projet de tarif général des douanes, et que tout projet de loi de cette nature serait déféré à la commission des tarifs.

Cependant, il semble, d'après une note publiée, le 1er août 1879, dans l'agence Havas, que cette même commission était arrivée à la conclusion suivante :

« La Commission a décidé qu'elle n'avait pas à s'occuper des huiles de schiste, qui sont « frappées d'un droit d'accise, qu'il appartient au Gouvernement seul de fixer. »

Il a, de plus, été observé, à plusieurs reprises, par le Gouvernement de Sa Majesté que le tarif des douanes de France est une question tout à fait distincte de l'exécution d'un traité existant, dont les stipulations ont été arbitrairement mises de côté, depuis des années.

La note de M. Waddington du 16 août 1879 contient également le passage suivant :

« Peut-être pourrait-on critiquer le mécanisme un peu compliqué du tarif intérieur établi « par la loi du 29 décembre 1873; il laisse un trop grand écart dans les droits afférents à « l'huile lampante, selon qu'on la présente incorporée dans l'huile brute ou séparée de « celle-ci. »

Ce passage renferme une reconnaissance particulière de la justesse de la réclamation fondamentale des négociants anglais. Comme le droit de beaucoup le moins élevé est perçu sur l'huile lampante présumée incorporée avec l'huile brute, et comme les fabricants français payent les droits exclusivement sur l'huile de cette nature, non seulement il y a là une injustice contre les fabricants anglais, mais il n'est pas douteux qu'il n'en résulte une perte appréciable pour le Trésor français.

Il semble résulter de la note de M. Waddington que le Gouvernement français s'est déjà arrêté à cette considération et qu'il se propose de soumettre à la Chambre une autre combinaison des droits.

Lorsque M. le Professeur Abel était à Paris, dans l'automne de 1878, relativement à la question du *minimum* de densité par lequel les huiles lubrifiantes doivent être distinguées des huiles d'éclairage, il rapporta à lord Salisbury qu'il avait reçu de M. Waddington l'assurance que le Gouvernement français était prêt à accueillir favorablement une demande formelle tendant à ce que les droits à percevoir sur les huiles minérales fussent réglés immédiatement, comme une question indépendante du tarif général des douanes. Lord Lyons reçut, en conséquence, l'ordre d'adresser une note à M. Waddington. Il le fit, sous la date du 26 octobre, déclarant que le Gouvernement de Sa Majesté avait appris ce qui précède avec la plus vive satisfaction et que le point essentiel était que la question fût réglée immédiatement et sépa-

rément, comme une affaire d'engagement conventionnel. Il insistait pour que, conformément à l'assurance donnée à M. le Professeur Abel par M. Waddington, des mesures fussent prises afin d'appliquer sans autre délai les stipulations du traité du 23 juillet 1873.

Pendant que M. le Professeur Abel était à Paris, l'échelle de droits suivante fut proposée
et favorablement accueillie par le Gouvernement de Sa Majesté:

« Un droit d'accise de 32 francs sur les huiles brutes et de 39 francs sur les huiles raffi-
« nées et les essences par 100 kilogrammes ;

« Les droits sur les huiles anglaises seront fixés d'après la même échelle, avec un droit
« de douane additionnel de 5 p. o/o, conformément au traité du 23 juillet 1873. »

Le fond des observations précédentes fut communiqué verbalement, au mois d'octobre,
par M. Adams à M. Waddington, alors Président du Conseil et Ministre des Affaires étrangères, et Son Excellence promit de donner toute son attention à l'affaire. Le 15 décembre,
il renouvela cette promesse à lord Lyons et s'engagea à avoir, dès que ses autres affaires le
lui permettraient, une conférence à ce sujet avec les Ministres des Finances et du Commerce.

Le Gouvernement de Sa Majesté est maintenant très désireux de recommander cette question, pendante depuis si longtemps, à l'attention spéciale et immédiate de Son Excellence
M. de Freycinet. Il regarderait comme satisfaisant un arrangement conclu soit sur les bases
soumises à la Commission de 1877, soit sur les bases qui furent proposées lors du séjour
à Paris de M. le Professeur Abel, en 1878.

2ᵉ PIÈCE JOINTE AU MEMORANDUM RELATIF AU RÉGIME DES HUILES MINÉRALES BRITANNIQUES
ET COMMUNIQUÉ, LE 14 AOÛT 1880, À L'AMBASSADEUR DE LA RÉPUBLIQUE FRANÇAISE À LONDRES.

NOTE

remise par Lord Lyons, Ambassadeur d'Angleterre,

à M. de Freycinet, Président du Conseil, Ministre des Affaires étrangères.

(TRADUCTION.)

Paris, 28 mai 1880.

L'attention du Gouvernement de Sa Majesté a été appelée sur l'échelle des droits sur les
huiles minérales qui, d'après le *Journal officiel* du 1ᵉʳ de ce mois, aurait été adoptée, la
veille, par la Chambre des Députés.

On a représenté au Gouvernement de Sa Majesté que, si ces droits devaient acquérir force
de loi et être mis en vigueur, les huiles minérales écossaises d'éclairage seraient, en fait,
aussi complètement exclues du marché français qu'elles l'ont été pendant les neuf dernières
années.

L'Association minière d'Écosse insiste sur deux points : elle expose que ce qu'elle réclame
comme nécessaire pour la reprise de son commerce avec la France, c'est que le droit sur
l'huile brute ne soit pas inférieur à 85 p. o/o du droit sur le pétrole américain raffiné ; elle
demande, en outre, qu'ayant à lutter dans des conditions désavantageuses contre le pétrole
raffiné, dont la valeur est plus considérable, les huiles d'éclairage écossaises soient grevées
d'un droit plus faible.

N° 2.

Sir Charles W. Dilke, Sous-Secrétaire d'État de Sa Majesté Britannique pour les Affaires étrangères,

à M. Challemel-Lacour, Ambassadeur de la République française à Londres.

(traduction.)

Foreign Office, 20 août 1881.

Monsieur l'Ambassadeur, suivant la promesse que j'en ai faite à Votre Excellence dans notre entretien du 16 du mois courant, j'ai l'honneur de vous transmettre un memorandum relatif aux expertises. On pourrait citer d'autres plaintes; mais ces représentations paraissent suffisantes pour démontrer que les stipulations à ce sujet n'ont pas été complètement exécutées jusqu'à ce jour.

Si le Gouvernement français désirait prendre de nouvelles informations, la question pourrait être discutée par des délégués des deux Gouvernements, comme cela a eu lieu en 1873-1874, alors que les stipulations existantes furent rédigées.

J'ai l'honneur, etc.

Charles W. Dilke.

ANNEXE.

MÉMORANDUM

RELATIF AUX EXPERTISES.

(traduction.)

Foreign Office, 20 août 1880.

Le Gouvernement de Sa Majesté Britannique désire appeler l'attention sur certains points où, au moins dans leur esprit, les stipulations du traité en vigueur relativement aux expertises n'ont pas été dûment observées, ou bien ont été outrepassées dans l'application. Il est à remarquer qu'on paraît n'avoir fait aucune distinction entre les erreurs accidentelles et la fraude et que les représentations du Gouvernement de Sa Majesté Britannique ne rencontrent souvent qu'un refus pur et simple d'examiner à nouveau des décisions, même quand elles sont officiellement signalées comme injustes. Il ne faut pas oublier que la question des expertises a été, en son entier, minutieusement examinée dans les séances de la Commission mixte à Paris, dans la période de novembre 1872 à janvier 1874. On a parfaitement démontré alors que les plaintes formulées à cette époque étaient fondées; aussi, pour remédier à l'état de choses dont l'existence était alors constatée, le protocole du 22 janvier 1874 et l'article 14 de la convention complémentaire du 24 janvier 1874 furent-ils rédigés et adoptés par les deux Gouvernements. Des plaintes récemment adressées au Gouvernement de Sa Majesté Britannique donnent lieu de penser que ces dispositions ne reçoivent pas actuellement leur complète exécution. Ainsi, il paraîtrait que les listes d'experts ne sont plus dressées tous les ans, comme le prescrit le paragraphe 1er du protocole du 22 janvier 1874, et, en outre, que ces listes ne sont pas assez complètes pour comprendre des fabricants ou des marchands des différentes branches de commerce. Par suite, des experts et des arbitres sont choisis sur une liste trop restreinte, et des personnes n'ayant pas qualité suffisante pour vérifier des articles spéciaux sont nommées experts ou arbitres, à défaut d'autres personnes ne figurant pas sur la liste, mais ayant toutes les connaissances requises pour examiner les articles à expertiser. Il en résulte des injustices, de grandes vexations infligées aux négociants, des amendes injustes et la perception de droits sur des articles qui n'y sont pas soumis, de telle sorte que, dans ce cas, les intentions des deux Gouvernements ne sont pas réalisées.

La ligne de conduite suivie, en pareil cas, par la Douane française paraît ne pas être uniforme. Quelquefois, on exige des documents à l'appui de la déclaration; d'autres fois, on n'en réclame pas. Souvent, on ne fait guère attention ni aux factures, ni aux certificats des consuls français, ni aux autres preuves d'origine.

Il paraît, en outre, douteux que la Commission d'expertise légale se conforme toujours aux dispositions de l'article 4 de la convention complémentaire du 24 janvier 1874, en renvoyant devant les experts les points en litige. Dans tous les cas, toutes les fois que le Gouvernement français a consenti à une nouvelle enquête, la décision prononcée a été reconnue mal fondée. On en a eu tout récemment la preuve, en ce qui concerne certaines tondeuses mécaniques pour pelouses et en ce qui concerne une espèce de vernis dit *Satin Polish*. Ces articles avaient été déclarés d'origine américaine; tandis que, finalement, on a reconnu qu'ils étaient d'origine anglaise. De même, on a récemment saisi certaines consignations d'amidon provenant d'Écosse, comme étant d'origine américaine; cette affaire est encore pendante; mais il y a tout lieu de croire que, dans ce cas également, la déclaration de l'exportateur britannique sera reconnue conforme à la vérité.

Les faits ci-dessus nous amènent à signaler encore les grands retards occasionnés par l'examen de ces affaires.

En ce qui concerne la plainte de MM. Chinnery et Johnson, au sujet de la valeur de certains chapeaux de feutre, M. Adams avait adressé à M. Waddington une note, en date du 5 novembre 1879; la réponse de M. de Freycinet porte la date du 8 janvier 1880.

En ce qui concerne la plainte de M. Christy, relativement à la valeur de certaines bobines en bois, lord Lyons a adressé à M. Waddington une note en date du 18 novembre 1879; la réponse de M. de Freycinet est datée du 16 février 1880.

En ce qui concerne la plainte de MM. Baerlein, au sujet des mesures prises relativement à leurs déchets de coton, M. Adams a adressé à M. Waddington une note en date du 25 août 1879; la réponse de Son Excellence est datée du 7 novembre suivant.

L'attention du Gouvernement français a été appelée sur l'affaire relative aux tondeuses mécaniques pour pelouses par la note de lord Lyons, en date du 15 novembre dernier. Après une longue correspondance, l'erreur commise par les autorités douanières paraît avoir été reconnue, le 27 avril.

L'affaire susmentionnée, relative au vernis dit *Satin Polish*, fut soumise à l'examen du Gouvernement français par la note de lord Lyons, en date du 19 avril dernier. L'erreur commise par la Douane française paraît avoir été reconnue le 11 du mois suivant; mais le résultat n'a été officiellement communiqué à lord Lyons que le 17 juin.

Dans l'affaire encore pendante et déjà mentionnée qui a trait à l'amidon écossais, les représentations des exportateurs ont été transmises par lord Lyons au Gouvernement français le 17 juin; mais aucune réponse n'a encore été reçue à ce sujet.

Il paraît ainsi que les représentations faites au sujet des expertises se rapportent à des questions de contestation de classement ou d'origine, aussi bien qu'à des questions de contestation de valeurs.

Ce qui est nécessaire, c'est que les stipulations du traité en vigueur soient appliquées dans l'esprit de ces engagements, aussi bien que dans leur lettre. La liste des experts devra être revisée et tenue en bonne forme; les opérations devront être rendues plus expéditives, afin d'éviter les retards signalés plus haut; et le ministre intéressé devra, en équité, accueillir les représentations adressées par les importateurs se plaignant d'un déni de justice et examiner ces plaintes, afin de réformer les décisions qui seraient reconnues trop sévères ou rendues par suite d'un malentendu ou d'une erreur. A vrai dire, il serait, en tout cas, préférable, au moins en ce qui concerne les questions réglées par l'article 4 de la convention complémentaire du 24 janvier 1874, de concéder au déclarant, s'il conteste la décision des experts, le droit d'interjeter appel de cette décision sous les conditions voulues quant aux frais.

N° 3.

Sir CHARLES W. DILKE, Sous-Secrétaire d'État de Sa Majesté pour les Affaires étrangères,

à M. CHALLEMEL-LACOUR, Ambassadeur de la République française à Londres.

(TRADUCTION.)

Foreign Office, 23 août 1880.

Monsieur l'Ambassadeur, j'ai aujourd'hui l'honneur de transmettre à Votre Excellence un mémorandum énonçant, en termes généraux, les vues du Gouvernement de Sa Majesté Britannique au sujet de la revision du tarif français dans le futur traité de commerce et de navigation avec la France, ainsi que les représentations qui ont été faites au Gouvernement de Sa Majesté Britannique, relativement aux droits inscrits dans le tarif actuel sur certaines marchandises britanniques. Ce mémorandum a été rédigé dans le but de donner suite à la base de négociations proposée, sur ce point, par M. Léon Say, savoir : « Amé- « lioration du *statu quo* dans le sens du développement des relations commer- « ciales. » Qu'il me soit permis d'ajouter que, lorsqu'on entama les négociations en 1877, le Gouvernement de Sa Majesté Britannique avait compris que les arrangements relatifs au tarif conclu en 1860 seraient améliorés, et que, dans les communications qui ont été échangées, depuis 1877, au sujet des relations commerciales entre les deux Pays, on a maintenu le même espoir. Le Gouvernement de Sa Majesté Britannique a donc accueilli avec une vive satisfaction les ouvertures faites par M. Say comme étant de nature à amener des résultats favorables aux intérêts essentiels des deux Pays. Avant d'arriver à une conclusion quelconque au sujet de la conversion des droits *ad valorem* en droits spécifiques, le Gouvernement de Sa Majesté Britannique est d'avis que la troisième base proposée par M. Say, savoir : « Recherche des moyens de « faire disparaître les fraudes en douane, » devrait être complètement étudiée, et que la nature et l'étendue des fraudes signalées devraient être élucidées.

Votre Excellence aura sans doute remarqué que, dans la présente occasion, je n'ai point abordé les questions de navigation, ni fait allusion aux affaires coloniales et autres qui devront également être discutées dans le cours de toute négociation commerciale entre la Grande-Bretagne et la France. J'ai l'honneur de vous assurer que le Gouvernement de Sa Majesté Britannique sera tout disposé (s'il est prévenu d'avance de l'époque à laquelle le Gouvernement français sera en mesure d'entreprendre ces études) à discuter ces différentes questions de la manière qui sera la plus agréable au Gouvernement français. Cependant, toute modification de la classification ou des droits devra être sérieusement étudiée, et cela probablement en consultant des personnes ayant une connaissance technique de l'industrie et des marchandises en question.

En terminant, j'ai l'honneur, Monsieur l'Ambassadeur, d'appeler l'attention sérieuse du Gouvernement français sur les représentations ci-dessus.

J'ai l'honneur, etc.

CHARLES W. DILKE.

ANNEXE.

MÉMORANDUM

SUR LES QUESTIONS DE TARIFS.

(TRADUCTION.)

Dans l'examen des stipulations relatives au tarif français que l'on doit introduire dans un nouveau traité de commerce entre la France et la Grande-Bretagne, il importe tout d'abord de bien établir quelle fut, sur ce point, la base des négociations de 1860. Cette base était : du côté de la France, transition générale, en tant que les intérêts anglais étaient en jeu, d'un système de prohibition ou de droits élevés à des droits d'un taux modéré ; du côté de l'Angleterre, abolition complète des droits de douane sur les produits français, toutes les fois que des considérations fiscales ne s'y opposeraient pas, et, dans le cas contraire, réduction au taux le plus bas possible ; le tout avec l'entier abandon de tout impôt protecteur en vue des avantages de l'Angleterre, et contre ceux de la France. A cette époque, le principe du tarif français impliquait des droits élevés en général, avec une forte mesure de prohibition absolue ; le principe du tarif anglais impliquait des droits peu élevés en général, avec un grand nombre d'articles absolument libres de tous droits et, par exception, certains droits élevés imposés pour des raisons fiscales. Cette règle des tarifs respectifs des deux Pays forma le point de départ dans l'adaptation de la base ci-dessus mentionnée.

Lorsqu'on eut arrêté les détails du tarif français annexé aux conventions supplémentaires des 12 octobre et 16 novembre 1860, M. Cobden annonça qu'en moyenne, les droits ainsi établis ne s'élèveraient pas au-dessus de 15 p. o/o.

A la suite de représentations faites alors par M. Cobden, le Gouvernement de Sa Majesté accorda aux vins légers une réduction qui allait au delà des engagements contenus dans le traité du 23 janvier 1860, puisque, en 1862, la limite de force pour les vins admis au taux du droit de 1 shilling était élevée de 15 à 26 degrés. C'est ainsi qu'en 1862, le Gouvernement de Sa Majesté donna, de son côté, pleine exécution au traité, tandis qu'en ce qui regarde la France, ce traité n'entra complètement en vigueur que le 1er octobre 1864. Entre l'Angleterre et la France, les relations commerciales ne peuvent être séparées des relations générales et politiques, et l'influence bienfaisante du traité de 1860 s'est fait sentir de bien des manières et en bien des occasions, pendant ces vingt dernières années. En ce qui concerne, le développement des transactions sous le régime du traité de 1860, le commerce franco-anglais atteint actuellement 22 p. o/o environ du commerce total de la France, tandis que le commerce anglo-français est de 11 p. o/o environ du commerce total du Royaume-Uni. A ce point de vue, la France est beaucoup plus intéressée que l'Angleterre à la conclusion d'un traité qui consoliderait les relations commerciales existant entre les deux Pays et placerait leur commerce réciproque dans des conditions encore plus satisfaisantes.

Il faut observer, en général, que les changements survenus dans les conditions de fabrication et les solutions données aux questions qui se rapportent au travail, ainsi que la baisse des prix depuis 1860, ont considérablement augmenté le poids des droits alors fixés. Des taux qui étaient alors modérés, sont devenus aujourd'hui oppressifs pour le commerce et même prohibitifs. Il en a été ainsi pour les droits *ad valorem* comme pour les droits spécifiques.

La proportion relative entre les profits et la valeur ayant changé, un droit *ad valorem* de 10 ou 15 p. o/o est plus lourd aujourd'hui qu'en 1860, tandis que, pour les droits spécifiques consentis alors, on est, dans bien des cas, fondé à dire qu'actuellement ils dépassent de beaucoup les taux *ad valorem* dont on avait voulu d'abord en faire des équivalents, et qu'en plusieurs cas, ils dépassent même le taux maximum de 25 p. o/o stipulé dans le traité de 1860. Tel paraît être plus spécialement le cas, en ce qui concerne certains articles de coton et de fer, ainsi que certains produits chimiques et le sel.

Si l'on a bien compris la question, le chiffre des droits perçus en France sur chacun des articles suivants ne dépasse pas 2 millions de francs, savoir : le fer brut et la fonte, le fer ouvré, les outils et autres articles métalliques, l'acier; les fils de lin et de chanvre; les tissus de lin et de chanvre; les tissus de soie; la laine brute, la verrerie, etc.; les huiles de grains.

L'avantage ainsi obtenu par le Trésor est insignifiant, et, de fait, outre que la prospérité du pays se trouve paralysée par des taxes improductives, c'est à peine si l'on pourrait dire que le revenu qu'on en tire mérite d'être perçu.

De plus, en ce qui concerne les produits chimiques, le savon, la porcelaine et la verrerie, les fils, les tissus de laine, de lin et de chanvre, le papier, le cuir (ouvré) et les outils, la statistique du commerce français prouve surabondamment que les manufacturiers français sont en état de soutenir avec succès la concurrence sur les marchés étrangers.

En dehors de ces considérations générales, il a été, d'ailleurs, admis en France, d'après des renseignements officiels, que les fabricants de tissus français n'ont pas besoin de protection.

En effet, dans un rapport sur les conditions générales de l'industrie fait par MM. Balsan et Ferdinand Raoul-Duval, rapporteurs pour les industries textiles, soumis au Conseil supérieur du commerce et annexé au procès-verbal de la Commission qui s'est réunie le 25 mars 1876, on trouve le passage important qui suit :

« En étudiant en détail, pour les diverses industries textiles, dans les localités variées où « elles sont exercées, les éléments spéciaux des prix de revient, tels que main-d'œuvre, « combustible, impôts, coût des établissements, etc., on peut affirmer, avec des différences, « tantôt en plus, tantôt en moins, et par conséquent se compensant dans une certaine me- « sure, qu'il n'y a pas, au total, un écart actuel de plus de 3 à 4 p. o/o au détriment de la « France par rapport à l'Angleterre, dans le coût de la production, écart qui, au point de « vue de notre marché extérieur, est, dans bien des cas, compensé par les frais de transport « que les produits anglais ont à supporter pour venir concurrencer les nôtres en ce qui con- « cerne la consommation nationale. »

Et, pour parler maintenant de la nature des représentations qui ont été faites au Gouvernement de Sa Majesté à propos des questions de tarif en vue des négociations commerciales actuellement pendantes, on considère comme certain que le Gouvernement français n'abordera pas le sujet dans un esprit moins libéral qu'en 1860, et que la poli tique alors adoptée sera non seulement maintenue, mais encore suivie d'une façon plus complète.

Ces représentations seront faites en termes sommaires, attendu que, d'après la na- ture de la question, elles doivent être, dans bien des cas, appréciées et jugées de concert avec des personnes possédant la connaissance technique de la matière à discuter. On peut remarquer que c'est là le procédé adopté dans les négociations de 1860 et de 1872.

En premier lieu, en ce qui concerne les industries textiles, on fait observer que le droit actuel est, en réalité, prohibitif à l'égard de beaucoup de variétés de tissus de coton, de soie et de jute.

Pour les tissus de coton, un droit de 10 p. o/o *ad valorem* ou un taux spécifique équi- valent est demandé pour toutes les catégories de ces articles; pour les tissus de soie, on de- mande l'abandon total des droits, et, pour les tissus de jute, la suppression ou une réduction à 5 p. o/o *ad valorem*, ou bien un droit spécifique équivalent. Pour les tissus de laine, on demande une réduction de droits à 5 p. o/o *ad valorem* et le maintien d'un droit *ad valorem* spécialement pour les articles de laine mélangée; on demande aussi que les tapis de pied soient expressément compris dans cet arrangement. On insiste vivement sur le maintien du mode actuel d'évaluation des droits, en ce qui concerne les tissus de lin, et l'on désire quelque réduction des droits.

Pour tous les fils, ainsi que pour les fils de soie retors, on fait observer que ces articles ne sont que des produits mi-fabriqués, qu'on les demande beaucoup en France pour les faire servir, dans ce pays, à la fabrication d'articles plus achevés, et qu'ils devraient, en consé- quence, même à un point de vue protectionniste, être admis en franchise ou à des taux de droits nominaux.

Quant au fer, il est démontré que, pour quelques articles, les taux actuels sont pro- hibitifs; on demande l'abolition des droits sur la fonte brute et l'abolition ou, tout au moins, une réduction considérable sur la fonte et le fer malléable. Les droits actuels sur les articles d'acier sont beaucoup trop élevés et devraient être égalisés avec ceux des articles de fer; de fait, l'ensemble des droits sur les articles de toute nature de fer et d'acier exige une revision et une simplification complète. Une revision est également nécessaire pour d'autres articles de l'industrie métallurgique, afin de rectifier les droits sur quelques-uns et de comprendre dans le tarif du traité des articles omis aujourd'hui, tels que le cuivre et le laiton servant au doublage des navires.

Produits chimiques. — Les prix en ont considérablement baissé depuis 1860. Il suffira de citer les exemples suivants pour démontrer la modification survenue dans l'incidence du droit, tel qu'il fut alors fixé :

	Équivalents d'après le Traité.	Taux actuel.
Soude (cendres)	5 3/4 p. o/o	10 p. o/o
Soude (cristaux)	15	20
Soude (caustique)	15	25
Chlorure de chaux	13	19

On demande une diminution des droits sur toutes les classes de produits chimiques, et une enquête sur les taux des droits de compensation perçus.

Sel. — En 1860, des circonstances qu'il est inutile de rappeler ici en détail avaient fait désirer au Gouvernement français que l'abaissement de ce droit fût différé. On avait donné à entendre à M. Cobden que cette réduction se ferait à bref délai et que le droit revisé ne dépasserait pas 10 p. o/o *ad valorem.* Mais il n'a été rien fait à ce sujet. Aussi demande-t-on que l'engagement pris alors soit immédiatement mis à exécution.

Glaces. — On sait que, par inadvertance, cet article n'avait pas été suffisamment étudié lorsqu'on établit le traité de 1860. Une réduction du droit sur cet article est réclamée avec instance.

Papier. — On demande que l'abolition du droit de sortie sur les chiffons soit une des stipulations du tarif conventionnel ; que le taux du droit sur les papiers à écrire et à imprimer soit abaissé, et qu'un droit modéré *ad valorem* soit fixé pour les papiers de tenture.

Cuirs. — On fait remarquer que les procédés de tannage des peaux de mouton et de chèvre rendent très difficile, sinon impossible, la distinction entre ces deux articles, qui, par conséquent, devraient être assimilés dans le tarif. On demande également que tout ouvrage en cuir, ou, au moins, tout cuir non ouvré soit admis en franchise de droits.

En ce qui concerne les munitions, on demande que les capsules et les enveloppes à cartouches ne soient pas classées avec les armes à feu ; que le droit actuel sur les enveloppes à cartouches et les capsules ne soit pas augmenté ; et que les cartouches de chasse chargées soient admises moyennant un droit modéré.

On demande l'abaissement du droit, si l'on ne peut en obtenir l'abolition, sur les articles suivants : toiles pour reliure ; peignes vulcanites ; huiles de grains et de résine ; vis a bois, et, plus spécialement, le poisson. En ce qui concerne l'amidon, on fait remarquer que si, d'un côté, le droit actuel ne soulève pas de grandes objections, d'un autre côté, le système adopté de percevoir un droit séparé et additionnel sur les caisses dans lesquelles les amidons sont emballés est vexatoire et constitue une véritable entrave pour le commerce.

Pour le moment, il suffit d'appeler l'attention sur les articles ci-dessus mentionnés ; mais il faudra probablement en relever d'autres, lorsqu'on discutera à fond les questions de tarif.

Les principes ci-dessus indiqués de la négociation, ainsi que les faits et les représentations soumis ici à l'attention du Gouvernement français, semblent conduire aux conclusions suivantes, en ce qui concerne les nouvelles stipulations conventionnelles et les modifications à introduire dans le tarif conventionnel français :

1° Que 15 p. o/o soit le maximum du taux du droit. Toutefois, si le Gouvernement français désire faire une exception pour certains articles à spécifier par lui, on ne s'y opposera pas *a priori;*

2° Que 10 p. o/o, au lieu de 15 p. o/o, soit le taux *moyen* du droit à percevoir sur les produits et les articles manufacturés britanniques importés en France ;

3° Que les articles actuellement frappés de 10 p. o/o ne soient frappés que de 7 1/2 p. o/o ;

(Il faut se rappeler que les frais de transport augmentent considérablement tous ces taux.)

4° Que, au moins jusqu'à un certain point, une complète exemption de droits soit accordée dans le nouveau tarif;

5° Que tout changement de classification, ainsi que la fixation des droits spécifiques, lesquels devront être l'équivalent des droits *ad valorem* correspondants (si toutefois une modification quelconque du mode de fixer l'assiette des droits est consentie), n'ait lieu qu'après mûr examen et du consentement des deux Puissances.

N° 4.

MÉMORANDUM

remis par M. Tirard, Ministre de l'Agriculture et du Commerce,

à sir Charles Dilke, Sous-Secrétaire d'État de Sa Majesté Britannique pour les Affaires étrangères.

Paris, 24 septembre 1880.

Le mémorandum du Gouvernement anglais qui nous a été transmis par M. Challemel-Lacour, au sujet des arrangements douaniers entre la France et l'Angleterre, débute par une analyse des bases sur lesquelles a été établi le traité de 1860. Il résulterait de cette analyse que la France a été la plus favorisée des deux Parties contractantes, et que, par suite, c'est elle qui a tiré de ce traité le meilleur profit.

Ces prémisses posées, l'auteur du mémorandum en conclut que la France est bien plus intéressée que l'Angleterre à l'établissement d'un nouveau traité; puis il développe les motifs qui doivent déterminer la France à consentir des abaissements de droits sur un certain nombre d'articles de son tarif conventionnel.

Sans entrer dans les détails du traité de 1860, je reconnais que le tarif anglais est moins élevé que le tarif français et que le Gouvernement britannique a loyalement tenu les engagements qu'il avait pris dans les préliminaires des négociations.

Mais il importe de faire observer que le résultat de ces négociations n'a pas constitué une faveur spéciale à la France en échange des sacrifices que celle-ci s'imposait, mais bien un changement dans la législation douanière de la Grande-Bretagne qui a profité et profite encore à toutes les Puissances du monde, sans aucune exception.

On peut donc dire que la France n'a joui en Angleterre, depuis 1860, d'aucun privilège et que ses produits se sont rencontrés sur les marchés anglais en libre concurrence avec les produits du monde entier, même avec ceux des Puissances qui n'accordaient aucune faveur aux produits anglais.

La France, au contraire, n'a consenti à ouvrir son marché, dans les conditions où il était ouvert à l'Angleterre, qu'aux Puissances qui lui accordaient des avantages dont l'Angleterre elle-même a largement profité.

C'est ainsi que la France rencontre sur les marchés anglais la concurrence à égalité des produits américains, tandis que l'Angleterre n'a pas à lutter en France contre la concurrence de ces mêmes produits.

Cette courte observation n'est point une critique. Je veux seulement établir, en fixant la position respective des parties, qu'il ne serait pas juste, de la part de l'Angleterre, d'opposer exclusivement à la France les avantages d'une législation dont tout le monde a profité comme elle.

Je ne veux pas non plus entamer une dissertation théorique sur le mérite du système que la puissance productrice de l'Angleterre lui a permis d'adopter. Je n'hésiterais même pas à reconnaître qu'en s'affranchissant des tarifs protecteurs, l'Angleterre a fait une saine application des meilleurs principes économiques; mais, quel que soit le mérite de ce système, il faut bien reconnaître qu'il est, au moins aujourd'hui, d'une application impossible en France. Nous ne pouvons consentir des abaissements sur notre tarif général qu'autant qu'ils nous procurent des avantages réciproques, en tenant compte, bien entendu, de la situation économique des Parties contractantes.

Or, en l'état actuel, la Grande-Bretagne n'a rien à nous accorder de plus que ce qu'elle accorde à tous les autres pays, tandis que le moindre abaissement de nos tarifs constitue pour elle une véritable faveur.

Je sais bien que cette faveur n'est pas exclusive et qu'elle profitera à toutes les Puissances qui traiteront avec nous; mais, comme nous ne traitons, je le répète, qu'à la condition d'obtenir des abaissements de tarifs dont généralement l'Angleterre profite, il en résulte que nos propres traités lui constituent de réels avantages.

Il y a lieu de tenir compte aussi de la situation qui nous est faite par l'article 11 du traité de Francfort, aux termes duquel nous étendons immédiatement à l'Allemagne tous les avantages commerciaux que nous concédons à l'une des six Puissances dénommées dans ce traité et parmi lesquelles figure l'Angleterre.

Il est vrai que nous jouirons, par réciprocité, de tous les avantages que l'Allemagne pourra concéder à l'une de ces six Puissances; mais, en fait, il n'apparaît pas que le Gouvernement de Berlin soit disposé à consentir aucun abaissement de tarif, ni même que personne lui en fasse la demande, de telle sorte que la Grande-Bretagne, en exigeant de nous des sacrifices qu'elle n'exige pas de l'Allemagne, tout en lui accordant le même traitement, nous place dans cette singulière situation que nous accorderions à cette dernière Puissance des abaissements de tarif, sans aucune réciprocité.

Ces observations n'ont certes pas pour but d'opposer une fin de non-recevoir au projet d'une nouvelle convention commerciale avec la Grande-Bretagne. Notre sincère désir est, au contraire, je l'ai affirmé en maintes circonstances, de continuer avec nos voisins d'outre-Manche les relations amicales qui, tant au point de vue économique qu'au point de vue politique, ont été si profitables aux deux Pays. Mais je les ai crues nécessaires pour bien établir notre situation et aller au-devant des critiques que la convention à intervenir pourra susciter, de la part des adversaires des traités de commerce. Il ne faut pas oublier, en effet, que nos traités doivent être soumis à la ratification du Parlement; et, sans vouloir préjuger la solution définitive du Sénat à l'égard du tarif général des douanes, on peut affirmer, dès à présent, que, dans la discussion, le principe même des traités de commerce sera vigoureusement combattu.

Il est donc nécessaire de ne pas augmenter les difficultés résultant de cette discussion en fournissant à nos adversaires des arguments qu'ils pourraient tirer des sacrifices qui nous auraient été imposés et que nous aurions consentis.

Cette nécessité est d'autant plus impérieuse que les producteurs agricoles, sous le coup des pertes qu'ils ont éprouvées par suite d'une série de mauvaises récoltes, ont abandonné, pour la plupart, les idées libre-échangistes qu'ils professaient dans des temps plus prospères. La situation vraiment désastreuse d'un certain nombre de départements, très habilement exploitée, est le thème à l'aide duquel les partisans du régime protectionniste comptent entraîner les votes du Parlement.

Il ne faut pas se dissimuler que ce thème est facile à soutenir aujourd'hui, car la France a cruellement ressenti les effets de la crise agricole, commerciale et industrielle qui, depuis plusieurs années, règne en tous pays. Il importe, en effet, de ne pas oublier que nos exportations ont sensiblement diminué depuis quatre années, tandis qu'au contraire, nos importations ont pris d'énormes proportions.

Nulle part, du reste, la consommation des produits manufacturés n'a suivi le mouvement ascensionnel de la production. L'abaissement des prix a été la conséquence de cet accroissement de production, sans débouché suffisant; de là, des plaintes et des protestations contre le régime des traités, qui, disent ses adversaires, en livrant le marché intérieur à la concurrence étrangère, entraîne l'avilissement des prix, la suppression des bénéfices du capital et l'abaissement des salaires.

Sans attacher à ces plaintes et à ces protestations plus de valeur qu'elles n'en méritent, et sans qu'il soit besoin de reproduire ici les arguments que j'ai moi-même fait valoir pour les combattre, on ne peut méconnaître que la situation actuelle leur donne une apparence de sincérité, qui est de nature à impressionner les esprits les moins prévenus. Aussi ai-je dû, pour calmer les appréhensions et les craintes, déclarer à plusieurs reprises que le Gouvernement n'entendait pas se livrer à des tentatives hasardeuses, et qu'il s'en tiendrait, dans les futures négociations, au maintien du *statu quo* et à la rectification de quelques erreurs.

Le moment serait donc très mal choisi pour proposer à la ratification du Parlement un traité qui contiendrait des abaissements de tarifs. Nous irions à un échec certain.

Je suis donc obligé de combattre les propositions du memorandum anglais, dans l'intérêt même d'un arrangement futur, car je considérerais comme très regrettable la rupture de nos conventions commerciales avec la Grande-Bretagne.

Je ne conteste cependant pas d'une façon absolue la valeur de certaines observations contenues dans ce memorandum. Je reconnais, notamment, que les modifications apportées dans la fabrication par le perfectionnement des outillages, l'abaissement des salaires, et même par celui de certaines matières premières, ont changé le pourcentage des droits établis en 1860.

Mais c'est précisément cet abaissement des prix qui cause les protestations dont je parlais tout à l'heure. Les cultivateurs se plaignent du peu de valeur des produits de culture industrielle; les ouvriers souffrent des chômages et de l'insuffisance de leur salaire; les industriels ne trouvent plus leurs capitaux suffisamment garantis contre les risques de leurs entreprises.

C'est donc une même cause, « l'abaissement des prix, » qui motive, de la part des industriels anglais, une demande de diminution, et, de la part des industriels français, une demande d'augmentation des tarifs.

Les fluctuations des valeurs, notamment en ce qui concerne la métallurgie et les fils et tissus de coton, dont le marché anglais est le grand régulateur, ne permettent pas d'établir une comparaison bien précise entre la moyenne des prix avant 1860 et depuis; mais il est permis d'affirmer que la concurrence anglaise a fait souvent et brusquement descendre ces prix à des chiffres ruineux, et qui ont causé en France de sensibles pertes. Donc, en maintenant les tarifs actuels, le Gouvernement français ne se montrera pas moins libéral, suivant l'expression du memorandum, qu'en 1860. Je pourrais même ajouter qu'il se montrera plus libéral, car les charges qui pèsent sur la production française se sont singulièrement aggravées depuis cette époque, tant sous le rapport des impôts que sous le rapport du service militaire, qui apporte de si grandes entraves au travail de nos manufactures.

Le memorandum fait remarquer que le droit actuel est, de fait, prohibitif pour un grand nombre de tissus de coton, de soie et de jute. Or, il résulte de nos statistiques de douanes que les importations françaises, qui n'étaient en 1864 que de 9,500,000 francs pour les tissus de coton, se sont élevées en 1878 à 68 millions de francs; celles des tissus de soie ont passé de 7,100,000 à 35,800,000 francs; et enfin, celles du jute, qui n'existaient pas en 1860, s'élèvent aujourd'hui à plus de 2,300,000 francs. Ces chiffres prouvent que nos tarifs ne sont pas aussi prohibitifs que le dit le memorandum.

En ce qui concerne les fils, il me serait facile de faire une démonstration tout aussi saisissante, et, s'il est vrai qu'une partie de nos ateliers de tissage est intéressée à l'abaissement des droits, il faut bien reconnaître que cet abaissement serait très préjudiciable à nos filateurs, qui ont déjà tant de peine à soutenir la concurrence anglaise, allemande, belge et suisse.

En ce qui concerne la distinction entre les droits sur les laines peignées et les droits sur les laines cardées, je dois rappeler que cette distinction a été établie, d'après l'avis du Conseil supérieur du commerce, pour réparer une erreur qui s'était glissée dans cette partie du tarif au moment de la conclusion des traités de commerce. Ces traités n'avaient fait aucune distinction entre les fils de laine peignée et les fils de laine cardée. Or, la filature de ces deux espèces de fil n'est pas la même, et par conséquent il n'y a pas similitude entre le numéro qui détermine la finesse relative de chacun de ces fils. C'est pour remédier à cet inconvénient que les fils de laine cardée ont été taxés dans le nouveau tarif des douanes à un taux plus élevé que les fils de laine peignée.

Comme le fait observer le memorandum, le droit sur les fers est très élevé. Mais il est certain que les conditions de la production métallurgique en Angleterre sont bien supérieures à celles de la France. Par suite, les droits, qui ont été considérablement abaissés en 1860, ne pourraient peut-être pas l'être davantage sans grave préjudice pour la métallurgie française. Sans doute le fer est un produit de première nécessité, dont l'intérêt général commande le bas prix; mais cette nécessité même nous impose l'obligation de garantir l'existence de nos établissements métallurgiques.

La demande d'abolition du droit sur la fonte est inadmissible et ne sera certainement pas consentie. Quant à l'unification des droits sur le fer et sur certains articles d'acier, je l'ai moi-même demandée et obtenue de la Chambre des Députés; mais la commission du Sénat a maintenu dans ses délibérations l'ancienne distinction.

Les incessantes découvertes de la chimie ont introduit dans l'industrie un certain nombre de produits chimiques nouveaux qui ne sont pas compris dans les anciens tarifs et qui nécessiteront un examen attentif dans les négociations futures; mais je ne crois pas utile d'en donner dès à présent la nomenclature.

Les réclamations de l'Angleterre, en ce qui concerne les droits sur le sel, sont déjà anciennes et ont donné lieu à des études très complètes, dont le résultat n'a pas été favorable à l'abaissement demandé. Une lutte très vive est engagée entre nos salines de l'Est et de l'Ouest. Celles-ci demandent à être protégées par un droit intérieur différentiel, alléguant, à l'appui de leur réclamation, les pertes que leur occasionne l'état climatérique des régions maritimes. Un abaissement des droits sur les sels étrangers rendrait leur situation plus pénible encore, et elles ne tarderaient pas à être anéanties sous le coup de cette nouvelle concurrence. Les enquêtes nombreuses qui ont été faites à ce sujet ont démontré la justesse de ces réclamations, et je ne prévois pas qu'il puisse être possible d'accueillir plus favorablement aujourd'hui que par le passé les demandes de l'Angleterre.

Le verre en table (glace), au sujet duquel le memorandum dit que, par inadvertance, cet article n'a pas été pris en suffisante considération au moment de l'établissement du tarif de 1860, est taxé à 3 fr. 50 cent. les 100 kilogr., chiffre très raisonnable et qui ne paraît pas devoir être modifié.

Papier. — L'abolition du droit de sortie sur les chiffons est inscrite dans notre nouveau tarif général, et nous aurons à examiner s'il y a lieu de l'inscrire également au tarif conventionnel. Par compensation, nous augmentons le droit sur le papier de 1 franc par 100 kilogrammes. Cette compensation n'a rien d'excessif. Aucun motif n'est indiqué à l'appui de la demande d'un droit *ad valorem* sur le papier de tenture, et je n'en vois pas.

Peaux préparées. — L'assimilation demandée pour les peaux de mouton et les peaux de chèvre est inscrite dans le tarif, qui les taxe uniformément à 10 francs les 100 kilogrammes. Sur ce point donc, l'Angleterre a satisfaction.

Poissons de mer frais. — Jusqu'ici l'Angleterre a paru moins préoccupée du droit de 5 francs les 100 kilogrammes, qu'elle paraît accepter, que de la faculté demandée par les pêcheurs anglais d'apporter directement leurs poissons dans nos ports, en nous accordant la réciprocité.

Le régime des pêches anglo-françaises a, du reste, fait l'objet d'une convention spéciale en date du 2 août 1839 et d'un règlement du 23 juin 1843, puis d'une nouvelle convention, signée le 11 novembre 1867, dont l'article 31 porte que les bateaux de pêche de l'un des deux pays seront admis, sous certaines conditions, à vendre leurs poissons dans les ports de l'autre désignés à cet effet. Mais un article additionnel stipulait que cette clause ne deviendrait exécutoire qu'après un accord ultérieur des deux Parties contractantes.

Cet accord ultérieur n'ayant pu s'établir, la convention de 1867 est demeurée sans effet et, par une dépêche du 23 juillet dernier, le Département des Affaires étrangères a proposé de reprendre les négociations pour arriver à une entente définitive.

Les deux questions de la vente des poissons et de la quotité du droit de douane sont ainsi connexes, et, comme elles font l'objet d'un arrangement séparé, je ne pense pas qu'il y ait lieu de les comprendre dans les négociations relatives au traité de commerce.

Amidon. — Le droit spécial et additionnel sur les boîtes qui renferment l'amidon est la conséquence légitime de l'impôt intérieur qui frappe, en France, le papier et le carton.

C'est la répétition sur le produit étranger d'un droit d'accise auquel est soumis le produit similaire français, telle qu'elle est prévue par l'article 9 du traité du 23 janvier 1860.

Quant au classement des capsules, enveloppes de cartouches et autres munitions de guerre, c'est une question que le Ministre de la Guerre peut seul résoudre, et c'est à lui qu'il appartiendra de se prononcer lors des négociations.

Nous aurons à examiner la convenance d'inscrire au tarif conventionnel les franchises de droits inscrites dans notre tarif général. Mais en ce qui concerne les céréales, qui n'ont jamais figuré dans aucun de nos traités, et en général pour tous les produits agricoles, je puis dès à présent répondre par la négative.

Telles sont les observations très sommaires qui m'ont été suggérées par la lecture du memorandum anglais que nous a transmis M. Challemel-Lacour.

N° 5.

NOTE

EN RÉPONSE AU MEMORANDUM CONCERNANT L'EXPERTISE,

communiquée par M. Challemel-Lacour, Ambassadeur de la République française à Londres,

à Sir Charles Dilke, Sous-Secrétaire d'État de Sa Majesté Britannique pour les Affaires étrangères.

Londres, 8 décembre 1880.

Les allégations contenues dans le memorandum anglais sur les expertises peuvent être divisées en six groupes principaux, savoir :

1. Exécution du protocole du 22 janvier 1874 et de la convention du 24 du même mois ;

2. Liste d'experts ;

3. Production des certificats d'origine, factures, etc. ;

4. Affaires au sujet desquelles des réclamations ont été transmises au Foreign Office ;

5. Retards apportés dans l'examen de ces réclamations ;

6. Modifications à introduire dans le régime des expertises.

1. — EXÉCUTION DU PROTOCOLE DU 22 JANVIER 1874 ET DE LA CONVENTION DU 24 DU MÊME MOIS.

I. D'après le memorandum, « les stipulations des traités concernant les exper- « tises ne seraient pas exactement observées...., aucune distinction ne parait « avoir été établie entre la fraude et le résultat d'une erreur accidentelle. »

Cette observation n'est aucunement fondée. Le service des douanes n'a jamais manqué de faire une distinction entre l'erreur commise de bonne foi et la fraude intentionnelle. Dans les grandes douanes où s'importent les produits anglais, il ne s'écoule, pour ainsi dire, pas de journée que les chefs n'autorisent le service à passer outre à des irrégularités commises dans les déclarations. Dans les seules douanes de Boulogne, de Calais, de Paris-Batignolles et de Paris-Nord, le service des douanes a constaté 9,678 contraventions en 1879 et 4,997 dans les six premiers mois de l'exercice 1880. Les chefs locaux, reconnaissant la bonne foi des déclarants, ont arrêté immédiatement et laissé sans suite 7,506 affaires pour la première période et 3,946 pour la seconde. Ces chiffres témoignent hautement de l'esprit de bienveillante équité qui anime la douane.

Les infractions de l'espèce mettraient les intérêts sous le coup des pénalités édictées par la loi pour les cas de fausses déclarations ; mais, toutes les fois que la douane reconnaît qu'il s'agit d'une « erreur accidentelle », elle se borne à faire rectifier la déclaration.

Ce n'est que lorsque l'intention de fraude parait manifeste que l'on constate la contravention, et, dans ce cas, l'Administration des douanes se réserve toujours d'examiner, au point de vue des conclusions qui lui sont soumises par les chefs locaux, la part qu'il est possible de faire à l'indulgence, et c'est dans cet esprit que sont rendues les décisions de M. le Ministre des Finances dans les affaires dont la solution est soumise à son approbation, en vertu de l'ordonnance du 30 janvier 1822 (article 10).

« II. Les observations présentées par le Gouvernement de Sa Majesté n'ont « souvent rencontré qu'un simple refus d'examiner à nouveau les décisions prises, « alors même qu'il est prouvé que ces décisions ne sont pas justes. »

Lorsque l'Administration des Finances a été saisie des réclamations appuyées ou simplement transmises par l'Ambassadeur d'Angleterre, elle les a examinées avec toute l'attention à laquelle ont droit les demandes d'un Gouvernement ami.

Aucun fait n'est, du reste, articulé à l'appui de cette assertion.

« III. Tout ce qui a trait à l'expertise a été examiné dans les réunions de la « commission mixte tenue à Paris, de 1872 à 1874. Il fut prouvé que les plaintes « qui se sont produites à cette époque étaient parfaitement justifiées : pour re- « médier à l'état de choses signalé, le protocole du 22 janvier 1874 et l'article 4 « de la convention complémentaire du 24 janvier 1874 furent présentés et « acceptés par les deux Gouvernements. Les plaintes qui se sont produites auprès « du Gouvernement de Sa Majesté donnent lieu de penser que les dispositions « de ces traités n'ont pas été observées. »

Le Gouvernement anglais pouvait penser que le protocole et la convention de 1874 ont été établis dans le seul but de donner satisfaction aux plaintes des importateurs contre les exigences de la douane. La vérité est que ce sont surtout des considérations politiques qui ont présidé à la conclusion de ces actes.

De fait, on se trouvait, alors comme aujourd'hui, en présence de fraudes nombreuses commises, soit par les expéditeurs anglais, soit par les importateurs français. En ce qui touche notamment les marchandises taxées à la valeur, l'enquête parlementaire de 1870 fournit, à cet égard, d'intéressantes indications. Beaucoup de négociants ou d'industriels français évaluèrent les mésestimations à 25 p. o/o; la Direction générale des douanes exprima l'opinion que la proportion de celles qui échappaient à son service pouvait être fixée à 10 p. o/o, taux que le Secrétaire Général du Ministère du Commerce releva à 15 p. o/o.

On voit qu'il y avait plutôt à donner à la douane des garanties contre la fraude qu'à donner aux importateurs anglais des garanties contre les exigences de la douane. Celle-ci s'est, d'ailleurs, strictement conformée aux stipulations du protocole et de la convention de 1874. L'Administration des finances y a toujours tenu la main : c'est ainsi qu'on a annulé d'office plusieurs expertises dont le résultat était favorable à la douane, mais à l'égard desquelles la procédure suivie présentait des vices de forme, soit que le délai légal de notification eût été dépassé, soit que les échantillons n'eussent pas été prélevés selon les règles établies par la convention.

2. — LISTES D'EXPERTS.

« IV. Les listes d'experts ne seraient pas produites annuellement, confor- « mément aux prescriptions du protocole : elles ne seraient pas suffisamment « détaillées. Elles devraient être revisées et tenues au courant. »

L'établissement d'une nouvelle liste chaque année serait un travail considérable et inutile. Il suffit que la liste arrêtée primitivement par la chambre de commerce de Paris soit tenue au courant des modifications survenues pendant l'année. Or, c'est ce qui a lieu. Tous les ans, et même plusieurs fois dans le courant de l'année, le Président de la chambre de commerce informe l'Administration des douanes des suppressions ou adjonctions à faire, et ces indications sont aussitôt transmises au Directeur de ce service à Paris. La Direction générale des douanes ne s'est jamais refusée non plus à donner aux importateurs communication de l'exemplaire déposé dans ses bureaux ni même à leur en envoyer des extraits, lorsqu'ils en ont fait la demande.

La liste actuelle est volumineuse : elle comprend plus de deux mille noms de négociants et d'industriels, et elle embrasse toutes les catégories de marchandises qui peuvent donner lieu à des contestations entre la douane et le commerce. Lorsque le nombre des experts inscrits pour certains articles se trouve insuffisant, le Département de l'agriculture et du commerce, sur la demande de la Douane ou des intéressés, fait augmenter ce nombre par la chambre de commerce. Il n'est pas sans intérêt de rappeler ici un fait qui témoigne du désir qu'a toujours eu l'Administration française de donner satisfaction aux demandes du Gouvernement anglais.

En 1875, l'ambassade d'Angleterre se plaignit de ce que les négociants et industriels français fussent seuls sur la liste, ce qui ne permettait pas aux importateurs anglais de se faire représenter par leurs nationaux établis à Paris. On aurait pu faire observer que le mandat dévolu aux experts de prononcer souverainement sur des questions de perception, étant, au fond, un véritable mandat judiciaire, ne pouvait être conféré à des étrangers; on aurait pu, d'un autre côté, exciper des termes mêmes du protocole qui laisse les chambres de commerce absolument maîtresses de leurs choix. Le Gouvernement français a mieux aimé donner au Gouvernement anglais une preuve de ses dispositions conciliantes et interpréter le traité de la façon la plus libérale ; il a autorisé la chambre de commerce de Paris à porter sur la liste officielle un certain nombre de négociants anglais.

3. — Certificats consulaires et Factures, etc.

« V. Le mode d'opérer adopté dans diverses circonstances par la douane « française ne paraît pas être uniforme. Des documents sont parfois requis à « l'appui de la déclaration, d'autres fois ils ne sont pas exigés. Peu d'attention « est souvent accordée aux factures, certificats des consuls français et autres « preuves d'origine. »

Le traité anglo-français rendait obligatoire la production de certificats d'origine; mais cette obligation a été supprimée, pour la généralité des marchandises, par le traité conclu avec la Suisse le 30 juin 1864; et le com-

merce anglais, en vertu de la clause de la nation la plus favorisée, a dû profiter de cette suppression.

En réalité, la douane n'exige et n'a à exiger de certificats d'origine, pas plus
pour les produits anglais que pour ceux d'autres pays contractants. Les instructions de l'Administration des douanes sont précises à cet égard, et il ne
paraît pas qu'elles aient été perdues de vue sur aucun point. Lorsque des intéressés produisent des certificats de l'espèce délivrés ou corroborés par les
consuls français, le service ne peut évidemment qu'y accorder une grande
attention; mais ces titres ne sauraient constituer une preuve, et il a toujours
été admis, sans conteste, que la douane conserve le droit de recourir à l'expertise toutes les fois qu'elle juge que les termes des certificats ne sont pas
en rapport avec la nature de la marchandise qui lui est présentée. Il est d'ailleurs à remarquer que, dans la plupart des cas, les consuls se bornent à léga-
liser les signatures des personnes qui ont délivré les pièces de l'espèce,
attendu qu'ils n'ont, le plus souvent, aucun moyen de contrôler personnellement
l'exactitude de ces attestations.

Relativement aux factures, les importateurs seraient dans leur droit en s'ab-
stenant de les produire, le protocole du 14 décembre 1864 les ayant dispensés
de cette formalité. Mais il est de leur intérêt de présenter ces pièces ou de
fournir des notes de détail, dans le but d'accélérer les opérations de la visite, en
permettant ainsi de procéder par épreuves, et c'est ce qui a lieu partout. Le
département des finances n'a reçu à ce sujet qu'une seule réclamation émanant
d'un commissionnaire de Boulogne. La difficulté qu'elle soulevait portait, non
pas sur le fait même de la communication de la facture, mais spécialement
sur le point de savoir si la douane devait restituer ce double, après l'accomplissement des opérations de la visite.

4. — Affaires au sujet desquelles des réclamations se sont élevées.

« VI. Il paraît douteux que le Comité d'expertise légale procède en confor-
« mité du paragraphe 4 de la convention du 24 janvier 1874, en déférant
« aux experts les points sujets à contestation. »

Il appartiendrait plus spécialement au Département du commerce de répondre à ce sujet, puisque le paragraphe 4 de la convention ne vise que les
expertises quant à l'espèce ou à l'origine, lesquelles ont lieu au Ministère du
commerce. On se bornera à faire remarquer que le simple examen des avis
rendus par les experts établit que les doutes émis dans le memorandum ne
sont pas fondés. Lorsqu'il s'agit d'affaires pour lesquelles les intéressés ont
réclamé l'application de l'article 4 de la convention, l'expert de la douane et
celui du déclarant statuent, et s'ils tombent d'accord, les commissaires-experts
se bornent à enregistrer leur décision; ce n'est que dans le cas où il y a dés-

accord que les commissaires-experts prononcent conformément aux stipulations de la convention.

« VII. En tout cas, lorsque le Gouvernement français se prête à un com-
« plément d'enquête, il est établi que la décision rendue était complètement
« erronée. Le cas s'est produit au sujet des machines agricoles, *lawn mowing*,
« ou tondeuses de gazon, et d'un cirage désigné sous le nom *satin polish*. Ces
« marchandises étaient déclarées comme étant d'origine américaine, et il a été
« admis finalement qu'elles étaient d'origine anglaise. »

Les machines horticoles dont il s'agit, déclarées comme étant d'origine anglaise, ont été soumises à l'examen des experts du Gouvernement, les déclarants ayant renoncé au bénéfice de l'article 4 de la convention de 1874. Le Comité d'expertise a reconnu, par avis du 1er août 1879, qu'il s'agissait de machines américaines. Les importateurs ayant réclamé contre cette décision et demandé qu'il fût procédé à une nouvelle expertise, l'Administration a fait connaître qu'elle n'avait, à cet égard, aucune objection à élever. La contre-expertise a eu lieu le 24 octobre, au vu des échantillons déjà expertisés et de nouveaux modèles envoyés par les expéditeurs anglais comme provenant de la même fabrique que les machines importées; les experts ont déclaré que les modèles dont il s'agit n'étaient pas identiques à la machine qui avait fait l'objet de leur premier examen; ils ont ajouté qu'ils ne pouvaient que confirmer l'avis qu'ils avaient rendu.

Tout recours était ainsi épuisé, lorsque le Département des Finances reçut communication d'une nouvelle réclamation de l'expéditeur transmise par l'Ambassadeur d'Angleterre. Les Départements des Finances et du Commerce décidèrent que l'affaire devait être considérée comme ayant reçu une solution définitive.

On ajoutera que, si l'assertion rappelée plus haut (refus d'examiner à nouveau les décisions prises) visait cette affaire, le reproche serait inapplicable. En effet, l'Administration des Finances, par égard pour l'intervention de l'Ambassade d'Angleterre, dont elle s'est toujours efforcée de tenir compte, a exonéré les intéressés de toutes les pénalités encourues et a prescrit au service des douanes de terminer l'affaire par le simple remboursement des frais et le payement des droits du tarif général.

Le produit dit *Satin Polish*, que Mme Dackauer importe en France depuis plusieurs années, est une invention américaine. Pendant longtemps il n'a été fabriqué qu'aux États-Unis par MM. Brown et Cie, et il avait toujours été déclaré à la douane comme produit américain, lorsque, au mois de février dernier, Mme Dackauer fit connaître que la maison Brown venait d'établir une succursale à Londres. Une expertise étant en instance pour un envoi fait par Dunkerque et au sujet duquel on avait déposé une déclaration d'origine anglaise, l'Administration porta à la connaissance du Département du commerce les explications de Mme Dackauer et le pria de faire mettre sous les yeux des experts un certificat consulaire qui avait été remis par l'intéressée, dans le but d'établir que la marchandise en litige provenait bien de la succursale anglaise de la maison Brown.

Ce n'est que plus tard que se produisit la réclamation adressée par la maison Brown au Foreign Office, dans le but surtout de faire établir l'existence de la succursale en Angleterre.

L'expertise eut lieu le 11 mai, et elle confirma l'exactitude de la déclaration. La Direction générale des douanes fit déposer au bureau de Dunkerque un double de l'échantillon pour servir à la reconnaissance des produits similaires qui seraient importés à l'avenir, et Mme Dackauer s'empressa de déclarer que les mesures prises lui donnaient entièrement satisfaction.

« VIII. Un chargement d'amidon d'Écosse a été saisi sous le prétexte qu'il « était d'origine américaine : cette affaire est encore en suspens; mais il ne pa- « raît y avoir aucune raison d'admettre que, dans ce cas encore, la déclaration « de l'expéditeur anglais ne soit pas exacte. »

L'Ambassade d'Angleterre a transmis en même temps deux réclamations au sujet d'amidons : l'une formée par MM. Mackenzie, l'autre par M. Cardwell. Vu l'insuffisance des indications données, il n'a pas été possible de déterminer exactement à quelle affaire se rapportait la première réclamation. L'affaire Cardwell comprenait 160 sacs venus de Leith. L'avis des deux experts ayant été contradictoire, les commissaires-experts ont été appelés à prononcer en dernier ressort, et ils ont fait connaître qu'ils ne pouvaient déterminer d'une manière certaine l'origine de l'amidon en litige. Le doute, en pareil cas, bénéficiant à l'importateur, la déclaration a été admise comme exacte.

Ainsi, dans les trois affaires citées par le Foreign Office, aucun grief sérieux ne peut être imputé au service des douanes.

Il n'est pas sans utilité, d'ailleurs, d'opposer au petit nombre d'opérations qui ont donné lieu à des réclamations le chiffre total des affaires concernant les produits anglais qui ont été terminées conformément aux appréciations de la douane, sans soulever la moindre protestation de la part des intéressés. Pendant les sept premiers mois de l'année courante, le nombre des contestations qui ont nécessité l'intervention des experts s'est élevé à 547. En ce qui concerne celles qui portaient sur l'espèce ou l'origine, 34 ont été résolues à l'avantage des intéressés, et l'appréciation du service a été confirmée 21 fois. Ces résultats témoignent de l'impartialité des experts. J'ajoute que, dans plusieurs de ces affaires, les experts n'ayant pu se prononcer d'une manière certaine, on a toujours fait bénéficier de ce doute les importateurs. Quant aux marchandises taxées à la valeur, qui prêtent davantage à la fraude, en raison du mode même de tarification, elles ont motivé le recours aux experts pour 492 affaires, et 433 mésestimations ont été constatées. D'un autre côté, la douane a pratiqué, pendant la même période, pour des produits anglais, 12 préemptions, et le produit de la vente a toujours été de beaucoup supérieur aux prix déclarés augmentés de 5 p. o/o.

5. — Retards dans la conclusion des affaires.

« IX. Le memorandum signale les retards qui auraient été apportés dans « l'examen des réclamations transmises par le Gouvernement anglais. »

On comprend qu'il n'est pas possible de répondre à bref délai aux réclamations de l'espèce. Indépendamment de l'enquête locale à laquelle il doit être procédé et qui prend un certain temps, il y a à tenir compte de ce fait que les explications doivent souvent passer par l'intermédiaire de plusieurs Départements. Il y a de plus à considérer que le plus grand nombre des affaires mérite un examen approfondi et qu'il serait difficile de les traiter plus rapidement qu'elles ne l'ont été jusqu'à présent. Il arrive également, comme dans les affaires précédemment citées de MM. Mackenzie et Cardwell, que l'insuffisance des indications données par les réclamants nécessite d'assez longues recherches.

D'un autre côté, en ce qui concerne l'affaire Chinnery (chapeaux de feutre), il y a lieu d'observer qu'elle soulevait une question de principe au sujet de la conversion des droits *ad valorem* en taxes spécifiques, et c'est l'étude de cette question qui a déterminé un certain retard. Enfin, relativement à l'affaire Christy (bobines en bois), l'Administration des douanes a dû examiner, en même temps, une réclamation que les destinataires de la marchandise, MM. Bourdon et Cⁱᵉ, de Dunkerque, avaient adressée directement au département du commerce.

6. — Modifications à introduire dans le régime des expertises.

« X. Le système préférable serait, en tout cas, pour ce qui concerne les « objets visés par l'article 4 de la convention complémentaire du 24 janvier « 1874, de permettre au déclarant, s'il conteste la décision des experts, de « faire appel de cette décision, sous certaines conditions quant aux frais. »

Dans les expertises relatives aux objets visés par l'article 4 de la convention complémentaire du 24 janvier 1874, les deux experts désignés, l'un par la douane et l'autre par l'importateur, tombent généralement d'accord pour prononcer leur décision. Il ne saurait évidemment être question de faire appel d'un jugement rendu par l'arbitre que l'intéressé lui-même a choisi, auquel il a donné préalablement toutes les explications et fourni tous les documents propres à éclairer sa conscience. Dans les cas très rares où les experts des deux parties sont en désaccord, le soin de prononcer appartient, d'après les stipulations mêmes de la convention supplémentaire, et comme il a été expliqué plus haut, au comité d'expertise légale institué auprès du Ministère du commerce. Mais, outre que ce comité offre, par sa composition même, les garanties les plus complètes d'impartialité, il est à remarquer qu'il statue en présence même des experts des parties et après les avoir entendus développer contradictoirement leur avis.

On estime, en conséquence, que le système proposé par le Foreign Office ne pourrait qu'introduire dans la marche des affaires des complications inutiles.

Au surplus, ce qui paraîtrait préférable, ce serait de laisser à la législation intérieure de chaque pays le soin de régler les questions d'expertises, qui, de fait, sont des questions de procédure et, par conséquent, d'ordre intérieur. C'est ce qui a lieu en Angleterre, et l'on s'explique difficilement que les questions de cette nature puissent faire l'objet de conventions internationales, dès l'instant où la réciprocité n'existe pas.

<hr>

N° 6.

NOTE

de M. Tirard, Ministre de l'Agriculture et du Commerce,

à M. Barthélemy-Saint Hilaire, Ministre des Affaires étrangères.

Communiquée, le 13 décembre 1880, à M. le comte Granville, Principal Secrétaire d'État de Sa Majesté Britannique pour les Affaires étrangères, par M. Challemel-Lacour, Ambassadeur de la République française à Londres.

Paris, 2 juillet 1880.

Le Gouvernement de Sa Majesté Britannique, dans une dépêche en date du 13 janvier 1878, que votre département a communiquée à l'un de mes prédécesseurs, demandait avec instance que la question des droits à établir sur les huiles minérales fût promptement soumise au vote de la Chambre des Députés.

L'honorable M. Teisserenc de Bort a répondu, à la date du 23 du même mois, que le projet de tarif général des douanes avait été déposé sur le bureau de cette Chambre dans la séance du 21 janvier 1878, qu'il était à l'étude, et que le Gouvernement n'avait aucun moyen d'en hâter la discussion et le vote, et il ajoutait qu'il était impossible de procéder à une modification de nos droits intérieurs avant d'être définitivement fixé sur le chiffre de notre tarif d'exportation.

Une nouvelle note très pressante nous ayant été de nouveau adressée par M. l'Ambassadeur de Sa Majesté Britannique, je ne puis que me référer à la réponse de M. Teisserenc de Bort, la situation étant la même qu'au mois de janvier 1878.

Il ne paraît cependant pas inutile d'examiner brièvement le fond même de la demande de lord Lyons et de rechercher dans quelle mesure sa réclamation peut et doit être accueillie.

Cet examen me paraît, dès aujourd'hui, d'autant plus opportun que la question des huiles minérales a donné lieu déjà à des contestations et à des difficultés qui ne me paraissent pas avoir été réglées à la satisfaction des intérêts français.

En effet, avant 1871, les huiles minérales n'étaient comprises dans aucun traité de commerce et restaient ainsi assujetties aux conditions de notre tarif général. Par simple décision administrative, ces huiles furent assimilées à l'essence de houille et taxées, en conséquence, au droit de 5 p. o/o. Cette assimilation, toute volontaire de notre part, ne formait aucun lien aucun contrat vis-à-vis des Puissances étrangères; nous avions donc le droit incontestable d'insérer dans notre tarif général une surélévation applicable à une substance qui ne figurait, je le répète, dans aucun tarif conventionnel.

C'est par application de ce principe que toutes les huiles minérales de provenance étrangère furent soumises, par la loi du 8 juillet 1871, aux droits suivants :

Huiles brutes...........................	20 francs les 100 kilogr.
Huiles raffinées..........................	32
Essences..............................	40

plus une surtaxe de 5 francs pour les provenances d'ailleurs que du pays de production.

Une autre loi du 16 décembre 1871 étendit l'impôt aux huiles de schiste françaises, qu'elle taxa ainsi :

Huiles brutes..................	6ᶠ 00ᶜ les 100 kilogr., décimes compris.
Huiles raffinées	9 60

La Belgique ne fit entendre aucune réclamation; mais l'Angleterre éleva la prétention de continuer à ne payer que 5 p. o/o, ou 3 francs par 100 kilogrammes pour les huiles de boghead, alors que nos huiles de schiste payaient 9 fr. 60 cent., et les huiles américaines 32 francs.

Cette prétention excessive et inadmissible fut repoussée tout d'abord par le Gouvernement français. Le Gouvernement anglais insista cependant, et, se plaçant sur un terrain nouveau, il invoqua les articles 1 et 16 du traité du 23 juin 1860, qui fixent à 30 p. o/o le maximum des droits à établir par le Gouvernement français sur les objets et marchandises énumérés audit traité jusqu'au 1er octobre 1864, et à 25 p. o/o à partir de cette époque. Ce maximum de droits ne s'appliquant qu'aux marchandises énumérées dans le traité, cette prétention n'était pas plus soutenable que la première, et le Gouvernement anglais, le comprenant, se contenta de demander, en vertu de la clause du traitement de la nation la plus favorisée, à ne payer que le droit de 32 francs pour les huiles d'origine britannique comme pour les huiles des pays hors d'Europe, en les exonérant de la surtaxe d'entrepôt de 5 francs appliquée aux arrivages des pays d'Europe. Toute la contestation paraissait donc se réduire, en définitive, à une simple question de surtaxe d'entrepôt, dont le maintien était facile à soutenir, mais qui, au fond, ne présentait pas une grande importance, ainsi que le constate une note insérée dans le Livre Jaune publié en 1872.

Cependant, les Anglais obtinrent gain de cause, et, sans qu'il apparaisse aucun motif nouveau, toute satisfaction leur a été accordée par le traité signé, le 23 juillet 1873, à Versailles, et ratifié par l'Assemblée nationale le 29 juillet suivant.

L'article 4 de ce traité est ainsi conçu :

« A partir du 1er janvier 1874, ou plus tôt si faire se peut, les huiles
« minérales d'origine britannique seront admises en France et en Algérie
« au droit de douane de 5 p. o/o, c'est-à-dire au taux du droit en vigueur
« avant la loi du 8 juillet 1871. Il demeure cependant convenu que lesdites
« huiles devront, conformément aux dispositions de l'article 9 du traité du
« 23 janvier 1860, remis en vigueur par l'article 1er du présent traité, acquitter
« en outre les droits de 5 ou 8 francs par 100 kilogrammes, établis sur
« les huiles brutes ou raffinées par la loi du 16 septembre 1871, ou ceux
« qui seraient ultérieurement établis sur les mêmes huiles fabriquées en
« France.

« Une commission, qui sera composée d'un membre nommé par chaque
« Gouvernement, se réunira à Paris immédiatement après la ratification du
« présent traité, pour régler de la manière ci-dessous prévue les questions re-
« latives aux droits perçus sur les huiles minérales d'origine britannique, et,
« en même temps, pour examiner toute autre question que les Hautes Parties

« contractantes conviennent ou conviendront de lui soumettre, et en faire
« l'objet d'un rapport.

« Le bénéfice des dispositions précédentes sera étendu aux huiles minérales
« d'origine britannique ayant fait l'objet de marchés pour la livraison desdites
« huiles en France avant la promulgation de la loi du 8 juillet 1871.

« La commission examinera dans quelle mesure il sera possible d'effectuer
« le remboursement des droits perçus en plus du droit de 5 p. o/o et de la
« taxe de 5 ou 8 francs par 100 kilogrammes, ci-dessus indiquée, dans le cas
« où des huiles minérales d'origine britannique auraient été introduites en France
« depuis la promulgation de la loi du 8 juillet 1871, autrement que pour l'exé-
« cution de contrats préalablement passés.

« En ce qui concerne les contrats ci-dessus visés, le règlement comprendra
« une indemnité des poursuites exercées pour défaut d'exécution des contrats
« passés avant l'application de la loi du 8 juillet 1871.

« Les Hautes Parties contractantes, avant l'échange des ratifications du pré-
« sent traité, nommeront une tierce personne destinée à intervenir comme ar-
« bitre sur toute matière en rapport avec les questions ci-dessus désignées, qui
« se rattachent aux huiles minérales et sur lesquelles les commissaires ne seront
« pas d'accord. La commission déférera toute difficulté de cette nature à l'ar-
« bitre, dont la décision sera obligatoire pour les commissaires qui feront leur
« rapport en conséquence.

« Les Hautes Parties contractantes prendront sans retard les mesures
« nécessaires pour l'exécution des décisions de la commission ou de l'ar-
« bitre. »

Indépendamment de cette réduction considérable des droits consentis en
faveur de l'Angleterre, le quatrième paragraphe de ce même article donnait
ouverture au remboursement des droits perçus en plus du droit de 5 p. o/o et
de la taxe de 5 ou 8 francs (6 francs et 9 fr. 60 cent., décimes compris) par
100 kilogrammes, depuis la promulgation de la loi du 8 juillet 1871.

Ce remboursement effectué, il restait à parer aux inconvénients de l'application de la taxe de 5 p. o/o substituée à celle fixée par la loi du 8 juillet 1871. Il est certain que cette substitution n'aurait pas tardé à faire disparaître une notable partie de nos recettes, car les Anglais n'auraient pas
manqué d'introduire chez nous les pétroles américains, à la faveur de leur
tarif, en les mélangeant avec leur *boghead,* ou bien encore de nous envoyer
ces *boghead,* sauf à les remplacer dans leur propre consommation par les
huiles de pétrole.

Dans cette alternative, nous n'avions d'autre moyen de sauver une importante recette que de relever le droit sur les huiles de schiste fabriquées en
France, de manière à ne laisser subsister entre ce droit et celui des produits
étrangers qu'un écart de 5 p. o/o.

C'est ce qui a été fait par la loi du 29 décembre 1873, qui a établi le tarif suivant sur les huiles minérales françaises :

Essences à 700 degrés............................... 44ᶠ 50ᶜ les 100 kilogr.
Essences à 800 degrés.............................. 34 50
Huiles raffinées au-dessous de 800 degrés, supplément de
   10 centimes pour chaque degré en moins.
Huiles brutes :
   Par quintal métrique d'essence à 700 degrés......... 32 00
   Par quintal d'huile pure à 800 degrés.............. 22 00

Puis, la loi du 30 décembre a mis le tarif en harmonie avec cette nouvelle assiette de l'impôt intérieur, en établissant, pour l'essence et pour l'huile raffinée, une double échelle de droits applicables l'une ou l'autre, selon que l'essence et l'huile raffinée étaient importées séparément ou incorporées dans l'huile brute.

Dans le premier cas, les droits sont fixés comme suit, pour les provenances des pays étrangers non contractants :

Essence à 700 degrés................................ 47ᶠ 00ᶜ les 100 kilogr.
Huile raffinée à 800 degrés......................... 37 00

Dans le second cas :

Essence à 700 degrés................................ 40ᶠ 00ᶜ les 100 kilogr.
Huile raffinée à 800 degrés......................... 30 00

Pour les pays contractants, les droits sont les mêmes que ceux qui frappent les produits nationaux, augmentés de 5 p. o/o de la valeur des produits importés, conformément aux prescriptions de l'article 4 du traité du 23 juillet 1873.

C'est cependant contre cette disposition que portent les réclamations des importateurs anglais. Ils prétendent que la protection accordée à la production française dépasse les 5 p. o/o fixés par le traité. Ils allèguent, à l'appui de leur affirmation, que le droit de 22 francs par 100 kilogrammes d'huile pure d'une densité de 800 degrés renfermée dans l'huile brute, et déclarée comme telle, est loin d'être en proportion exacte avec le droit de 34 fr. 50 cent. dont sont frappés les 100 kilogrammes d'huile raffinée. Cette disproportion est telle, disent-ils, que les fabricants français se gardent bien de jamais déclarer leurs huiles à l'état de raffiné et qu'ils profitent toujours du bénéfice énorme que leur procure le droit de 22 francs sur les huiles brutes pour 100 kilogrammes d'huile pure à 800 degrés qu'elles contiennent. Les Anglais, au contraire, qui n'introduisent que les huiles raffinées, ne jouissent pas de ce bénéfice, et ils ont à supporter ainsi une concurrence de beaucoup supérieure à l'écart de 5 p. o/o fixé par le traité.

Je ne suivrai pas les réclamants dans les calculs techniques auxquels ils se sont livrés pour démontrer l'évidence des faits qu'ils énoncent. Je me contenterai de faire observer que la France a usé d'un droit absolu en établissant, comme il lui a convenu de le faire, sa législation intérieure. Elle n'avait pas à se préoccuper de la nature des produits importés par l'Angleterre, produits qui, d'ailleurs, n'ont pas, comme richesse native, une complète analogie avec les produits français. Si les fabricants anglais estiment qu'il est plus avantageux de payer le droit de 22 francs sur les huiles brutes que celui de 34 fr. 50 cent. sur les raffinées, rien ne s'oppose à ce qu'ils importent des huiles brutes qui seront raffinées en France; mais il me paraît impossible qu'ils puissent avoir la prétention de s'opposer à une tarification basée sur le rendement de nos roches schisteuses, qui sont relativement d'une pauvreté extrême. En résumé, l'écart entre les raffinés français et anglais, comme l'écart entre les huiles brutes des deux pays, est exactement de 5 p. o/o, ainsi que le veut le traité, et l'on n'a rien à nous demander de plus. Je reconnais, cependant, que la loi du 29 décembre 1873 est quelque peu compliquée et qu'il pourrait y avoir avantage à la modifier dans le sens indiqué par M. Teisserenc de Bort dans le projet de tarif général soumis en ce moment à la sanction des Chambres. C'est là une solution qui aura, je l'espère, l'avantage de donner satisfaction aux réclamations des importateurs anglais; mais c'est une mesure purement volontaire de notre part, qui ne peut nous être imposée, et dont il ne dépend pas du Gouvernement de faire une application immédiate, puisque les Chambres ne se sont pas encore prononcées sur le tarif général des douanes qui doit servir de base à la tarification de nos propres produits.

N° 7.

NOTE

remise à M. BARTHÉLEMY-SAINT HILAIRE, Ministre des Affaires étrangères,

par lord LYONS, Ambassadeur d'Angleterre.

(TRADUCTION.)

Paris, 18 janvier 1881.

Conformément à la promesse qu'il avait faite, hier, à M. Barthélemy-Saint Hilaire, lord Lyons a, aujourd'hui, l'honneur de transmettre à Son Excellence un document contenant *pro memoria* le résumé des conversations qui ont eu lieu, à Londres, entre S. Exc. M. Challemel-Lacour et sir Charles Dilke, au sujet du nouveau tarif conventionnel français proposé et de la conversion des droits actuels *ad valorem* en droits spécifiques.

Selon le désir de M. Barthélemy-Saint Hilaire, sir Charles Dilke a eu l'honneur, lors de son séjour à Paris, en octobre dernier, de conférer à ce sujet avec M. le Président du Conseil, Ministre de l'Instruction publique et des Beaux-Arts, et avec M. le Ministre de l'Agriculture et du Commerce; aussi lord Lyons se permet-il de renouveler la proposition qu'il a faite verbalement, hier, de communiquer le document ci-joint à Leurs Excellences.

Lord Lyons profite de cette occasion pour renouveler à M. Barthélemy-Saint Hilaire l'expression de sa très haute considération.

ANNEXE.

PRO MEMORIA.

(TRADUCTION.)

Dans le courant des deux derniers mois, plusieurs conversations ont eu lieu entre S. Exc. M. Challemel-Lacour et Sir Charles Dilke, au sujet du nouveau tarif conventionnel français et de la conversion des droits actuels *ad valorem* en droits spécifiques.

M. Challemel-Lacour a paru soutenir que les droits indiqués dans le projet de loi sur le nouveau tarif général récemment voté par la Chambre des Députés sont les mêmes que ceux du tarif conventionnel en vigueur, augmentés de 24 p. o/o.

On a fait remarquer à Son Excellence que, en ce qui concerne la comparaison avec des droits spécifiques en vigueur et dans le cas de droits spécifiques nouvellement imposés, il n'y a aucune difficulté à calculer le taux exact de l'augmentation proposée en vertu du nouveau projet de loi sur le tarif général. On lui a rappelé qu'il avait été entendu entre les deux Gouvernements, dans tout le cours des communications préliminaires aux négociations commerciales, que le tarif conventionnel en vigueur, et non pas le nouveau tarif général proposé, formerait la base de ces négociations. En conséquence, on lui a représenté qu'il n'est point nécessaire d'examiner en son entier le nouveau tarif général proposé et qu'il suffit de citer les articles suivants du nouveau tarif proposé relatifs aux produits chimiques, pour démontrer que l'augmentation dépasse de beaucoup 24 p. o/o, savoir :

Le brome;

L'iode;

L'iodure de potassium, et les acides citrique, gallique et tartrique.

M. Challemel-Lacour a dit qu'il avait voulu indiquer une règle générale, et il a admis qu'il existe des exceptions frappantes (*startling*) à cette règle.

On a encore fait remarquer à M. Challemel-Lacour qu'en ce qui concerne les taux auxquels il est proposé de convertir les droits *ad valorem* en vigueur en droits spécifiques, le Gouvernement de Sa Majesté Britannique a été avisé que, dans beaucoup de cas, l'équivalent exact des taux actuels a été dépassé, et que, en ce qui concerne les tissus, ce fait est surtout manifeste pour les tissus de laine et certains tissus de coton.

On a, en outre, fait remarquer à Son Excellence que le Gouvernement de Sa Majesté Britannique continue son opposition à l'abolition proposée des droits *ad valorem*, et que, si cette proposition est encore maintenue, la marche pratique à suivre serait que le Gouvernement français préparât et communiquât l'échelle précise des droits qu'il désire annexer au nouveau traité de commerce, en remplacement des droits *ad valorem* en vigueur.

On lui a fait également observer que cette nouvelle échelle des droits nécessitera un examen minutieux, et que cet examen exigera probablement un délai considérable.

* * *

N° 8.

M. le Comte Horace de Choiseul, Sous-Secrétaire d'État au Département des Affaires étrangères,

à M. Challemel-Lacour, Ambassadeur de la République française à Londres.

Paris, 25 janvier 1881.

Monsieur, lord Lyons vient de me remettre le *Pro memoria* dont je crois devoir vous adresser ci-joint une copie [1].

Ainsi que vous le verrez, cette note se réfère à des entretiens que vous avez eus avec sir Charles Dilke, relativement au nouveau tarif conventionnel qui serait proposé par le Gouvernement français et à la conversion en droits spécifiques des droits *ad valorem* actuellement existants.

Je vous serais obligé de vouloir bien me communiquer les observations que vous suggérerait la lecture de ce document : en le transmettant à M. le Ministre du Commerce, conformément au désir que m'avait exprimé lord Lyons, j'ai, d'ailleurs, pris soin de rappeler que vos entretiens avec les membres du Cabinet britannique, de même que ceux de votre prédécesseur, sur la question du traité de commerce, n'avaient pas de caractère officiel. Il s'agissait uniquement de pourparlers officieux et d'un échange de vues qui ne pouvait lier ni l'un ni l'autre des deux Gouvernements. L'ouverture de négociations commerciales entre la France et l'Angleterre a été constamment subordonnée au vote, par les Chambres françaises, du nouveau tarif général des douanes, et c'est dans ces conditions que les actes conventionnels énumérés dans la déclaration du 10 octobre 1879 ont été prorogés, d'un commun accord, entre les deux Pays.

Agréez, etc.

Horace de Choiseul.

* * *

[1] Voir à la page précédente.

N° 9.

PRO MEMORIA

remis par lord Lyons, Ambassadeur d'Angleterre,

à M. Barthélemy-Saint Hilaire, Ministre des Affaires étrangères.

(TRADUCTION.)

21 février 1881.

Il est probable que la nouvelle loi sur le tarif général pourra être votée et promulguée dans la première moitié de la présente année. S'il en était ainsi, le délai de six mois pour l'expiration des traités commencerait immédiatement à courir, et ces traités expireraient avant la fin de l'année. Ils pourraient même expirer à une époque où la législature française ne serait pas en session, et l'on ne pourrait obtenir la sanction législative soit pour un nouveau traité, soit pour une prorogation momentanée des traités actuels.

Dans cet état de choses, il se peut non seulement que le temps dont on pourra disposer pour négocier soit très court, mais encore que, dans les circonstances les plus favorables, le Gouvernement de Sa Majesté Britannique se trouve placé dans une situation assez embarrassante.

En conséquence, le Gouvernement de Sa Majesté Britannique désire vivement être informé du moment où le Gouvernement français sera en mesure d'entamer les négociations, et il tient à faire remarquer que ces négociations exigeront un certain temps, surtout si le Gouvernement français se propose de changer des droits *ad valorem* en droits spécifiques.

En ce qui concerne la communication projetée des vues du Gouvernement français au sujet du projet du nouveau traité de commerce et de navigation entre la France et la Grande-Bretagne, le Gouvernement de Sa Majesté Britannique considère comme très important que cette communication soit faite le plus tôt possible, en raison de la nature des différentes questions à étudier et du peu de temps réservé pour les négociations.

En effet, il faudra examiner les vues du Gouvernement français avant que le Gouvernement de Sa Majesté Britannique puisse être en mesure de reprendre les négociations; le Gouvernement de Sa Majesté Britannique serait donc heureux d'obtenir communication de ces vues, assez tôt pour pouvoir les prendre en considération, même avant que le Gouvernement français ait envoyé à Londres des personnes chargées de collaborer à la préparation du nouveau traité.

S. Exc. M. Tirard a fait l'honneur à lord Lyons de lui demander si l'on avait conclu ou si l'on était sur le point de conclure un arrangement commercial spécial entre la Grande-Bretagne et l'Allemagne.

Aucun avis de l'intention de faire cesser ou de modifier le traité de commerce en vigueur entre la Grande-Bretagne et l'Allemagne n'a été signifié par l'un ou par l'autre de ces Pays.

De son côté, le Gouvernement de Sa Majesté Britannique désire être renseigné sur la situation actuelle du Gouvernement français vis-à-vis d'autres pays dont les traités sont arrivés à échéance ou expireront lors de la promulgation de la nouvelle loi sur le tarif général.

N° 10.

MEMORANDUM

remis par M. Barthélemy-Saint Hilaire, Ministre des Affaires étrangères,

à lord Lyons, Ambassadeur d'Angleterre.

Paris, 28 février 1881.

Dans une note *pro memoria* portant la date du 21 février, Son Excellence lord Lyons a témoigné, au nom du Gouvernement de Sa Majesté Britannique, le désir de connaître les vues du Gouvernement de la République sur divers points se rattachant à la négociation projetée d'un traité de commerce et de navigation entre la France et l'Angleterre.

En ce qui concerne, tout d'abord, l'époque à laquelle le nouveau tarif général des douanes sera voté et promulgué, le Gouvernement français a tout lieu de penser, comme le suppose la note de lord Lyons, que ce vote et cette promulgation auront lieu dans la première moitié de cette année, sans qu'il soit possible, cependant, de l'affirmer en toute certitude. Il se peut aussi que la promulgation de ce tarif général soit faite trop peu de temps avant la prorogation du Parlement pour qu'un nouveau traité obtienne l'approbation des Chambres avant l'expiration du délai de six mois au terme duquel les conventions actuelles doivent cesser d'être en vigueur.

Appréciant, dans tous les cas, de même que le Gouvernement britannique, l'intérêt qu'il y aurait à hâter autant que possible l'ouverture des négociations, le Gouvernement français serait, d'ailleurs, disposé à les engager, dès que le Sénat aura terminé la discussion du tarif général, sans attendre le vote définitif subordonné à une entente avec la Chambre des Députés.

D'un autre côté, Son Excellence lord Lyons a signalé le prix qu'attacherait son Gouvernement à être informé, d'une manière générale, avant même que des délégués français fussent envoyés à Londres, des principales dispositions qui devraient, dans la pensée du Gouvernement de la République, être admises comme base du nouveau traité de commerce.

En réservant la question relative au choix de la ville où se suivront les négociations, le Gouvernement français résume ainsi qu'il suit les indications qui lui sont demandées :

Le traité ne comprendra ni les céréales ni les bestiaux.

Les droits spécifiques seront substitués aux droits *ad valorem*.

Quant aux droits à inscrire dans la convention, ils seraient ceux du tarif général, moins la majoration de 24 p. o/o, dont la suppression déterminerait, pour la plupart des articles, la base des taxes conventionnelles.

En ce qui concerne notamment les fers, fontes et aciers, les droits du tarif général ont été ramenés à ceux du tarif conventionnel actuel, et même au-dessous pour certains articles ; ces droits seraient inscrits dans la nouvelle convention.

Les articles à comprendre dans le traité seraient limités strictement aux produits d'importation anglaise, de manière à ne pas y consacrer des avantages qui, sans utilité pour l'Angleterre, profiteraient aux autres États pouvant réclamer le traitement de la nation la plus favorisée.

Tels sont les principaux points que le Gouvernement de la République croit pouvoir, dès à présent, indiquer sommairement, en réponse à la note que lord Lyons a bien voulu remettre à M. Barthélemy-Saint Hilaire.

N° 11.

M. BARTHÉLEMY-SAINT HILAIRE, Ministre des Affaires étrangères,

à M. CHALLEMEL-LACOUR, Ambassadeur de la République française à Londres.

Paris, 2 mars 1881.

Monsieur, j'ai reçu de lord Lyons un nouveau *Pro memoria*, ayant pour objet de connaître les vues du Gouvernement de la République sur divers points se rattachant aux négociations commerciales projetées entre la France et la Grande-Bretagne.

En réponse à cette note, dont vous trouverez ci-joint copie, j'ai remis à l'Ambassadeur de Sa Majesté Britannique le memorandum également ci-annexé, dont les termes ont été concertés entre mon Département et ceux du Commerce et des Finances.

Comme vous le verrez, les indications qui se trouvent précisées dans ce memorandum permettent de se rendre compte des conditions dans lesquelles nous nous proposons de déterminer le régime applicable, à l'entrée en France, aux importations anglaises; je ne puis que vous prier de vous y référer, lorsque vous entretiendrez de cette affaire les membres du Cabinet britannique.

Il nous a, d'ailleurs, paru à propos de limiter autant que possible notre réponse à la note de lord Lyons et de réserver notamment, pour le moment où les négociations officielles seront engagées, les concessions que nous aurons à demander à l'Angleterre.

Agréez, etc.

BARTHÉLEMY-SAINT HILAIRE.

N° 12.

MEMORANDUM

remis par lord Lyons, Ambassadeur d'Angleterre,

à M. Barthélemy-Saint Hilaire, Ministre des Affaires étrangères.

(TRADUCTION.)

Paris, 15 mars 1881.

Le Gouvernement de Sa Majesté a examiné avec attention le memorandum, en date du 28 février, que M. Barthélemy-Saint Hilaire a bien voulu envoyer à lord Lyons le 2 de ce mois.

On admet, dans ce memorandum, la possibilité que la promulgation de la loi portant établissement du nouveau tarif général ait lieu trop peu de temps avant la prorogation des Chambres françaises pour permettre qu'un nouveau traité obtienne la sanction de la législature avant l'expiration du délai de six mois, au terme duquel les traités existants doivent cesser d'être en vigueur.

La dénonciation des traités actuels est le fait du Gouvernement français, et le Gouvernement de Sa Majesté lui a représenté, à plusieurs reprises, qu'il faudrait du temps pour examiner et discuter les différentes questions que soulèvera la préparation d'un nouveau traité, surtout si des modifications dans l'assiette des droits viennent à être proposées. Le Gouvernement de Sa Majesté ne peut envisager sans la plus sérieuse appréhension l'éventualité de l'expiration des traités de commerce actuellement existant entre les deux Pays avant l'entrée en vigueur du nouveau traité. Il se croit obligé de déclarer formellement et explicitement au Gouvernement français que cette expiration des traités créerait un état de choses fâcheux; il juge de son devoir de protester d'avance contre cette éventualité et de demander au Gouvernement français de prendre en temps opportun des mesures pour empêcher que les traités actuels expirent avant que la législature française ait sanctionné le nouveau traité et que les ratifications en aient été échangées. Il appartient au Gouvernement français de décider comment il devra procéder pour prévenir la calamité (*calamity*) qui frapperait autrement les deux Pays; mais il semble évident que, si le nouveau tarif général doit être promulgué à une date rapprochée, il convient que la durée des traités existants et du tarif conventionnel soit prolongée pour une période telle qu'elle permette de négocier immédiatement un nouveau traité, de le faire sanctionner par la législature française, enfin de le ratifier et de le mettre en vigueur.

Le Gouvernement de Sa Majesté regrette beaucoup que le memorandum ne renferme aucune proposition relativement à la diminution des droits et à l'amélioration des règlements de douane.

L'amélioration du *statu quo*, dans le sens du développement des relations commerciales, était l'une des bases de négociation énumérées dans la note de M. Léon Say, en date du 8 juin dernier.

Le public anglais a fondé là-dessus des espérances, et il est à craindre, dès lors, que le memorandum ne cause un grand désappointement. Il paraît au Gouvernement de Sa Majesté que, ni au point de vue fiscal ni au point de vue protecteur, les circonstances ne réclament le maintien du tarif des douanes françaises, soit sous sa forme actuelle, soit sous la forme qui est proposée. Les vues du Gouvernement de Sa Majesté à cet égard sont exposées en détail dans la note adressée, le 23 août dernier, à l'Ambassadeur de France à Londres.

M. Léon Say proposait, d'autre part, comme base de négociation, « un examen des moyens de supprimer les fraudes en douane »; mais, au lieu d'entrer dans cette voie, le memorandum pose en principe, d'une manière absolue, la suppression des droits *ad valorem*. Le Gouvernement de Sa Majesté est tout prêt à discuter cette question des fraudes en douane qui ont été alléguées et à concourir aux mesures destinées à en amener la suppression; mais il attache beaucoup d'importance au maintien des droits *ad valorem,* qui, à moins que les droits de douane ne soient extrêmement faibles, semblent d'une nécessité absolue pour certaines variétés de produits anglais, si l'on veut qu'ils donnent lieu à quelques échanges.

On suggère, dans le memorandum, de restreindre le nombre des articles à comprendre dans le tarif qui serait annexé au futur traité. Sur ce point, cependant, comme en général sur les détails du tarif, le memorandum n'est pas assez explicite pour permettre au Gouvernement de Sa Majesté de se rendre pleinement compte des intentions du Gouvernement français. Il y a plusieurs questions spéciales, telles que celles des huiles minérales, de l'expertise, etc., qui, dans l'opinion du Gouvernement de Sa Majesté, pourraient avec avantage être traitées dans le cours des prochaines négociations commerciales.

Quant au siège des futures négociations, bien qu'aucun accord formel ne se soit établi, on a compris, d'après le langage tenu dans les derniers pourparlers, qu'il serait fixé à Londres. Le Gouvernement de Sa Majesté admet que les négociations entre l'Angleterre et la France précèdent les négociations analogues entre la France et d'autres pays, et il désire, en tant qu'il dépend de lui, seconder les désirs du Gouvernement français en vue d'une prompte conclusion; mais, avant d'entamer les négociations effectives, il aura besoin d'examiner les changements de tarif proposés et les questions que soulèvent ces propositions. Les informations reçues jusqu'à présent par le Gouvernement de Sa Majesté ne sont pas suffisantes pour lui permettre d'élucider ces questions d'une manière satisfaisante, et, pour gagner du temps, il suggérerait au Gouvernement français d'envoyer immédiatement à Londres une personne compétente pour donner des explications sur ces divers points, avant l'ouverture des négociations officielles.

N° 13.

M. Barthélemy-Saint Hilaire, Ministre des Affaires étrangères,

à Lord Lyons, Ambassadeur d'Angleterre.

Paris, 30 mars 1881.

Monsieur l'Ambassadeur, Votre Excellence m'a fait l'honneur de me communiquer, le 15 de ce mois, un *memorandum* relatif aux négociations commerciales projetées entre la France et l'Angleterre.

Dans cette note, Votre Excellence signale, au nom de son Gouvernement, l'importance qu'il y aurait, dans l'intérêt des relations commerciales entre les deux Pays, à ce qu'un nouveau traité fût conclu avant le délai de six mois, auquel a été limitée la durée des conventions actuelles au delà du jour de la promulgation du tarif général des douanes de France. Afin de préparer et de rendre ultérieurement plus rapide la négociation officielle, vous avez bien voulu, Monsieur l'Ambassadeur, exprimer le désir que, dès à présent, une personne compétente fût envoyée à Londres par le Gouvernement français

pour fournir officieusement à l'administration britannique des éclaircissements sur un certain nombre de points concernant le tarif français.

J'ai saisi de cette communication M. le Ministre du commerce, dont je
viens de recevoir la réponse : il en résulte que M. Tirard ne jugerait pas à
propos de proroger de nouveau le traité actuel, en laissant se prolonger l'incertitude, dont se plaint, depuis longtemps, le commerce français, sur le régime
économique de ses échanges avec l'étranger. Mais les travaux préparatoires du
projet de traité avec la Grande-Bretagne ne tarderont pas à être terminés, et
M. Tirard exprime la confiance que cet acte pourra être soumis à l'approbation parlementaire avant l'expiration du délai de six mois, qui doit courir du
jour, encore incertain, de la promulgation du tarif général des douanes.

Pour entrer dans les vues du Gouvernement de Sa Majesté Britannique,
l'administration française est, d'ailleurs, prête à lui fournir les explications
qu'il désirerait recevoir avant l'ouverture de la négociation. Seulement, au
lieu d'envoyer à Londres un délégué français, il paraîtrait préférable que le
Gouvernement britannique voulût bien charger un de ses agents de se mettre
en rapports avec l'administration française pour l'étude préliminaire des questions à résoudre : c'est à Paris, en effet, qu'il serait le plus aisé de se procurer
les documents et les informations dont l'administration anglaise pourrait avoir
besoin. En vous soumettant cette proposition, je me plais, Monsieur l'Ambassadeur, à vous donner l'assurance que le délégué du Gouvernement de la
Reine trouverait ici toutes les facilités nécessaires à l'accomplissement de sa
mission.

Veuillez agréer, etc.

BARTHÉLEMY-SAINT HILAIRE.

N° 14.

Lord LYONS, Ambassadeur d'Angleterre,

à M. BARTHÉLEMY-SAINT HILAIRE, Ministre des Affaires étrangères.

(TRADUCTION.)

Paris, 11 avril 1881.

Monsieur le Ministre, dans le *pro memoriâ* que j'ai eu l'honneur de remettre
à Votre Excellence le 15 du mois dernier, on émettait, au nom du Gouvernement de Sa Majesté, l'opinion qu'il serait désirable, afin d'éviter tout retard,
qu'une personne compétente fût envoyée par le Gouvernement français à

Londres, pour fournir des explications sur divers points avant l'ouverture des négociations officielles en vue de la conclusion d'un nouveau traité de commerce entre la Grande-Bretagne et la France.

Dans la note que Votre Excellence m'a fait l'honneur de m'adresser le 3o du mois dernier, Elle m'informait qu'il semblait préférable au Gouvernement français qu'un fonctionnaire anglais vînt à Paris recevoir les explications en question.

En conséquence, le Gouvernement de Sa Majesté a décidé d'envoyer dans ce but à Paris M. Charles Malcolm Kennedy, du Foreign-Office.

On attend l'arrivée très prochaine ici de M. Kennedy; je serai très obligé à Votre Excellence de vouloir bien désigner les autorités avec lesquelles il devra se mettre en rapport et prescrire les dispositions convenables pour éviter toute perte de temps dans une affaire qui est devenue, je n'ai pas besoin de le dire, extrêmement urgente.

J'ai l'honneur, etc.

LYONS.

N° 15.

M. BARTHÉLEMY-SAINT HILAIRE, Ministre des Affaires étrangères,

à Lord LYONS, Ambassadeur d'Angleterre.

Paris, 15 avril 1881.

Monsieur l'Ambassadeur, en m'informant, le 11 de ce mois, de la prochaine arrivée à Paris de M. Charles Malcolm Kennedy, Votre Excellence m'a fait l'honneur de m'exprimer le désir de savoir quels seraient les fonctionnaires français chargés d'entrer en rapport avec le Délégué du Gouvernement britannique, pour élucider, avant l'ouverture des négociations officielles, diverses questions se rattachant au traité de commerce projeté entre la France et la Grande-Bretagne.

Je m'empresse de donner avis à Votre Excellence que j'ai désigné, pour prendre part à ces travaux préliminaires, M. Mariani, directeur des affaires commerciales au Ministère des Affaires étrangères, et que, de son côté, M. Tirard a fait choix de M. Marie, directeur du commerce extérieur au Ministère de l'Agriculture et du Commerce.

Ces Messieurs se mettront en relations avec M. Kennedy, dès son arrivée à Paris.

Veuillez agréer, etc.

BARTHÉLEMY-SAINT HILAIRE.

6.

N° 16.

M. Barthélemy-Saint Hilaire, Ministre des Affaires étrangères,

à M. Challemel-Lacour, Ambassadeur de la République française à Londres.

Paris, 3o avril 1881.

Monsieur, le régime conventionnel sous lequel sont actuellement placées nos relations commerciales avec le Gouvernement britannique est déterminé par la déclaration signée à Paris, le 10 octobre 1879.

Aux termes de cet acte, les traités et conventions de commerce et de navigation maintenus jusqu'à présent en vigueur par les deux Pays doivent prendre fin six mois après la promulgation du nouveau tarif général des douanes de France. Or, vous savez que ce tarif général vient d'être voté par les deux Chambres du Parlement; la promulgation en aura lieu le 8 du mois prochain.

Je vous prie donc, Monsieur, de vouloir bien, à cette même date du 8 mai, notifier au Gouvernement auprès duquel vous êtes accrédité la promulgation du tarif général, en vous référant à la déclaration précitée du 10 octobre 1879.

Je vous serai, d'ailleurs, obligé de me communiquer, dès qu'il vous sera possible, la réponse que vous aurez reçue du Cabinet de Saint-James.

Agréez, etc.

Barthélemy-Saint Hilaire.

N° 17.

M. Challemel-Lacour, Ambassadeur de la République française à Londres,

à M. Barthélemy-Saint Hilaire, Ministre des Affaires étrangères.

Londres, 12 mai 1881.

Monsieur le Ministre, en réponse à la notification que je lui ai adressée, le dimanche 8 courant, de la promulgation au *Journal officiel* du nouveau tarif général voté par les deux Chambres, le Principal Secrétaire d'État m'a fait parvenir, hier soir, une lettre dont j'ai l'honneur de vous envoyer ci-joint la traduction, en vous priant de vouloir bien en faire transmettre le plus tôt possible une copie à M. le Ministre du Commerce.

Comme vous le verrez, Monsieur le Ministre, cette lettre n'est pas un simple accusé de réception. Lord Granville y exprime la pensée que, le Gouvernement français ayant dénoncé les traités actuellement en vigueur et manifesté l'intention d'introduire des changements dans les stipulations de 1860, c'est à nous maintenant qu'il appartient de proposer les bases de négociation pour la conclusion d'un nouveau traité. Il ne manque pas de rappeler, à cette occasion, les quatre bases dont la discussion, commencée l'année dernière à Londres, dès l'arrivée de M. Léon Say, aboutit à une formule restée à l'état de projet, car elle n'a jamais reçu, si je ne me trompe, la ratification formelle du Gouvernement. Cependant, le Principal Secrétaire d'État semble, en rappelant cette formule, la considérer comme une sorte d'engagement et il y rattache une mesure annoncée, il y a un an, au Parlement par M. Gladstone, concernant les droits sur une certaine classe de vins faibles et sur les vins en bouteilles, mesure qui fut, d'ailleurs, retirée plus tard et à laquelle il nous aurait été sans doute impossible de donner notre assentiment.

Après avoir ensuite remarqué que le public en Angleterre serait désappointé si les propositions du Gouvernement français étaient moins libérales que les dispositions de l'ancien traité, Lord Granville énumère les conditions qui seraient, selon lui, de nature à faciliter la solution des questions à traiter. C'est la partie de sa lettre sur laquelle je me permets d'appeler plus spécialement votre attention, parce qu'elle laisse pressentir les points qui semblent devoir donner matière aux discussions les plus délicates.

Le Principal Secrétaire d'État termine en déclarant que le Gouvernement de Sa Majesté est prêt à entamer les négociations commerciales, en exprimant l'opinion qu'il y aurait intérêt et même nécessité à ce qu'elles fussent commencées dans le plus bref délai possible et en disant qu'il sera heureux de savoir si le Gouvernement français se propose de continuer ces négociations à Londres, où elles ont été commencées l'année dernière, ou s'il préfère les reprendre à Paris. Il ne m'a pas été difficile, dans un entretien que j'ai eu hier avec Lord Granville et dans lequel nous avons touché ce dernier point, de reconnaître qu'il avait là-dessus une préférence assez marquée. Peut-être jugerez-vous qu'à notre point de vue il y aurait avantage à choisir pour lieu des négociations la ville où nos négociateurs seraient le plus à même d'apprécier jour par jour ce qu'il y a de sérieux et ce qu'il peut y avoir de factice dans la résistance de l'opinion anglaise à nos propositions.

Agréez, etc.

CHALLEMEL-LACOUR.

M. le Comte Granville, Premier Secrétaire d'État de Sa Majesté Britannique pour les Affaires étrangères,

à M. Challemel-Lacour, Ambassadeur de la République française à Londres.

(TRADUCTION.)

Foreign Office, 10 mai 1881.

Monsieur l'Ambassadeur, j'ai l'honneur d'accuser réception à Votre Excellence de sa note du 8 courant, m'informant que le nouveau tarif général français a été promulgué ledit jour, et que, conformément aux termes de la déclaration signée le 10 octobre 1879, les traités de commerce existant entre la Grande-Bretagne et la France expireront six mois après la date susdite de la promulgation du nouveau tarif général.

En réponse, je prends la liberté de faire remarquer à Votre Excellence que sa communication ne fait aucune allusion à des négociations pour la conclusion d'un nouveau traité de commerce entre les deux Pays. Comme Votre Excellence en est informée, le Gouvernement de Sa Majesté a fait les démarches nécessaires pour obtenir des éclaircissements sur certaines questions préliminaires à considérer dans leurs rapports avec des négociations commerciales. Mais le Gouvernement de Sa Majesté n'a encore reçu aucun exposé explicite ou défini des vues du Gouvernement français sur ces négociations. Il faut rappeler que le Gouvernement français a dénoncé les traités actuellement en vigueur, traités sous l'influence desquels les relations commerciales et amicales des deux Pays ont fait de grands progrès, à leur mutuel avantage; il faut rappeler, en outre, que le Gouvernement français a exprimé le désir de faire des changements dans les stipulations de ces traités.

Dans ces circonstances, le Gouvernement de Sa Majesté pense que c'est maintenant au Gouvernement français à lui proposer les bases des négociations pour la conclusion d'un nouveau traité de commerce, et plus spécialement à lui communiquer aussi promptement que possible le projet du nouveau tarif conventionnel qu'il propose.

Je crois bon de rappeler à Votre Excellence que les bases suivantes ont été proposées, l'année dernière, par M. Léon Say pour la négociation relative au renouvellement, avec modification, des traités de commerce actuellement existant entre les deux Pays:

I. Recherche d'une classe de vins payant, à l'entrée en Angleterre, un droit réduit;

II. Maintien sous le régime du tarif général à l'entrée en France des bestiaux et matières agricoles qui, par conséquent, ne devraient pas figurer dans le traité;

III. Recherche des moyens de faire disparaître les fraudes en douane;

IV. Amélioration du *stata quo* dans le sens du développement des relations commerciales.

Ces propositions furent reçues avec beaucoup de satisfaction dans ce pays. Elles y rencontrèrent un grand empressement; le Parlement prit, en effet, sur la recommandation du Chancelier de l'Échiquier, la mesure exceptionnelle de permettre un changement dans les droits sur les vins, sur l'importance duquel M. Léon Say avait fortement insisté, non pas seulement en sa qualité officielle, mais encore avec sa grande autorité dans les questions économiques.

J'ai l'honneur d'assurer à Votre Excellence que le Gouvernement de Sa Majesté éprouve le sincère désir de maintenir et d'accroître le commerce grandement développé qui existe entre le Royaume-Uni et la France, commerce qui s'est accru, grâce aux dispositions du traité de 1860, bien que les stipulations de ce dernier en ce qui touche le tarif n'aient pas été fort libérales et que ledit traité, dans son application, n'ait pas favorisé, autant qu'on était en droit de l'espérer, un grand nombre de branches du commerce. Le pays sera donc profondément désappointé, si les propositions du Gouvernement français offrent encore plus de désavantage au commerce des deux nations que les dispositions même du tarif actuellement en vigueur.

En conséquence, le Gouvernement de Sa Majesté aime à croire que les objections alléguées contre l'abolition totale des droits *ad valorem* recevront une entière considération et que, dans tous les cas, l'opinion qu'on entretient ici, à savoir que la France a bien l'intention de maintenir le *statu quo* en ce qui touche la proportion des droits, est bien fondée. Je ferai, en outre, observer que la conversion des droits *ad valorem* en droits spécifiques est en elle-même, en présence d'un tarif complexe comme celui de la France, désavantageuse au commerce anglais et que ce désavantage s'accroîtra encore par les changements apportés dans la classification des marchandises indiquées dans le nouveau tarif général.

Dans le présent état de choses, je me permettrai de faire observer que la solution amicale et prompte des questions qu'il y aura lieu de traiter lors des négociations prochaines sera beaucoup facilitée, si le Gouvernement français fait rédiger le premier texte du projet du nouveau tarif conventionnel en prenant pour base, autant que possible, le tarif actuel, de sorte que la classification des marchandises actuellement en vigueur soit maintenue, que l'on procède à la réinsertion des taux spécifiques des droits, que la majoration qui a été ajoutée à ces droits soit retranchée, que l'on évite les questions plus difficiles qui ont trait aux droits *ad valorem*, par exemple en ce qui touche les cotons et les tissus mélangés, en maintenant pour ces articles les droits en question, au moins comme échelle alternative, et que l'on convienne que toute transformation des droits *ad valorem* en droits spécifiques sera soumise à examen et arrêtée seulement après une discussion approfondie.

Je n'ai pas besoin d'assurer Votre Excellence que le Gouvernement de Sa Majesté est très désireux de coopérer avec le Gouvernement français pour arriver à maintenir sur une base satisfaisante les relations générales qui existent entre la Grande-Bretagne et la France, et pour accroître les échanges commerciaux entre les deux Pays.

En conclusion, j'ai l'honneur de vous prier, tout en portant à la connaissance du Gouvernement français les observations qui précèdent, de vouloir bien déclarer que le Gouvernement de Sa Majesté est prêt à entamer les négociations commerciales et qu'il sera heureux de savoir si le Gouvernement français consent à continuer ces négociations à Londres, où elles ont été commencées l'année dernière par M. Léon Say, ou s'il préfère les reprendre à Paris.

J'ai l'honneur, etc.

GRANVILLE.

N° 18.

M. le Comte Horace DE CHOISEUL, Sous-Secrétaire d'État au Département des Affaires étrangères,

à M. CHALLEMEL-LACOUR, Ambassadeur de la République française à Londres.

Paris, 14 mai 1881.

Monsieur, j'ai reçu, avec la lettre que vous m'avez fait l'honneur de m'écrire, le 12 de ce mois, la traduction de la réponse du Gouvernement britannique à la notification de la promulgation du tarif général des douanes de France.

Dans cette réponse, par laquelle le Cabinet de Londres se déclare prêt à entamer les négociations commerciales, Lord Granville témoigne le désir de recevoir un exposé précis des vues du Gouvernement français, notamment sous la forme d'un projet de tarif conventionnel. Il indique, en même temps, sur quelles bases il lui paraîtrait utile que ce projet fût rédigé pour faciliter la marche de la négociation, et les suggestions qu'il émet à cet égard laissent pressentir, comme vous le faites remarquer, les points qui semblent devoir donner matière aux discussions les plus délicates. Il demande, enfin, si, dans la pensée du Gouvernement français, les négociations devront être suivies à Londres ou à Paris.

Je me suis empressé, Monsieur, de porter cette communication, ainsi que la dépêche dont vous aviez bien voulu l'accompagner, à la connaissance de M. le Ministre du Commerce, et j'aurai l'honneur de vous informer, dès qu'il me sera possible, du résultat de cette entente.

Sans attendre ce moment, je vous prierai, Monsieur, de saisir la plus prochaine occasion pour déclarer à Lord Granville que le Gouvernement de la République n'attache pas moins de prix que le Gouvernement anglais à la prompte conclusion d'un traité qui donne satisfaction aux intérêts commerciaux des deux Pays. Après les nombreuses communications que nous avons échangées à ce sujet avec le Cabinet de Londres, une assurance de cette nature pourrait paraître superflue; mais elle semble devoir répondre à une préoccupation qui s'est produite dans le Parlement, dans la séance du 9 mai, et dont on retrouve la trace dans la lettre du Principal Secrétaire d'État.

Si, dans mes instructions du 30 avril dernier, je ne vous ai pas prié de faire savoir au Gouvernement britannique que nous étions prêts à entrer en négociations, c'est que nous considérions cette déclaration comme déjà faite. Dans un memorandum remis à Lord Lyons, le 28 février dernier, et indiquant sommairement, à notre point de vue, les bases principales du traité à intervenir, memorandum dont j'ai eu l'honneur de vous donner connaissance, le 2 mars, le Gouvernement français déclarait, en effet, qu'il serait disposé à engager les négociations, « dès que le Sénat aurait terminé la discussion du tarif général, sans attendre le vote définitif, subordonné à une entente avec la Chambre des députés ». La négociation officielle ne s'est pas engagée, il est vrai, à l'époque que nous avions ainsi proposée ; mais ce retard provient de ce que le Cabinet de Londres a désiré recevoir, avant l'ouverture de la négociation, divers éclaircissements sur certaines dispositions du tarif général. Tel a été l'objet de la mission confiée à M. Kennedy, qui était encore à Paris, au commencement de ce mois.

D'un autre côté, la lettre de Lord Granville contient une allusion à la mesure que le Chancelier de l'Échiquier avait présentée au Parlement, le 10 juin 1880, dans son exposé financier, en ce qui concerne la tarification des vins. Ainsi que vous le rappelez, cette proposition a été retirée, et, quant à l'accueil qu'elle aurait rencontré de la part du Gouvernement français, je ne puis que me référer, Monsieur, aux considérations développées dans la lettre du Département, en date du 4 août 1880.

Agréez, etc.

HORACE DE CHOISEUL.

N° 19.

M. CHALLEMEL-LACOUR, Ambassadeur de la République française à Londres,

à M. BARTHÉLEMY-SAINT HILAIRE, Ministre des Affaires étrangères.

Londres, 17 mai 1881.

Monsieur le Ministre, je suis allé voir Lord Granville hier, et je lui ai expliqué que, si, en lui notifiant, par ma note du 8 mai, la promulgation au *Journal officiel* du nouveau tarif général, je n'avais pas répété que le Gouvernement de la République était prêt à entrer en négociations avec le Cabinet de Londres, c'est que, dans un memorandum remis à Lord Lyons, le 28 février dernier, et dont j'ai rappelé les termes au Principal Secrétaire d'État, nous avions déjà fait savoir au Gouvernement de Sa Majesté que nous étions disposés à engager les négociations aussitôt que le Sénat aurait terminé la discussion du tarif général. Si la négociation officielle ne s'est pas engagée à l'époque que nous avions proposée, c'est que le Cabinet de Londres a désiré recevoir, avant l'ouverture des négociations, certains éclaircissements.

Lord Granville m'a dit qu'il se tenait pour entièrement satisfait par cette déclaration et qu'il ne restait plus, par conséquent, qu'à déterminer la ville où auraient lieu les négociations, et à en fixer la date. Il ne m'a pas caché qu'il serait agréable au Gouvernement de Sa Majesté qu'elles eussent lieu à Londres. Mais Lord Granville s'est empressé d'ajouter que le Gouvernement de Sa Majesté préférait nous laisser la liberté du choix, et qu'il accepterait sans objection la ville que vous auriez choisie, persuadé que vous ne seriez déterminé que par le désir d'arriver à un résultat plus prompt et plus avantageux pour tout le monde. Quant à la date de l'ouverture des négociations, il lui paraît nécessaire qu'elle soit aussi rapprochée que possible. Nous n'avons, ce me semble, aucun intérêt à la retarder.

Veuillez agréer, etc.

CHALLEMEL-LACOUR.

<hr>

N° 20.

NOTE VERBALE

remise par M. BARTHÉLEMY-SAINT HILAIRE, Ministre des Affaires étrangères,

à Lord LYONS, Ambassadeur d'Angleterre.

18 mai 1881.

Le Ministre des Affaires étrangères a l'honneur d'informer Son Excellence Lord Lyons que l'Ambassadeur de la République à Londres reçoit, aujourd'hui même, les instructions nécessaires pour l'ouverture de la négociation officielle du traité de commerce à conclure entre la France et la Grande-Bretagne.

Un projet de tarif conventionnel, qui a été préparé par le Ministre du Commerce et qui doit être remis à Lord Granville par M. Challemel-Lacour, servira de base aux délibérations des Plénipotentiaires.

Le Gouvernement de la République, désirant donner satisfaction au désir témoigné par le Gouvernement de Sa Majesté Britannique, acquiesce à la proposition de suivre, à Londres, cette négociation, et il prend les dispositions nécessaires pour que les conférences puissent s'ouvrir dans le plus bref délai.

N° 21.

M. Challemel-Lacour, Ambassadeur de la République française à Londres,

à M. Barthélemy-Saint Hilaire, Ministre des Affaires étrangères

(DÉPÊCHE TÉLÉGRAPHIQUE.)

Londres, 10 juin 1881

M. Monk, vice-président de l'Association des Chambres de commerce, a proposé hier, à la Chambre des communes, de se prononcer par une résolution contre le caractère réactionnaire du nouveau tarif général voté par les Chambres françaises et contre la conclusion de tout traité qui ne tendrait pas au développement des relations commerciales par de forts abaissements de droits. Il a invité, en outre, le Gouvernement à demander à la France le maintien, pour six mois, du traité actuellement en vigueur.

Sir Charles Dilke a répondu que, sans désapprouver la résolution proposée, le Gouvernement ne pouvait pas la souhaiter. Il a fait entendre que les négociations commencées n'excluent pas tout espoir d'un bon résultat et que le Gouvernement avait déjà demandé la prorogation du traité actuel, mais sans succès.

Après une discussion où la plupart des orateurs se sont prononcés dans le même sens que M. Monk, la Chambre a voté, par 77 voix contre 49, la résolution suivante, bien qu'elle fût combattue par le Gouvernement et que M. Monk eût demandé la permission de la retirer :

« La Chambre envisage avec regret le caractère réactionnaire du nouveau
« tarif général français et est d'avis qu'un traité de commerce avec la France
« ne saurait être satisfaisant qu'à la condition de tendre au développement des
« relations commerciales entre les deux Pays par une nouvelle réduction des
« droits. »

CHALLEMEL-LACOUR.

N° 22.

M. Challemel-Lacour, Ambassadeur de la République française à Londres,

à M. Barthélemy-Saint Hilaire, Ministre des Affaires etrangères.

Londres, 5 juillet 1881.

Monsieur le Ministre, une conversation s'est engagée hier, à la Chambre des communes, entre lord Sandon, M. Chamberlain et sir Charles Dilke, au sujet de la traduction en anglais de notre nouveau tarif. M. Chamberlain a dit qu'il voyait des inconvénients à publier cette traduction, qu'il s'était offert volontiers à en donner connaissance aux Chambres de commerce et aux négociants directement intéressés dans la question, mais qu'il n'avait pas encore reçu leurs réponses en assez grand nombre pour prendre un parti. Lord Sandon ayant alors déclaré qu'il appellerait l'attention de la Chambre sur le refus persistant du Gouvernement de fournir au pays aucun document relatif aux négociations qui viennent d'avoir lieu entre la France et l'Angleterre, sir Charles Dilke a fait observer que le tarif qui avait servi de base à ces négociations n'était pas le tarif général, mais un document qui restait, quant à présent, confidentiel.

Veuillez agréer, etc.

CHALLEMEL-LACOUR.

N° 23.

M. CHALLEMEL-LACOUR, Ambassadeur de la République française à Londres,

à M. BARTHÉLEMY-SAINT HILAIRE, Ministre des Affaires étrangères.

Londres, 5 juillet 1881.

Monsieur le Ministre, ainsi qu'il l'avait annoncé hier, lord Sandon, qui était le prédécesseur de M. Chamberlain comme Président du *Board of Trade,* a appelé de nouveau, dans la séance d'aujourd'hui, l'attention de la Chambre des communes sur l'état des négociations commerciales entre la France et l'Angleterre, et s'est plaint de ce que le Gouvernement anglais se refusait à fournir les informations qui lui étaient demandées à ce sujet. Il a déclaré que le texte en français de notre tarif ne pouvait être consulté par les associations ouvrières et les industriels, c'est-à-dire par ceux-là mêmes qui avaient le plus d'intérêt à le connaître et à se rendre un compte exact des changements qu'il s'agissait d'apporter au tarif préexistant. A cette occasion, lord Sandon a vivement critiqué ces changements : dans son opinion, la transformation en droits spécifiques des droits *ad valorem* et le mode de classification des articles auront pour résultat d'élever les droits sur les produits importés en France, et l'Angleterre ne doit pas consentir à signer un traité qui serait moins avantageux pour elle que le précédent.

M. Gladstone, en répondant à lord Sandon, n'a pas approuvé la chaleur que celui-ci avait apportée dans le débat ; il a insisté sur les inconvénients qu'il y avait à soulever une discussion sur des négociations encore pendantes, et il n'a pas hésité à dire que le résultat d'une pareille discussion, dont l'écho ne pouvait manquer d'être entendu en France, serait d'augmenter sérieusement la difficulté des négociations. Aussi a-t-il déclaré que, pour clore un débat dont les conséquences pourraient être fâcheuses, le Gouvernement de la Reine renonçait à différer la publication qui lui était demandée, et ferait traduire en anglais le nouveau tarif français.

M. Monk ayant demandé si le Gouvernement pouvait communiquer à la Chambre des communes le « tarif à discuter, » c'est-à-dire les demandes présentées par les négociateurs français, sir Charles Dilke a répondu que les Commissaires anglais n'y auraient point vu d'inconvénient, mais qu'ils avaient déjà consulté, sur ce point, leurs collègues de France, et que ceux-ci avaient fait observer que, les négociations n'étant pas terminées, mais seulement suspendues, les protocoles de la Conférence, ainsi que le projet de tarif conventionnel, devaient rester confidentiels.

Veuillez agréer, etc.

CHALLEMEL LACOUR.

<hr>

N° 24.

M. le Comte D'AUNAY, chargé d'affaires de France à Londres,

à M. BARTHÉLEMY-SAINT HILAIRE, Ministre des Affaires étrangères.

Londres, 15 juillet 1881.

Monsieur le Ministre, hier, à la Chambre des communes, le vicomte Sandon a demandé au Premier Ministre si le « tarif à discuter », qui sert de base aux négociations actuellement pendantes entre la France et l'Angleterre, pourrait être communiqué avant la fin de la session ; si l'on en donnerait connaissance aux *Trade-Unions*, ainsi qu'on l'avait fait à l'égard des chambres de commerce ; enfin, s'il serait possible de savoir pour combien de temps le traité serait conclu, et comment il pourrait être dénoncé.

M. Gladstone a répondu que le « tarif à discuter » était un document confidentiel dont le Gouvernement de Sa Majesté ne saurait disposer sans l'agrément de la France. » C'est là, a-t-il dit, « une première difficulté qui s'oppose « à sa publication ; mais il en est une autre encore plus grave : le « tarif à dis-

« cuter » est simplement une base de négociations, qui peut être modifiée et
« qui a déjà subi des changements importants. Je craindrais, « a-t-il ajouté »
« qu'en le communiquant, on ne trompât l'opinion publique qui pourrait y voir
« autre chose que ce qu'il renferme en réalité.

« On n'en a pas donné officiellement connaissance aux Chambres de com-
« merce ; mais les représentants de diverses industries ont reçu des Commis-
« saires royaux les communications nécessaires pour leur permettre de donner
« leur avis sur les points soumis à la discussion ; nos négociateurs ne veulent
« prendre aucune décision sans avoir consulté les intéressés.

« Les négociations ne sont pas assez avancées pour qu'on puisse déterminer
« le nombre précis d'années que devra durer le traité. »

M. Gladstone pense que les deux Parties contractantes devraient avoir la
faculté de dénoncer le traité un an d'avance, mais cela seulement après
l'expiration de la période pour laquelle il aurait été conclu : sinon, suivant
lui, on s'exposerait à faire naître des discussions et des difficultés de toutes
sortes.

Veuillez agréer, etc.

D'AUNAY.

N° 25.

M. le Comte D'AUNAY, Chargé d'affaires de France à Londres,

à M. BARTHÉLEMY-SAINT HILAIRE, Ministre des Affaires étrangères.

Londres, 20 juillet 1881.

Monsieur le Ministre, M. Jackson a demandé à sir Charles Dilke, hier, à
la Chambre des communes, premièrement, s'il était vrai que les négociations
entamées avec la France pour la conclusion du traité de commerce eussent
été poursuivies et que le Gouvernement anglais eût admis sans contestation le
principe des droits spécifiques ; et deuxièmement, s'il lui serait possible, pour
faire cesser l'anxiété qui règne en Angleterre, de déclarer que le Gouvernement
de Sa Majesté refusera de conclure avec la France tout traité qui élèverait les
droits existants.

Le Sous-Secrétaire d'État aux Affaires étrangères a répondu qu'aucun pour-
parler n'avait eu lieu depuis que les Commissaires français avaient quitté
Londres ; que, par conséquent, les deux Gouvernements n'avaient pu modifier
l'opinion émise respectivement par eux, dès le début des négociations, au su-
t des droits spécifiques. « Mais il me serait impossible, a-t-il dit, de faire la

« déclaration que l'on me demande. Il pourrait être, en effet, du devoir du
« Gouvernement de la Reine de consentir à signer un traité qui élèverait cer-
« tains droits et en abaisserait d'autres, sur les articles les plus importants du
« commerce anglais par exemple. »

Il a ajouté qu'en principe, le Cabinet n'avait élevé aucune objection contre
les droits spécifiques, qui sont admis par la plupart des nations européennes ;
mais que, pour les cotons et les laines, le Gouvernement avait toujours été
d'avis qu'il serait difficile, sinon impossible, d'établir des droits spécifiques
représentant exactement les taxes à la valeur.

Veuillez agréer, etc.

D'AUNAY.

N° 26.

M. le Comte DE CHOISEUL, Sous-Secrétaire d'État au Département
des Affaires étrangères,

à M. le Comte D'AUNAY, Chargé d'affaires de France à Londres.

Paris, 22 juillet 1881.

Monsieur, je vous prie de vouloir bien adresser à M. le Ministre des Affaires
étrangères de Sa Majesté Britannique la communication suivante :

« Ainsi qu'il résulte du procès-verbal de la seizième séance des conférences
qui ont eu lieu à Londres, en vue de la préparation d'un traité de commerce
entre la France et l'Angleterre, la Commission a suspendu ses travaux le
30 juin dernier, pour laisser à ses membres la faculté d'en référer à leurs
Gouvernements respectifs.

« Le Gouvernement de la République a examiné avec le plus grand soin, et
avec un désir sincère de parvenir à une entente définitive, les observations
que MM. les Commissaires britanniques ont présentées à MM. les Commissaires français. L'étude approfondie à laquelle ces observations ont été soumises devant être prochainement terminée, le Gouvernement de la République
prie le Gouvernement de Sa Majesté de vouloir bien donner les instructions
nécessaires pour que la Commission anglaise puisse reprendre, à Paris, les
négociations relatives au traité de commerce, à l'époque convenue dans la

seizième séance. Je suis chargé, en conséquence, de proposer à Votre Excellence de fixer au 1ᵉʳ août prochain la date de la nouvelle réunion. »

Recevez, etc.

HORACE DE CHOISEUL.

N° 27.

(DÉPÊCHE TÉLÉGRAPHIQUE.)

M. le Comte D'AUNAY, Chargé d'affaires de France à Londres,

à M. BARTHÉLEMY-SAINT HILAIRE, Ministre des Affaires étrangères.

Londres, 23 juillet 1881.

En l'absence de Lord Granville, je viens de remettre à Sir Charles Dilke la communication que vous m'avez chargé de faire, au sujet de la reprise des négociations relatives au traité de commerce.

Le Sous-Secrétaire d'État aux Affaires étrangères m'a répondu : « Il me « paraît impossible que le Gouvernement de la Reine envoie ses Commissaires « à Paris, avant que nous ayons réponse aux observations que nous vous avons « présentées dans la dernière réunion de la Commission. Nous pourrions peut- « être, à la rigueur, charger MM. Crowe et Kennedy de s'aboucher avec les « Commissaires français à Paris et de pressentir vos intentions. Mais, quant à « moi, j'attendrai que vous soyez disposés à faire, sur les cotons et les laines, « des concessions sans lesquelles il n'y a pas de traité possible. » Sir Charles Dilke a fait porter immédiatement la communication de Votre Excellence au Conseil des Ministres qui est réuni en ce moment et m'a promis de me transmettre sans retard la réponse que son Gouvernement croira devoir y faire.

D'AUNAY.

N° 28.

M. CHALLEMEL-LACOUR, Ambassadeur de la République française à Londres,

à M. BARTHÉLEMY-SAINT HILAIRE, Ministre des Affaires étrangères.

Londres, 25 juillet 1881.

Monsieur le Ministre, j'ai l'honneur d'envoyer ci-joint à Votre Excellence la copie de la dépêche que lord Granville a écrite, en réponse à la communication que M. d'Aunay a été chargé de transmettre, le 22 de ce mois, au Gouvernement anglais, pour l'inviter à reprendre à Paris la négociation du traité de commerce.

La dépêche du Principal Secrétaire d'État m'est parvenue à l'instant seulement.

Veuillez agréer, etc.

CHALLEMEL-LACOUR.

ANNEXE.

M. le Comte GRANVILLE, Principal Secrétaire d'État de Sa Majesté Britannique pour les Affaires étrangères,

à M. le Comte D'AUNAY, Chargé d'affaires de France à Londres.

(TRADUCTION.)

Foreign Office, 23 juillet 1880.

Monsieur le Comte,

J'ai l'honneur de vous accuser réception de votre note en date de ce jour, me faisant savoir que le Gouvernement français a presque terminé l'examen des propositions faites par les Commissaires britanniques au sujet d'un nouveau tarif conventionnel et invitant les Commissaires à se réunir à Paris, le 1er août prochain.

Le Gouvernement de Sa Majesté Britannique regrette de n'avoir pas trouvé dans l'invitation qui lui est aujourd'hui adressée l'indication qu'il s'attendait à recevoir du résultat de l'examen, de la part du Gouvernement français, des propositions des Commissaires britanniques.

Le Gouvernement de Sa Majesté Britannique ne désire nullement prendre des mesures quelconques qui pourraient tendre à retarder ou à entraver, en aucune manière, la conclusion d'un traité satisfaisant; mais, vu la divergence d'opinions dont l'existence est constatée par les procès-verbaux des Conférences, et les espérances et les discussions que ferait probablement naître une mesure telle que le transfert à Paris du siège des négociations, le Gouvernement de Sa Majesté Britannique pense que le succès de ces négociations serait plutôt mis en péril que favorisé par la nouvelle convocation des Commissaires, sans une entente générale et préalable sur la question de savoir jusqu'à quel point le Gouvernement de la République française pourrait répondre aux vues exprimées par les Représentants du Gouvernement britannique.

En conséquence, le Gouvernement de Sa Majesté Britannique espère que le Gouvernement français sera en mesure, dès qu'il aura terminé l'enquête suivie par lui, de donner au Gouvernement britannique l'assurance formelle que ses propositions ont été favorablement accueillies.

J'ai l'honneur, etc.

GRANVILLE.

N° 29.

M. le Comte Horace DE CHOISEUL, Sous-Secrétaire d'État au Département des Affaires étrangères,

à M. CHALLEMEL-LACOUR, Ambassadeur de la République française à Londres.

Paris, 26 juillet 1881.

Monsieur, ainsi que j'ai eu l'honneur de vous l'annoncer par mon télégramme de ce matin, je m'empresse de vous transmettre ci-joint copie de la note qui vient de m'être remise par M. le Ministre du Commerce, relativement aux demandes de réduction que les Commissaires anglais ont présentées, sous forme de relevé général, dans la dernière conférence de Londres.

En m'adressant ce document, M. Tirard ajoute que les dégrèvements qui s'y trouvent indiqués représentent l'extrême limite des concessions que nous puissions faire.

Je vous laisse, d'ailleurs, le soin d'apprécier sous quelle forme et dans quelle mesure la communication de cette note pourrait être faite au Gouvernement anglais suivant la demande exprimée par sir Charles Dilke, dans la seizième séance, au moment de l'ajournement des conférences.

Agréez, etc.

Horace DE CHOISEUL.

P. S. Je reçois, avec votre lettre en date d'hier, la réponse que lord Granville a faite, le 23 juillet, à M. le comte d'Aunay : nous nous plaisons à espérer que le Principal Secrétaire d'État trouvera, dans les renseignements dont vous aurez jugé opportun de lui donner communication, les éléments d'une entente définitive.

N° 30.

MEMORANDUM

remis par M. CHALLEMEL-LACOUR, Ambassadeur de la République française à Londres,

à sir Charles DILKE, Sous-Secrétaire d'État de Sa Majesté Britannique pour les Affaires étrangères.

Londres, 27 juillet 1881.

(PERSONNEL ET CONFIDENTIEL.)

LAINAGES. — *Fils.* Les Commissaires anglais ont proposé :

1° De supprimer la distinction faite entre les fils cardés et les fils peignés;

2° De réduire les droits actuels de 25 p. o/o à la mise en vigueur du traité et de 25 p. o/o deux ans plus tard, en tout de 50 p. o/o.

La première de ces demandes est en opposition avec la nature des choses. On a expliqué, dans les Conférences, que la fabrication des fils cardés était sensiblement plus coûteuse que celle des fils peignés de numéros correspondants et même de numéros supérieurs. De nouvelles informations ayant confirmé l'exactitude des renseignements fournis à cet égard par les Délégués français, il ne paraît pas possible, après le vote du Parlement, de renoncer à cette distinction. Il n'est pas possible, non plus, de diminuer de 50 p. o/o des droits qui, en moyenne, représentent à peine 9 à 10 p. o/o de la valeur. Mais on admettrait, sur toute la série des fils de laine, une réduction de 20 p. o/o applicable dès la mise en vigueur du traité. On consentirait également à ramener de 30 p. o/o à 20 p. o/o le supplément afférent au retordage. Cela constituerait, pour les fils retors, une diminution totale de plus de 30 p. o/o, outre les 24 p. o/o retranchés du tarif général. Il est à noter que les industriels anglais ne fournissent guère à la France que des fils de cette sorte.

Tissus. Ne pouvant pas admettre le rétablissement des droits à la valeur, on pourrait adhérer, sur la quotité des taxes, aux modifications ci-après :

PURE LAINE.

Moire..		50ᶠ au lieu de	60ᶠ
Tissus	de 400 grammes au plus................	140	170
	de 401 à 550 grammes..................	123	150
	de plus de 550 grammes................	106	130
Tapis	moquette bouclée......................	45	60
	moquette veloutée.....................	55	80
	à la Jacquard.........................	80	100
Couvertures....................................		55	70

8.

MÉLANGÉS.

Tissus		au lieu de
de 200 grammes au plus	140ᶠ au lieu de	170ᶠ
de 201 à 300 grammes	115	140
de 301 à 400 grammes	90	110
de 401 à 550 grammes	65	80
de 551 à 700 grammes	50	60
de plus de 700 grammes	33	40

Ces modifications, ajoutées à l'abandon des 24 p. o/o, assureraient à la grande industrie anglaise des lainages une réduction de plus de 40 p. o/o sur les chiffres du tarif général.

Cotons. — *Fils.* Il ne paraît pas possible, pour les filés, d'accepter la proposition qui nous est faite de descendre de 10 p. o/o au-dessous des droits établis en 1860. Mais nous sommes disposés à renoncer au supplément de droits inscrit à notre nouveau tarif à l'égard des filés teints en rouge d'Andrinople, et à réduire de 30 p. o/o à 20 p. o/o la taxe complémentaire applicable au retordage. Le Gouvernement français ne refusera pas, d'ailleurs, de rectifier la tare légale des récipients employés au transport des fils de coton de toute sorte, si elle est reconnue inférieure à la réalité.

Tissus. Parmi les propositions anglaises, il en est plusieurs portant sur des spécialités que la Grande-Bretagne ne nous fournit pas, ou ne nous fournit qu'en quantités insignifiantes, relativement aux provenances d'autres pays. Tel est le cas pour les couvertures, les broderies, la rubanerie et la passementerie.

Toiles écrues. Comparés aux droits spécifiques du tarif conventionnel, ceux du nouveau tarif présentent certaines augmentations applicables aux tissus de 31 à 35 fils de 11 kilogrammes et plus, aux tissus de 35 fils ou moins de 7 à 11 kilogrammes, enfin aux divers tissus de 3 à 5 kilogrammes. On reconnaît que ces augmentations ne sont pas compensées par les diminutions afférentes aux étoffes de 5 à 7 kilogrammes. Nous sommes, pour ces produits, en face d'une concurrence fort pressante, venant, pour une forte part, de l'Allemagne et de la Suisse. Néanmoins, pour ne pas refuser aux Anglais toute satisfaction sur une de leurs industries les plus importantes, on réduirait tous les droits dont la quotité a été augmentée. Cette réduction serait de 10 p. o/o sur les tissus de 11 kilogrammes et plus, ou de 7 à 11 kilogrammes, et de 20 p. o/o sur ceux de 3 à 5 kilogrammes. Conformément aux indications des Commissaires britanniques, on laisserait en dehors du traité les tissus de moins de 3 kilogrammes aux 100 mètres carrés.

Tissus teints. Pour les tissus teints en pièces, on renoncerait à la disposition spéciale au rouge d'Andrinople, et, pour les tissus fabriqués avec des fils préalablement teints, le droit de l'écru serait augmenté seulement de 5o francs, au lieu de 6o francs.

Tissus imprimés. C'est l'un des principaux aliments des envois britanniques sur le marché français; les exportateurs trouveraient un premier allégement dans la réduction à laquelle nous consentons pour les tissus de 11 kilogrammes et plus. On renoncerait, en outre, à tout supplément pour les impressions faites sur tissus teints en rouge d'Andrinople, et au lieu d'appli - quer, pour le travail de l'impression, des compléments de 3, 5 et 8 centi- mètres par mètre, selon le nombre de couleurs, on descendrait à 2, 4 et 7 centimes et demi.

Velours. Le tarif des velours ayant été calculé proportionnellement à celui des toiles de coton de poids correspondant, le droit des cords ou moleskins, comme celui des tissus de 11 kilogrammes et plus, de 31 à 35 fils, serait ramené de 8o à 72 francs. Le régime des velvets intéresse surtout l'Alle- magne, qui en livre beaucoup plus que l'Angleterre.

Guipures pour ameublements. Si l'on peut rencontrer une définition exacte qui permette de les distinguer sûrement des autres, on en fera l'objet d'une classe distincte à droit réduit.

Couvertures. Le droit serait abaissé de 55 francs à 5o francs.

Tulles. Nous accepterions le droit unique de 4oo francs, à la place des deux taxes de 4oo francs et de 562 francs.

Métallurgie. Le nouveau tarif général a déjà diminué plusieurs des droits consacrés par le traité de 186o : il a fait disparaître la surtaxe de 75 centimes par 1oo kilogrammes appliquée aux fontes mazées; il a réduit de 9 francs à 6 francs le droit des rails d'acier, de 8 fr. 25 cent. à 8 francs celui des tôles découpées de plus d'un millimètre d'épaisseur, de 11 fr. 25 cent. à 9 francs et 9 fr. 9o cent. celui des tôles brunes. De plus, selon l'ouverture que les Commissaires français en ont faite, *ad referendum,* dans les conférences de Londres, on descendrait, pour les fontes de toute sorte, de 2 francs à 1 fr. 5o cent.; pour les fers en barre, de 6 francs à 5 francs. On examinera si certains des dérivés de la fonte et du fer, en dehors de ceux qui nous viennent généralement d'ailleurs que d'Angleterre, ne pourront pas subir une réduc- tion correspondante.

N° 31.

M. Challemel-Lacour, Ambassadeur de la République française à
Londres,

à M. Barthélemy-Saint Hilaire, Ministre des Affaires étrangères.

Londres, 28 juillet 1881.

Monsieur le Ministre, après avoir reçu la réponse du Gouvernement anglais
à l'invitation que vous lui avez adressée de reprendre à Paris les négociations
relatives au traité de commerce, j'ai saisi la première occasion de voir sir
Charles Dilke et de lui faire observer que cette réponse était peu conforme à
ce qui avait été implicitement, mais très clairement, convenu dans la dernière
conférence. L'invitation que j'avais été chargé de formuler avait été, en effet,
acceptée par tout le monde et, en particulier, par sir Charles Dilke lui-même,
avec une sorte d'empressement. La question de la date avait été immédiatement
posée, et j'avais indiqué les derniers jours du mois de juillet. Sir Rivers Wilson
avait, il est vrai, exprimé l'idée qu'il pourrait être utile à la marche des négociations de connaître d'avance les réponses que le Gouvernement français
serait disposé à faire aux demandes anglaises. Mais il n'était entré dans la
pensée de personne de considérer cette communication « confidentielle et
verbale » comme une condition de la reprise des négociations. Sir Charles
Dilke n'a pas hésité à reconnaître la parfaite exactitude de cette observation.
Il n'a pas cru toutefois qu'il lui fût possible, quant à lui, de se rendre à
Paris avant de savoir à quoi s'en tenir sur les dispositions du Gouvernement
français. C'est pourquoi, en transmettant, en l'absence de lord Granville,
notre invitation au Cabinet, il avait proposé : soit d'envoyer à Paris, pour y
continuer les pourparlers, MM. Crowe et Kennedy ; soit d'attendre que le
Gouvernement se fût expliqué sur l'ensemble des demandes anglaises.
M. Gladstone avait cru bon de prendre le second parti. Sir Charles Dilke m'a
renouvelé, à cette occasion, ses protestations habituelles du désir qu'il aurait
de voir conclure un traité, mais en ajoutant, comme toujours, qu'il le souhai-
tait plus qu'il ne l'espérait, et qu'il le regardait comme à peu près impossible.

Puisque c'était M. Gladstone qui avait suggéré la réponse qui nous a été
faite, j'ai pensé qu'il était bon de le voir. Dans l'entretien prolongé que j'ai
eu ce matin avec lui, il m'a dit que l'Angleterre avait été froissée du succès
inattendu des protectionnistes en France et de l'esprit dont témoignait le nouveau tarif. L'opinion vraie de l'Angleterre serait, selon lui, beaucoup plus opposée que favorable à la conclusion d'un nouveau traité, si ce traité devait
être moins libéral que celui de 1860. Quant à la reprise des négociations à

Paris, ce changement de lieu constituait, m'a-t-il dit, une démarche *nouvelle et considérable,* qui ne manquerait pas de provoquer des interpellations à la Chambre des communes, dont il faudrait rendre raison et qu'on ne pourrait justifier que si l'on avait et si l'on était en mesure de donner au pays l'assurance d'aboutir à un résultat favorable. J'ai fait observer à M. Gladstone qu'au moment d'entrer en négociations, il nous avait suffi de comprendre que le Gouvernement anglais désirait qu'elles s'ouvrissent à Londres pour nous prêter à ses convenances, et j'ai ajouté que, si l'on était disposé à reprendre ces négociations, je ne pouvais m'expliquer en quoi le choix de Paris pouvait soulever une objection ; il n'en avait du moins rencontré aucune de la part des Commissaires anglais, lorsqu'il avait été proposé par moi dans notre dernière conférence. Quant à la certitude de réussir, j'ignorais s'il y avait un moyen de la procurer avant de négocier ; mais ce que je pouvais dire, c'est que le Gouvernement français était disposé à tenir grand compte des demandes anglaises et à y donner satisfaction dans la mesure du possible.

En résumé, à l'heure qu'il est, l'acceptation du Gouvernement anglais est douteuse. Dans tous les cas, il ne faut plus compter sur la réunion des Commissaires à Paris pour le 1er août.

Veuillez agréer, etc.

CHALLEMEL-LACOUR.

N° 32.

M. CHALLEMEL-LACOUR, Ambassadeur de la République française à Londres,

à M. BARTHÉLEMY-SAINT HILAIRE, Ministre des Affaires étrangères.

Londres, 30 juillet 1881.

Monsieur le Ministre, j'ai remis au Sous-Secrétaire d'État des Affaires étrangères, à titre personnel et confidentiel, un exposé sommaire, mais précis, des concessions auxquelles le Gouvernement français se déciderait à consentir.

D'après le désir qui nous avait été exprimé par les Commissaires anglais dans la dernière conférence et aux termes de la promesse que nous avions faite d'y donner satisfaction, il nous suffisait d'indiquer les dispositions dans lesquelles le Gouvernement français était prêt à reprendre les négociations, et c'est ce que j'ai fait. Le Cabinet de Londres n'a pas été insensible à cette communication, et je sais, sans en être encore informé officiellement, que, loin de persister dans son refus de se rendre à l'invitation que nous lui avons adressée, il reconnaît aujourd'hui qu'il n'est pas impossible de s'entendre et consent à reprendre, non pas immédiatement, mais dans un délai assez prochain et qu'il nous laisse le soin d'indiquer, les négociations à Paris. Il lui paraîtrait seulement qu'il serait peut-être indispensable qu'en reprenant des négociations qui peuvent se prolonger, il reçût, afin de pouvoir donner satisfaction au commerce anglais, l'assurance qu'il sera admis à profiter du bénéfice de la loi de prorogation. C'est ce que vient de me faire savoir sir Charles Dilke; il m'a annoncé en même temps que lord Granville était chargé de m'adresser, soit aujourd'hui, soit lundi prochain, une lettre dans ce sens.

J'ai cru comprendre que, sans vouloir nous proposer une date pour la reprise des conférences, le Gouvernement anglais ne pensait pas qu'elle pût avoir lieu avant la fin de la session; il m'a semblé également que sir Charles Dilke ne désirait pas être obligé de se rendre à Paris avant cette date, c'est-à-dire avant le 22 courant. Comme il est évidemment à désirer, pour plusieurs raisons, que les négociations recommencent dans le plus bref délai possible, j'ai cru pouvoir proposer le 22 août. Sir Charles Dilke m'a demandé si, les élections ayant lieu le 21, cette circonstance n'était pas de nature à provoquer, de votre part, quelque difficulté sur cette date. Je n'ai pas hésité à lui répondre que je ne le pensais pas et qu'au contraire, la difficulté de reprendre les négociations serait d'autant plus grande que la date en serait plus reculée et qu'on se trouverait plus près de l'époque de la réunion de la nouvelle Chambre. Quant à la prorogation, je lui ai dit qu'il me serait difficile de donner, avant d'y être autorisé, l'assurance qui m'était demandée. Mais j'ai ajouté que, si le Gouvernement anglais était effectivement convaincu, comme il voulait bien me le dire, qu'en raison des importantes concessions consenties par le Gouvernement français, il y avait désormais chance de s'entendre, et si les négociations reprises à Paris sous cette impression ne tardaient pas à la confirmer, nous nous trouverions dans les conditions prévues par la loi de prorogation, et vous ne feriez aucune difficulté d'en assurer le bénéfice au Gouvernement anglais.

Veuillez agréer, etc.

CHALLEMEL-LACOUR.

P. S. Je reçois à l'instant la lettre de lord Granville. Elle implique, comme je vous le disais, le consentement du Cabinet à la reprise des négociations, sans indiquer aucune date; elle formule l'objection tirée des élections et demande si, ces négociations devant prendre un certain temps, il ne vous paraîtrait pas convenable de prolonger, dès aujourd'hui, par une déclaration formelle, pour une période de trois mois, les traités existants.

ANNEXE.

M. le Comte GRANVILLE, Principal Secrétaire d'État de Sa Majesté Britannique pour les Affaires étrangères,

à M. CHALLEMEL-LACOUR, Ambassadeur de la République française à Londres.

(TRADUCTION.)

Foreign Office, 30 juillet 1881.

Monsieur l'Ambassadeur,

Le Gouvernement de Sa Majesté Britannique a examiné la communication personnelle et confidentielle de Votre Excellence, contenant les détails des réductions que le Gouvernement de la République française est disposé à proposer sur les taux des droits présentés dans le projet de tarif conventionnel, en ce qui concerne les métaux et les fils et tissus de laine et de coton.

Les chiffres proposés paraissent démontrer le désir du Gouvernement français d'arriver à une entente, et, par conséquent, justifient la continuation par le Gouvernement de Sa Majesté Britannique des négociations actuelles. Mais les concessions déjà offertes, et les concessions analogues qu'on peut prévoir sur d'autres articles, ne paraissent aucunement de nature à rendre probable la prompte conclusion d'un traité.

En conséquence, j'ai l'honneur de soumettre à la considération de Votre Excellence la question de savoir s'il serait dans les vues du Gouvernement de la République française de poursuivre les négociations à une époque où, en raison des élections, il y aura probablement un mouvement politique considérable, ou bien s'il ne serait pas préférable de proroger par déclaration les traités en vigueur pendant un nouveau délai de trois mois et de fixer une date plus convenable pour la reprise des négociations.

J'ai l'honneur, etc.

Pour Lord Granville,

Charles W. DILKE.

N° 33.

M. BARTHÉLEMY-SAINT HILAIRE, Ministre des Affaires étrangères,

à M. CHALLEMEL-LACOUR, Ambassadeur de la République française à Londres.

(DÉPÊCHE TÉLÉGRAPHIQUE.)

Paris, 31 juillet 1881.

Je ne puis, en ce qui me concerne, qu'approuver votre réponse aux ouvertures officieuses que sir Charles Dilke vous a faites, au sujet de la reprise de nos négociations commerciales. Je ne verrais pas, en effet, d'inconvénient, à défaut d'une date plus rapprochée, à accepter celle du 22 août. Ainsi que vous l'avez fait remarquer, le Gouvernement de la République ne ferait pas difficulté d'assurer au Gouvernement anglais le bénéfice de la loi de prorogation sous la réserve : 1° que le Cabinet de Londres reconnaîtrait que, en raison des importantes concessions consenties par nous, il y a des chances sérieuses de s'entendre; 2° que les négociations reprises à Paris ne tarderaient pas à confirmer cette impression.

Quant à la lettre de lord Granville, les termes ne m'en semblent pas concorder exactement avec les ouvertures de sir Charles Dilke. Il me paraît que les propositions qui s'y trouvent contenues s'écartent trop des conditions exigées par la loi de prorogation, pour qu'il me soit possible d'y répondre, en l'absence de M. Tirard, dont je me réserve de prendre l'avis, demain, à son retour.

BARTHÉLEMY-SAINT HILAIRE.

N° 34.

M. BARTHÉLEMY-SAINT HILAIRE, Ministre des Affaires étrangères,

à M. CHALLEMEL-LACOUR, Ambassadeur de la République française, à Londres.

(DÉPÊCHE TÉLÉGRAPHIQUE.)

Paris, 1er août 1880.

Monsieur, d'après la réponse que j'ai reçue de M. Tirard, je m'empresse de vous faire savoir que nous ne pouvons accepter la proposition de lord Granville qui consisterait à proroger pour trois mois les traités existants et à fixer en même temps la date de la reprise des négociations. La loi autorisant le Gouvernement français à proroger les traités de commerce n'a été votée que sous la condition expresse de l'appliquer seulement, en cas de nécessité, aux États qui auraient déjà signé avec la France de nouvelles conventions ou qui seraient engagés avec nous dans des négociations dont la solution favorable ne serait pas douteuse. Nous ne nous trouvons pas, envers l'Angleterre, dans la situation prévue par la loi de prorogation, qu'il nous est impossible de modifier : il importe que le Gouvernement anglais s'en rende exactement compte, car la lettre de lord Granville laisse entrevoir la pensée de recourir à des moyens dilatoires auxquels le Gouvernement français ne saurait se prêter.

Nous sommes donc obligés de maintenir les réserves que vous aviez vous-même indiquées à sir Charles Dilke et dont j'ai approuvé les termes par mon télégramme en date d'hier.

Agréez, etc.

BARTHÉLEMY-SAINT HILAIRE.

N° 35.

M. CHALLEMEL-LACOUR, Ambassadeur de la République française à Londres.

à M. BARTHÉLEMY-SAINT HILAIRE, Ministre des Affaires étrangères.

Londres, 3 août 1881.

Monsieur le Ministre, j'ai l'honneur de vous envoyer ci-joint copie de la lettre que j'ai adressée, le 1er août, à lord Granville, en réponse à la lettre qu'il m'avait écrite le 30 juillet. Je vous envoie aujourd'hui sa réponse, dont mon télégramme d'hier vous a fait connaître la substance et la conclusion. Cette réponse a été décidée hier en Conseil du Cabinet, à la suite d'une longue discussion, et la rédaction en a été confiée à un comité désigné tout exprès.

Il y est déclaré que, malgré les abaissements indiqués dans la note que j'ai remise à sir Charles Dilke, les droits relatifs aux cotonnades et aux lainages sont encore fort supérieurs aux droits actuels et tels que la conclusion d'un traité demeure extrêmement douteuse.

Le Gouvernement anglais demande que vous déclariez que ces droits pourront être de nouveau revisés, sans s'expliquer d'ailleurs sur les réductions dont il se contenterait. Il estime que, dans le cas où vous consentiriez à faire cette déclaration, vous pourriez en même temps accorder la prorogation de trois mois qu'il réclame. Cela semble signifier que cette déclaration de la possibilité d'une revision nouvelle, quelque généraux qu'en fussent les termes, assurerait, dans sa pensée, la conclusion du traité.

Je vous prie de me faire savoir, sans aucun retard, l'accueil que, d'accord avec M. le Ministre du Commerce, vous aurez jugé bon de faire à cette nouvelle demande.

Veuillez agréer, etc.

CHALLEMEL-LACOUR.

M. Challemel-Lacour, Ambassadeur de la République française à Londres,

à M. le comte Granville, Secrétaire d'État de Sa Majesté Britannique pour les Affaires étrangères.

Londres, 1er août 1881.

Mon cher lord Granville,

Vous avez bien voulu me faire savoir, par votre lettre du 30 juillet, qu'après avoir examiné la note confidentielle que j'ai remise le 29 à sir Charles Dilke, le Gouvernement de Sa Majesté, appréciant la valeur des abaissements de droits sur divers produits importants qui s'y trouvent indiqués, était disposé à continuer les négociations commerciales commencées à Londres.

Vous me faites observer qu'il ne peut manquer de s'écouler un certain temps avant d'arriver à la conclusion d'un traité, et vous me demandez s'il conviendrait au Gouvernement de la République de reprendre les négociations au moment où les élections générales vont absorber, pendant quelques semaines, l'activité politique du pays. Je ne vois, et mon Gouvernement ne verra, j'en suis sûr, aucun obstacle à ce que les négociations soient reprises le plus tôt possible. La période électorale sera close le 21 de ce mois. Le Parlement anglais aura, paraît-il, atteint, vers le même temps, le terme de ses travaux. Mon Gouvernement pense que les négociations pourraient être reprises utilement à Paris à cette époque, et je vous proposerai le lundi 22 août. Sir Charles Dilke a bien voulu m'indiquer lui-même cette date, comme lui paraissant la plus convenable à divers égards.

Quant à la prorogation des traités existants, pour une période de trois mois, je reconnais bien volontiers qu'il y aurait avantage à donner le plus tôt possible au commerce cette sécurité; mais Votre Seigneurie n'ignore pas que le Gouvernement français n'est pas libre à cet égard. Il résulte, en effet, de l'exposé des motifs de la loi votée par les Chambres, ainsi que des déclarations qui ont été faites à la tribune dans les deux Chambres, lors de la discussion de cette loi, que la prorogation ne saurait s'appliquer qu'aux Puissances avec lesquelles nous serons parvenus à signer de nouveaux traités, ou avec lesquelles nous serons engagés dans des négociations dont la solution favorable ne paraîtrait pas douteuse. Du moment où les négociations auront été reprises et où l'espérance d'arriver à s'entendre, exprimée dans la lettre de Votre Seigneurie, aurait reçu des premières séances de la Commission une confirmation sérieuse, le Gouvernement de la République ne se refuserait certainement pas à la déclaration qui lui est demandée. Il y a là, si je ne me trompe, un argument de grand poids pour hâter, dans l'intérêt du commerce des deux Pays, la reprise des négociations.

Je vous prie, etc.

CHALLEMEL-LACOUR.

2ᵉ ANNEXE.

M. le comte GRANVILLE, Principal Secrétaire d'État de Sa Majesté Britannique pour les Affaires étrangères,

à M. CHALLEMEL-LACOUR, Ambassadeur de la République française à Londres.

(TRADUCTION.)

Foreign Office, 2 août 1881.

Cher Monsieur Challemel-Lacour,

J'ai l'honneur d'accuser réception de la note de Votre Excellence en date d'hier, contenant de nouvelles explications au sujet de la reprise proposée des négociations commerciales à Paris.

Votre Excellence constate que le Gouvernement de Sa Majesté Britannique apprécie toute la valeur de la diminution des droits indiquée dans le document que vous avez communiqué à sir Charles Dilke, le 29 du mois dernier.

Je me permettrai toutefois de faire remarquer à Votre Excellence que si, d'un côté, en ce qui concerne les fers et les aciers, le document en question démontre la possibilité de réaliser un arrangement satisfaisant, d'un autre côté, en ce qui concerne les cotons et les laines, les taux des droits proposés sont considérablement plus élevés que les droits actuels et de nature à rendre fort douteuse la conclusion d'un traité.

Si Votre Excellence se trouvait en mesure d'affirmer que ces propositions ne doivent pas être considérées comme définitives et qu'elles peuvent être soumises à une nouvelle revision, le Gouvernement de Sa Majesté Britannique pourrait donner une assurance qui mettrait le Gouvernement français à même d'accorder la prorogation de trois mois que le Gouvernement de Sa Majesté Britannique considère comme le préliminaire indispensable de la reprise des négociations.

Dans ce cas, les Commissaires de Sa Majesté Britannique seraient tout disposés à se réunir avec les Hauts Commissaires français, à Paris, le 22 de ce mois.

J'ai l'honneur, etc.

GRANVILLE.

N° 36.

M. CHALLEMEL-LACOUR, Ambassadeur de la République française à Londres,

à M. le Comte GRANVILLE, Principal Secrétaire d'État de Sa Majesté Britannique pour les Affaires étrangères.

Londres, 4 août 1881.

Mon cher lord Granville,

J'ai reçu la lettre, en date du 2 août, par laquelle vous me faites savoir que les réductions des droits afférents aux lainages et aux cotonnades ne vous paraissent pas suffisantes et que, par conséquent, la possibilité d'arriver à la conclusion d'un traité demeurait douteuse.

Je ferai remarquer d'abord à Votre Seigneurie qu'une telle déclaration est difficilement conciliable avec la demande de prorogation que vous renouvelez dans votre lettre. Aux termes des explications qui ont précédé le vote de la loi par les Chambres, la prorogation implique, avant tout, la certitude d'arriver à une entente.

Vous ajoutez, il est vrai, que, si j'étais en mesure de déclarer que les propositions faites par mon Gouvernement ne sont pas définitives et qu'elles pourront être soumises à une nouvelle revision, le Gouvernement de Sa Majesté pourrait alors nous donner des assurances qui nous permettaient de consentir dès à présent à la prorogation de trois mois qu'il considère comme une condition nécessaire à la reprise des négociations.

Je n'ai pas à insister, pour le moment, sur la valeur, en ce qui concerne les lainages et les cotonnades, aussi bien qu'en ce qui concerne les fers et les fontes, des concessions auxquelles mon Gouvernement est prêt à consentir et dont Votre Seigneurie m'avait paru, dans sa lettre du 3o juillet, mieux disposée à reconnaître l'importance. Je me contenterai de rappeler que le Gouvernement de la République, sans se laisser décourager par aucune circonstance, a multiplié les témoignages de son désir d'arriver à une entente. Il en donne actuellement une nouvelle preuve en consentant à faire des concessions qu'il considère comme très importantes, afin de faciliter une prochaine reprise des négociations. Le Gouvernement de Sa Majesté ne saurait avoir, j'en suis convaincu, la pensée d'exiger et d'obtenir de nous, avant de consentir à reprendre les négociations, une déclaration dont les termes généraux sembleraient l'autoriser à tout espérer et à tout demander. Une déclaration de ce genre ne pourrait être qu'une nouvelle source de difficultés. Elle est, au surplus, complètement inutile. Le Gouvernement français n'a pas la prétention de présenter ses propositions comme un *ultimatum*. En offrant de reprendre les négociations, il entend évidemment soumettre ses propositions, aussi bien que les demandes anglaises, à une discussion loyale et approfondie.

J'espère, en conséquence, que le Gouvernement de Sa Majesté n'insistera pas sur une déclaration qui n'aurait que des inconvénients, et qu'il jugera le moment venu, soit de donner les assurances dont Votre Seigneurie me parle dans sa lettre et qui autoriseraient mon Gouvernement à céder dès à présent sur la question de la prorogation, soit de reprendre les négociations, sans insister sur une condition incompatible avec les engagements formels que le Gouvernement français a dû prendre devant les Chambres.

Veuillez, etc.

CHALLEMEL-LACOUR.

N° 37.

M. le Comte GRANVILLE, Principal Secrétaire d'État de Sa Majesté Britannique pour les Affaires étrangères,

à **M. CHALLEMEL-LACOUR**, Ambassadeur de la République française à Londres.

(TRADUCTION.)

Foreign Office, le 6 août 1881.

Monsieur l'Ambassadeur, le Gouvernement de Sa Majesté voit avec satisfaction la nouvelle assurance donnée, dans la note de Votre Excellence en date du 4 courant, du désir qu'a le Gouvernement français d'arriver à une entente sur les questions actuellement discutées, en ce qui concerne les négociations commerciales entre la Grande-Bretagne et la France. Votre Excellence déclare que le Gouvernement français ne présente pas ses propositions comme un *ultimatum*, et qu'en offrant de reprendre les négociations, il a évidemment l'intention de soumettre ces propositions, aussi bien que les demandes anglaises, à une discussion approfondie et loyale.

Votre Excellence termine en exprimant l'espoir qu'à la suite de cette explication, le Gouvernement de Sa Majesté pourra donner une assurance relative à la conclusion d'un traité qui permettra au Gouvernement français d'accéder immédiatement à la demande formulée dans ma note du 2 courant en vue d'une déclaration de prorogation de trois mois, à partir du 8 novembre prochain, des traités de commerce maintenant en vigueur entre la Grande-Bretagne et la France.

Vu les termes de la lettre de Votre Excellence, je puis donner l'assurance que le Gouvernement de Sa Majesté pense qu'un nouveau traité de commerce et de navigation, qui donnera satisfaction aux deux Pays, pourra être conclu dans le cours des présentes négociations; en conséquence, je dois renouveler la demande faite dans ma note du 2 courant, à l'effet d'obtenir la signature immédiate d'une déclaration prorogeant jusqu'au 8 février 1882 les traités existants.

J'ai l'honneur, etc.

GRANVILLE.

N° 38.

M. Challemel-Lacour, Ambassadeur de la République française à Londres,

à M. le Comte Granville, Principal Secrétaire d'État de Sa Majesté Britannique pour les Affaires étrangères.

Londres, 9 août 1881.

Monsieur le Comte, j'attache le plus grand prix aux assurances exprimées dans la lettre que vous m'avez fait l'honneur de m'écrire à la date du 6 août, et je prie Votre Seigneurie d'en recevoir mes remerciements. Après les explications échangées dans les conférences qui ont eu lieu à Londres et après mes récentes communications, il ne saurait plus y avoir d'incertitude sur les dispositions de mon Gouvernement. Sans fermer la porte aux rectifications dont une discussion ultérieure pourrait faire reconnaître la nécessité, il considère les lignes de l'arrangement commercial à intervenir comme désormais fixées, au moins dans ce qu'elles ont d'essentiel. C'est donc avec une véritable satisfaction et avec une sérieuse espérance d'aboutir qu'il accueillera l'assurance qui m'est donnée par Votre Seigneurie, que le Gouvernement de Sa Majesté pense qu'un nouveau traité de commerce, de nature à satisfaire les deux Pays, peut être conclu dans le cours des présentes négociations. Je ne suis pas en mesure de dire si, tout en se félicitant comme moi de cette assurance, le Gouvernement de la République la jugera suffisamment précise pour se croire autorisé à faire la déclaration qui lui est demandée sans déroger aux obligations qui lui ont été imposées par les Chambres. Il aura, en tout cas, à rechercher une formule qui réponde aux conditions exigées par la loi de prorogation.

Je dois faire observer, d'autre part, à Votre Excellence qu'Elle a entièrement laissé de côté, dans sa lettre, la question de la reprise des négociations et qu'il n'y est fait aucune allusion à l'invitation que je lui ai adressée, de la part de mon Gouvernement, de les rouvrir à la date du 22 août. Si le Gouvernement de la République croit pouvoir, par esprit de conciliation, consentir à la prorogation désirée par le Gouvernement de Sa Majesté, il ne saurait admettre que cette mesure ait pour conséquence l'ajournement des négociations. Il pense, au contraire, qu'elle en rendrait la continuation plus nécessaire. La prorogation et la reprise à bref délai des négociations dans un esprit entièrement conforme aux assurances qui m'ont été transmises par Votre Seigneurie sont deux choses, à mes yeux, corrélatives. Les circonstances actuelles paraissent d'ailleurs favorables à plusieurs égards.

Je serai donc reconnaissant à Votre Seigneurie de vouloir bien me faire savoir aussitôt que possible quelles sont, sur ce point, les intentions du Gouvernement de Sa Majesté.

Veuillez, etc.

CHALLEMEL-LACOUR.

N° 39.

M. CHALLEMEL-LACOUR, Ambassadeur de la République française à Londres,

à M. BARTHÉLEMY-SAINT HILAIRE, Ministre des Affaires étrangères.

Londres, 11 août 1881.

Monsieur le Ministre, je m'empresse de vous faire part d'une nouvelle communication du Foreign Office qui modifie encore une fois la situation et qui jette de nouveaux doutes sur la possibilité de s'entendre avec le Cabinet de Londres.

La lettre que j'ai eu l'honneur de vous soumettre et dont vous avez, ainsi que M. le Ministre du Commerce, approuvé les termes, avait pour objet d'amener le Gouvernement anglais à préciser davantage la portée de la déclaration contenue dans la lettre officielle de lord Granville en date du 6 août, à l'aide de laquelle il voulait obtenir la prorogation pour trois mois du traité actuel. Cette explication n'était pas inutile. Vous verrez, en effet, que cette déclaration, formulée en termes si vagues, n'avait aucunement le sens que nous devions naturellement lui attribuer. Il résulte de la réponse de lord Granville, dont vous trouverez la copie ci-jointe, que le Cabinet de Londres, en faisant cette déclaration, se proposait uniquement d'obtenir la prorogation qu'il désire; mais il n'entendait pas dire que les concessions nouvelles faites par le Gouvernement français et dont je lui avais donné communication lui paraissaient être satisfaisantes et fournir la garantie qu'on parviendrait à s'entendre. Au contraire, il nous fait savoir aujourd'hui très nettement que, malgré toutes les concessions déjà faites, nos propositions constituent toujours, aussi bien à l'égard de la classification qu'à l'égard de la quotité des droits, une dérogation au *statu quo* dans un sens rétrograde.

Lord Granville laisse entendre clairement dans sa lettre qu'il n'y a point, selon le Cabinet de Londres, d'arrangement possible si le Gouvernement français ne consent à de sérieuses modifications de ses propositions.

Veuillez agréer, etc.

CHALLEMEL-LACOUR.

ANNEXE

M. le Comte Granville, Principal Secrétaire d'État de Sa Majesté Britannique
pour les Affaires étrangères,

à M. Challemel-Lacour, Ambassadeur de le République française à
Londres.

(traduction.)

Foreign Office, 10 août 1881.

Monsieur l'Ambassadeur, j'ai l'honneur d'accuser réception de la note de Votre Excellence
en date d'hier, relative aux négociations commerciales entre la Grande-Bretagne et la France.
Il est fait allusion, dans cette note, à deux points se rattachant à la prorogation des traités
de commerce existant entre la Grande-Bretagne et la France, savoir : la reprise des négociations et la nature des propositions actuellement faites par le Gouvernement français.

En ce qui concerne le premier point, j'ai fait observer, dans ma note semi-officielle
du 2 de ce mois, que les Commissaires de Sa Majesté Britannique seraient disposés, à de
certaines conditions, à se rendre auprès de la haute Commission française, à Paris, le 22 de
ce mois. Il avait semblé inutile de renouveler cette assurance dans ma note du 6 du mois
courant; mais, un doute s'étant élevé à ce sujet, j'ai l'honneur de vous informer que les Commissaires de Sa Majesté Britannique sont toujours disposés à se rendre, aux mêmes conditions, à Paris, et à adhérer à l'arrangement proposé dans ma note du 2 de ce mois.

Pourtant, en ce qui concerne le deuxième point, je dois exprimer le regret que j'éprouve
de ne pas comprendre complètement l'observation aujourd'hui faite, la rapprochant de
votre note semi-officielle en date du 4 de ce mois.

Votre Excellence dit aujourd'hui : « Sans fermer la porte aux rectifications dont une dis-
« cussion ultérieure pourrait faire reconnaître la nécessité, le Gouvernement français consi-
« dère les lignes de l'arrangement commercial à intervenir comme désormais fixées, au
« moins dans ce qu'elles ont d'essentiel. »

Le 4 de ce mois, Votre Excellence disait : « Le Gouvernement français n'a pas la préten-
« tion de présenter ses propositions comme un *ultimatum*. En offrant de reprendre les né-
« gociations, il entend évidemment soumettre ses propositions, aussi bien que les demandes
« anglaises, à une discussion loyale et approfondie. »

Si l'on doit comprendre que les propositions du Gouvernement français sont aujourd'hui
fixées en ce qui concerne les points essentiels, je ne puis qu'exprimer le profond regret
qu'éprouve le Gouvernement de Sa Majesté Britannique en apprenant ce fait. Le Gouvernement de Sa Majesté Britannique avait compris que Votre Excellence affirmait que les propositions du Gouvernement français, dans leur ensemble, aussi bien que les demandes anglaises, seraient soumises à une discussion loyale et approfondie. Le Gouvernement de Sa
Majesté Britannique se considérerait comme entravé dans les négociations ultérieures, si
les propositions françaises sont censées ne pas être susceptibles de modifications sérieuses.

Le Gouvernement de Sa Majesté Britannique est d'opinion que, même modifiées de la
manière indiquée dans la communication de Votre Excellence en date du 29 du mois dernier, ces propositions constituent, tant en ce qui concerne la classification qu'en ce qui
concerne les taux, une altération considérable du *statu quo* dans un sens rétrograde.

Si ces objections sont admises, le Gouvernement de Sa Majesté Britannique s'attendra naturellement à ce que le Gouvernement français consente à ce que de sérieuses modifications soient apportées à ses propositions.

J'ai l'honneur, etc.

GRANVILLE.

N° 40.

M. CHALLEMEL-LACOUR, Ambassadeur de la République française à Londres,

à M. le Comte GRANVILLE, Principal Secrétaire d'État de Sa Majesté Britannique pour les Affaires étrangères.

Londres, 11 août 1881.

Monsieur le Comte, j'ai reçu hier la lettre que vous m'avez fait l'honneur de m'adresser en réponse à ma communication du 9 août. Votre Excellence y rapproche, comme si elles lui paraissaient présenter quelque contradiction, deux phrases empruntées : l'une à une lettre du 4 courant, l'autre à une lettre officielle du 9. Ces deux passages, loin d'offrir la moindre opposition, sont, au contraire, parfaitement concordants. En effet, Votre Excellence m'exprimait, dans sa lettre particulière du 2 août, le désir que le Gouvernement français voulût bien déclarer que ses dernières propositions, indiquées dans ma note confidentielle à M. le Sous-Secrétaire d'État, ne devraient pas être considérées comme définitives et pourraient être soumises à une nouvelle revision (*to state that these proposals are not to be looked as final, but may be subject to further revision*). Je vous ai fait savoir, dans une lettre particulière du 4, que le Gouvernement français ne pouvait consentir à faire une déclaration de ce genre. En ajoutant, ce qui, d'ailleurs, allait de soi, que mon Gouvernement n'en était pas moins prêt à discuter à fond les propositions et les demandes anglaises, je ne pouvais évidemment avoir la pensée de vous laisser croire que le Gouvernement français entendait que tout pût être remis en question. Le refus de faire la déclaration qui lui était demandée prouve, d'une manière péremptoire, que tel ne pouvait être son sentiment. Il estimait, au contraire, qu'il y avait des points acquis, des propositions sur lesquelles il ne lui était point possible de revenir. Je n'ai pas exprimé une autre pensée en disant, dans ma lettre officielle du 9 août, que, sans écarter toute possibilité de modifications nouvelles, le Gouvernement de la République considérait comme désormais fixées, dans ce qu'elles avaient d'essentiel, les lignes générales du traité de commerce à intervenir.

Il semble que le Gouvernement de Sa Majesté n'ait pu lui-même l'entendre, et ne l'ait pas entendu autrement. Lorsqu'il a demandé d'être assuré, dès aujourd'hui, de la prorogation pour trois mois du traité de commerce actuel, je lui ai fait observer, en termes formels et à plusieurs reprises, notamment dans une lettre particulière à Votre Excellence en date du 4 août, que, pour que le Gouvernement français pût consentir à cette prorogation, il fallait qu'un nouveau traité fût déjà conclu, ou que, du moins, la conclusion n'en pût être douteuse. C'est alors que, dans sa lettre du 6 août, Votre Excellence formula, selon l'offre qu'Elle m'en avait faite spontanément, une déclaration d'après laquelle le Gouvernement de Sa Majesté exprimait la conviction qu'un nouveau traité de commerce et de navigation, également satisfaisant pour les deux Pays, pouvait être conclu dans le cours des présentes négociations. Si peu explicite que fût cette déclaration, le but qu'elle se proposait en détermine la signification assez clairement. On ne voit pas, d'ailleurs, quel sens elle pouvait avoir, si elle ne signifiait que mes dernières communications ne laissaient, selon le Gouvernement de Sa Majesté, subsister aucun doute sur la possibilité d'un arrangement. En nous donnant, comme Elle le disait dans sa lettre du 6 août, une « assurance » qui permît au Gouvernement français de consentir à la prorogation qui lui était demandée, Votre Excellence entendait sans doute exprimer autre chose qu'une espérance vague, une simple possibilité dépendant de concessions nouvelles et indéterminées que le Gouvernement de Sa Majesté se réservait de demander et pensait obtenir.

Sans insister davantage sur un malentendu difficile à expliquer, je ne puis que répéter, en terminant, ce que j'ai eu l'honneur de dire plusieurs fois à Votre Excellence. Le Gouvernement de la République, renouvelant une proposition que MM. les Commissaires anglais avaient acceptée, dans la dernière conférence, sans hésitation et sans conditions, se déclare prêt à reprendre, avec l'esprit de conciliation dont il a donné assez de preuves, les négociations commencées à Londres et à les poursuivre à Paris. Il lui paraît, à la vérité, oiseux d'examiner si ses propositions répondent au *statu quo* ou si elles s'en écartent. Il ne pense pas non plus que les conférences qui ont eu lieu à Londres, que les communications qu'il a faites récemment par mon intermédiaire au Gouvernement de la Reine doivent être tenues pour non avenues, et que tout puisse être remis en question, aussi bien en ce qui concerne la quotité des droits que leur classification. Mais il reste persuadé qu'animé comme lui d'un sincère désir d'arrangement, le Gouvernement de Sa Majesté ne se refusera pas à reprendre les négociations, et qu'une discussion nouvelle peut conduire à une entente que nous 'persistons à considérer comme éminemment désirable.

Veuillez, etc.

CHALLEMEL-LACOUR.

N° 41.

M. BARTHÉLEMY-SAINT HILAIRE, Ministre des Affaires étrangères,

à M. CHALLEMEL-LACOUR, Ambassadeur de la République française Londres.

(DÉPÊCHE TÉLÉGRAPHIQUE.)

Paris, 12 août 1881.

Nous avons besoin de savoir les motifs de l'insistance du Cabinet anglais à obtenir la prorogation avant la reprise des négociations. Pour témoigner, de notre côté, notre sincère désir d'arriver à la conclusion d'une convention commerciale, nous venons de remettre à M. Adams, pour qu'il la transmette à son Gouvernement, une note ainsi conçue :

« D'après les assurances données par le Gouvernement anglais qu'il a le ferme « espoir d'arriver à la conclusion d'un traité, le Gouvernement français va s'oc- « cuper de trouver une formule qui lui permette d'accorder la prorogation, « sans manquer aux engagements qu'il a pris vis-à-vis du Parlement. »

Je vous prie de poser la question à lord Granville, afin que sa réponse me permette de rédiger plus sûrement la formule qui doit être commune aux deux Gouvernements et de nature à être acceptée par eux avec une égale satisfaction.

BARTHÉLEMY-SAINT HILAIRE.

N° 42.

M. CHALLEMEL-LACOUR, Ambassadeur de la République française à Londres,

à M. BARTHÉLEMY-SAINT HILAIRE, Ministre des Affaires étrangères.

Londres, 13 août 1881.

Monsieur le Ministre, une motion, depuis longtemps annoncée, relativement aux négociations du nouveau traité de commerce, a été l'objet d'une discussion qui a rempli, la nuit dernière, toute la séance de la Chambre, et elle a été repoussée par une majorité de 153 voix contre 80. L'auteur de la motion, M. Ritchie, député de Tower-Hamlets, négociant, est un conservateur connu par son attachement persévérant au système de la protection, et, quoiqu'il se soit défendu de vouloir y revenir, il n'en a pas moins déclaré que le libre-échange était, dès aujourd'hui, condamné par l'expérience, que ce régime était pour beaucoup, sinon pour la plus grande part, dans les souffrances de l'industrie anglaise, qu'il était répudié par la masse des travailleurs, qu'enfin, l'Angleterre aurait à soumettre son régime commercial à un nouvel et très attentif examen et à voir s'il n'y aurait pas nécessité, pour elle, de reprendre les armes qu'elle a trop tôt abandonnées, afin de se défendre contre la France.

La résolution proposée par M. Ritchie était conçue en ces termes : « Qu'une « humble adresse soit présentée à la Reine, la priant de ne donner son con- « sentement à aucun traité de commerce avec la France qui substituerait les « droits spécifiques aux droits *ad valorem* au détriment de produits quelconques « de manufacture anglaise, ou qui augmenterait, dans un cas quelconque, le « taux des droits actuels payés par ces articles, ou qui ne laisserait pas au Gou- « vernement anglais pleine liberté d'action dans la question des primes, ou qui « engagerait l'Angleterre pour plus d'un an. » Elle a été soutenue, après M. Ritchie, par lord Sandon, député de Liverpool, vice-président du Conseil d'éducation, de 1873 à 1878, dans le dernier cabinet Beaconsfield, et par quelques autres membres de moindre autorité, MM. Jackson, Newdegate, Ecroyd, etc.....

Elle a été combattue, au nom du Gouvernement, par sir Ch. Dilke et par M. Chamberlain, Président du *Board of Trade*. Le premier a rappelé le langage tenu par le Gouvernement lors du débat sur la motion de M. Monk, et il a renouvelé l'assurance qu'il ne serait conclu aucun traité, si l'on n'obtenait des conditions au moins égales à celles de 1860; il a déclaré, en outre, que le Gouvernement était résolu à n'accepter aucune conversion de droits *ad valorem* en droits spécifiques qui serait de nature à porter atteinte à l'existence ou aux intérêts d'une branche quelconque de l'industrie anglaise. Il a ajouté, toutefois, qu'il serait imprudent et impolitique de prendre d'avance aucun engagement public, quant à la nature des conditions sur lesquelles le Cabinet se proposait d'insister dans la négociation d'un nouveau traité avec la France. Quant à la question des primes, il a dit que le Gouvernement français niait qu'il existât actuellement aucune prime sur les sucres, et que l'opinion des personnes bien informées était que les primes sur la marine marchande ne dureraient pas longtemps.

Ces observations ont été reprises avec plus de vigueur par M. Chamberlain. Il a repoussé avec énergie le reproche adressé par lord Sandon au Gouvernement de ne pas tenir la Chambre et le public au courant de la marche des

négociations. Il s'est attaché à établir par des chiffres que les prétendues souffrances de l'industrie anglaise n'existaient pas ou étaient fort exagérées. Il a
mis l'auteur et les partisans de la motion en demeure de déclarer avec précision quels remèdes ils proposaient d'apporter à un état qu'ils trouvaient si
déplorable, et de dire, dans le cas où ils voudraient entrer dans le système des
représailles, sur quels articles ils proposeraient d'établir des drcits : sur les
articles manufacturés, sur les matières brutes ou sur les produits alimentaires.

Veuillez agréer, etc.

CHALLEMEL-LACOUR.

N° 43.

M. CHALLEMEL-LACOUR, Ambassadeur de la République française à
Londres,

à M. BARTHÉLEMY-SAINT HILAIRE, Ministre des Affaires étrangères.

Londres, 13 août 1881.

Monsieur le Ministre, j'ai vu le Sous-Secrétaire d'État pour les Affaires
étrangères, et je l'ai prié de vouloir bien me donner l'éclaircissement dont
vous avez besoin et que vous m'avez chargé de lui demander par votre télégramme d'hier.

1° Sir Charles Dilke m'a dit, d'abord, que M. Gladstone, qui est l'auteur
de la déclaration relative à la probabilité de la conclusion du traité, était résolu
à n'y ajouter aucune explication. Il ne s'agit pas, m'a dit nettement sir Charles
Dilke, d'une formule commune, d'un arrangement entre les Cabinets, mais
d'une concession *motu proprio*, que vous ferez ou que vous refuserez à votre gré.

2° Sir Charles Dilke a bien voulu, toutefois, me dire que le motif de
l'insistance du Cabinet de Londres pour obtenir la prorogation avant de
reprendre les négociations est que cette sécurité est réclamée par nombre
d'industriels anglais, dont les affaires souffrent de l'incertitude actuelle. Le
Cabinet pense que, si elle leur était donnée, ils se montreraient peut-être plus
maniables sur les conditions du traité, quand le moment sera venu de les faire
connaître.

3° Le Sous-Secrétaire d'État a ajouté que, si la prorogation était accordée,
si les conférences étaient reprises à Paris vers le commencement de septembre,
il ne serait sans doute pas possible d'arriver à la conclusion du traité avant le

8 novembre; mais il s'est déclaré fermement convaincu qu'il serait possible d'en approcher beaucoup. Cette déclaration a été toute spontanée de sa part; je n'avais rien fait pour la provoquer.

Veuillez agréer, etc.

CHALLEMEL-LACOUR.

N° 44.

M. BARTHÉLEMY-SAINT HILAIRE, Ministre des Affaires étrangères,

à M. CHALLEMEL-LACOUR, Ambassadeur de la République française à Londres.

Paris, 16 août 1881.

Monsieur, à la suite de la démarche que M. le Chargé d'affaires de la Grande-Bretagne avait faite, le 12 de ce mois, auprès du Gouvernement de la République, je n'avais pas hésité, de concert avec M. le Ministre du Commerce, à remettre à M. Adams une note ainsi conçue : « D'après les assu- « rances données par le Gouvernement anglais, qui a le ferme espoir d'arriver à « la conclusion d'un traité, le Gouvernement français va s'occuper de trouver « une formule qui lui permette d'accorder la prorogation, sans manquer aux « engagements qu'il a pris vis-à-vis du Parlement. »

Quel que soit le désir du Gouvernement de la République de faciliter les moyens d'arriver à une solution favorable, je ne puis, cependant, m'empêcher de remarquer que les assurances qui nous avaient été transmises n'ont reçu aucune confirmation de la part du Cabinet de Londres, et que la lettre que vous avez adressée à lord Granville, à la suite de sa communication du 10 du mois, pour lui rappeler les conditions auxquelles il nous serait possible de proroger les traités existants, est demeurée sans réponse.

Ainsi que vous l'avez si bien précisé dans cette lettre, il faut, pour que le Gouvernement français soit autorisé à consentir à une nouvelle prorogation, qu'avant le 8 novembre de cette année, un traité soit conclu entre la France et l'Angleterre ou que, du moins, à cette époque, la conclusion ne puisse plus, en quoi que ce soit, en être douteuse. Tel est le sens exact des décla- rations réitérées que M. le Ministre du Commerce, d'accord avec les Commis- sions des deux Chambres, a faites devant le Sénat et la Chambre des Députés, et il suffit de se reporter à la discussion que le projet de loi de prorogation a provoquée pour se rendre compte des limites dans lesquelles les Chambres ont entendu renfermer le Gouvernement de la République. M. Tirard, répondant à un orateur qui considérait toute nouvelle prorogation comme préjudiciable aux intérêts industriels et commerciaux du pays, s'exprimait en ces termes :

« Je ne puis pas vous dire que les négociations commerciales seront termi« nées dans un mois, dans deux mois ou dans trois mois; mais j'ai la ferme espé« rance qu'elles seront terminées à l'époque du 8 novembre, qui est fixée pour
« les délais de prorogation.

« Or, Messieurs, à cette époque, il est incontestable que les Chambres ne
« seront pas réunies, ou que, si elles le sont, elles le seront depuis trop peu
« de temps pour qu'elles puissent ratifier les conventions qui auront été pré« parées; nous nous trouverions, par conséquent, si nous ne vous demandions
« pas un nouveau délai, dans cette condition déplorable que, bien qu'ayant
« des conventions signées soit avec l'Angleterre, soit avec d'autres Puissances,
« comme les Chambres ne se trouveraient pas réunies pour y donner leur sanc« tion, nous serions condamnés à une modification dans le mode de nos rela« tions commerciales et nous devrions généraliser l'application de notre tarif
« général pendant un temps plus ou moins long, en attendant la ratification
« parlementaire.

« C'est uniquement pour parer à cette éventualité que nous vous avons pro« posé la prorogation de trois mois dont il s'agit.

« Cette proposition est donc une mesure de prévoyance. Personne ne peut
« demander que, si des traités de commerce ont été signés et sont en mesure
« d'être ratifiés par les Puissances contractantes, ou si des négociations sont en
« bonne voie et sur le point d'aboutir, l'application de ces traités puisse être
« remplacée, même pour quelques jours, par une application des tarifs géné« raux qui s'imposerait au Gouvernement. Voilà la situation; elle est bien
« simple. »

Je partage absolument l'avis de mon collègue M. le Ministre du Commerce,
et c'est avec une véritable satisfaction que j'avais pris connaissance de la communication que lord Granville vous avait adressée, le 6 de ce mois. En prenant acte des concessions étendues auxquelles le Gouvernement français avait
consenti à la suite des conférences de Londres, et en se référant aux termes
de votre lettre semi-officielle du 4 où vous renouveliez l'invitation du Gouvernement français à reprendre à Paris les négociations précédemment suspendues,
le Cabinet de Londres « exprimait l'assurance que le Gouvernement de
« Sa Majesté estimait qu'un nouveau traité de commerce et de navigation
« également satisfaisant pour les deux Pays pourrait être conclu dans le cours
« des présentes négociations. »

Si vague que fût la teneur de cette déclaration, nous n'étions pas moins autorisés à croire que les dernières propositions du Gouvernement de la République avaient été favorablement accueillies et jugées de nature à amener promptement une entente définitive. Ce devait être là le résultat des conférences dont l'ouverture aurait pu avoir lieu à Paris le 22 de ce mois et dans lesquelles les dernières difficultés de détail ou d'application, ainsi que les nouvelles demandes du Gouvernement britannique, auraient pu être heureusement réglées après une étude loyale et approfondie.

Malheureusement, nous avons dû constater avec regret qu'il s'est glissé, dans la correspondance échangée à ce sujet entre les deux Gouvernements, un malentendu que nous serions heureux de voir dissiper. En effet, il ressort de la lettre de lord Granville en date du 10 de ce mois, et à laquelle, je le répète, vous avez déjà répondu sans obtenir du Cabinet de Londres les éclaircissements dont nous avions besoin, que le Gouvernement anglais paraissait revenir, dans une certaine mesure, sur sa précédente déclaration du 6 de ce mois; il semble, aujourd'hui, qu'il tient les concessions du Gouvernement français pour insuffisantes et qu'il ne consentirait à une reprise ultérieure des négociations qu'autant que nos dernières propositions seraient soumises à de sérieuses modifications.

Si le Gouvernement de Sa Majesté veut bien considérer les engagements du Gouvernement français vis-à-vis du Parlement, il reconnaîtra combien il nous serait difficile, dans ces conditions, de nous prêter, en ce moment, à une nouvelle prorogation des traités existants, puisqu'il se refuse à chercher avec nous les termes d'une déclaration commune qui nous aurait placés dans la situation que nous impose notre loi sur la prorogation.

Nous n'en persistons pas moins à offrir au Cabinet de Londres de reprendre à Paris, le 22 de ce mois ou un peu plus tard, les conférences commerciales, persuadés, au point où en sont les négociations, qu'elles peuvent servir à amener, avant le 8 novembre ou un peu après, la conclusion d'un traité conforme aux intérêts des deux Pays, ou à préparer la conclusion certaine d'un traité dans un délai qui n'excéderait le 8 novembre que de très peu de temps.

Je vous serai obligé, Monsieur, de vouloir bien communiquer ces observations au Gouvernement britannique, dans la forme qui vous paraîtra le mieux répondre à l'état de vos pourparlers avec lord Granville.

Agréez, etc.

BARTHÉLEMY-SAINT HILAIRE.

N° 45.

M. Challemel-Lacour, Ambassadeur de la République française à
Londres,

à M. Barthélemy-Saint Hilaire, Ministre des Affaires étrangères.

Londres, 18 août 1881.

Monsieur le Ministre, j'ai l'honneur de vous envoyer ci-joint la réponse de
Lord Granville à votre dépêche du 16, que je lui avais communiquée.

Veuillez agréer, etc.

Challemel-Lacour.

ANNEXE.

M. le Comte Granville, Principal Secrétaire d'État de Sa Majesté Britannique
pour les Affaires étrangères,

à M. Challemel-Lacour, Ambassadeur de la République française à
Londres.

(TRADUCTION.)

Foreign Office, 18 août 1881.

Monsieur l'Ambassadeur, j'ai l'honneur d'accuser réception de la note de Votre Excellence
en date d'hier, à laquelle se trouvait jointe la copie d'une dépêche que vous aviez reçue du
Ministre des Affaires étrangères de France, au sujet de la reprise proposée des négociations
commerciales entre la Grande-Bretagne et la France.

M. Barthélemy-Saint Hilaire appelle l'attention de Votre Excellence sur le fait que l'on
n'a reçu aucune réponse à la note que Votre Excellence m'avait adressée le 10 de ce mois;
je désire, à cet égard, faire remarquer que, vu la conversation tenue le lendemain avec
M. Adams, à laquelle M. Barthélemy-Saint Hilaire se réfère dans sa dépêche, et le mémorandum à lui remis par M. le Ministre du Commerce, le Gouvernement de Sa Majesté Britannique, avant de faire aucune démarche ultérieure à ce sujet, attendait la *formule* relative à la
prorogation, formule que l'on allait rédiger, d'après les informations données à M. Adams,
mais qui, jusqu'à ce jour, n'a pas été reçue.

M. Barthélemy a raison en disant que, dans ma note du 6 de ce mois, j'avais donné l'assurance que le Gouvernement de Sa Majesté Britannique envisageait favorablement la possibilité de conclure un nouveau traité de commerce dans le cours des négociations actuelles; mais la note de Votre Excellence en date du 9 de ce mois, ainsi que je l'ai déjà fait
remarquer, semblait démontrer que le Gouvernement français considérait que, en ce qui

11.

concerne tous les détails importants et essentiels, il n'y avait lieu de faire aucune modification ultérieure aux dernières propositions françaises.

Force a été au Gouvernement de Sa Majesté Britannique de ne pas partager cette opinion; car il n'a jamais cessé d'exprimer l'avis que les concessions déjà proposées, en ce qui
concerne les cotonnades et les lainages, n'étaient pas suffisantes.

En même temps, le Gouvernement de Sa Majesté Britannique, a, dans tout le cours du
récent échange de notes et de communications (*pourparlers*), exprimé constamment le désir
de faciliter, par tous les moyens en son pouvoir, la prorogation de trois mois du *statu quo*.
C'est dans ce but, et afin de répondre aux demandes du Gouvernement français, que, dans
ma note du 6 de ce mois, j'ai donné, à ce sujet, les assurances les plus formelles que j'aie
pu convenablement donner.

Puisque le Gouvernement français ne paraît pas préparé, de son côté, à répondre à cette
avance par une déclaration conforme, en ce qui concerne la prorogation du tarif en vigueur, le Gouvernement de Sa Majesté Britannique regrette que, dans l'état actuel des
choses, les Commissaires britanniques ne puissent pas accepter l'invitation de se réunir à
Paris le 22 de ce mois.

J'ai l'honneur, etc.

GRANVILLE.

N° 46.

M. Challemel-Lacour, Ambassadeur de la République française à
Londres,

à **M. Barthélemy–Saint Hilaire**, Ministre des Affaires étrangères.

Londres, 23 août 1881.

Monsieur le Ministre, les réponses que M. Chamberlain, Président du *Board
of Trade,* a faites, hier soir, dans la Chambre des communes, aux questions
du baron de Worms et de M. Ashmead-Bartlett, concernant le traité de commerce, n'auront pas échappé, je pense, à votre attention. Elles renferment
plusieurs choses à remarquer.

Il en résulte, premièrement, que le Cabinet de Londres ne considère pas
les négociations comme rompues, mais comme simplement suspendues. Ce
langage est fort différent de celui qui était tenu, il y a quelques jours, par la
plupart des journaux et, hier encore, par le *Daily News.*

En second lieu, M. Chamberlain a déclaré n'être pas sans espérer que le
Gouvernement français fera de nouvelles propositions qui permettront de
reprendre les négociations sous de meilleurs auspices. Ce sont, sans doute,
les deux notes parues dans les journaux de Paris, et auxquelles on attribue ici
un caractère semi-officiel, qui ont inspiré à M. Chamberlain cette espérance.

Troisièmement, M. Chamberlain ne paraît pas admettre qu'en aucun cas le commerce anglais puisse avoir à subir le régime du nouveau tarif général français, alors même que les négociations n'aboutiraient pas, et il a parlé de la clause de la nation la plus favorisée ; il ne s'est pas, du reste, clairement expliqué sur ce point.

Mais, un instant après, le baron de Worms ayant adressé, cette fois, au Sous-Secrétaire d'État des Affaires étrangères une nouvelle question sur le point de savoir si, à l'expiration du traité de 1860, la clause de la nation la plus favorisée tomberait en même temps, sir Ch. Dilke a répondu affirmativement. Il a toutefois ajouté que le Gouvernement de la Reine pouvait ou bien s'assurer le bénéfice de la clause en question par un traité spécial, ou traiter sur la base d'un nouveau tarif, ou ne pas faire de traité du tout.

Sans s'exagérer l'importance de ces déclarations, on peut, je crois, en conclure que les dispositions du Cabinet de Londres se sont un peu modifiées.

Veuillez agréer, etc.

CHALLEMEL-LACOUR.

N° 47.

M. BARTHÉLEMY-SAINT HILAIRE, Ministre des Affaires étrangères,

à M. CHALLEMEL-LACOUR, Ambassadeur de la République française à Londres.

Paris, 29 août 1881.

Monsieur, je réponds à vos deux lettres du 18 et du 23 de ce mois, concernant les négociations relatives à notre traité de commerce avec l'Angleterre. Je me plais toujours à espérer qu'un moment suspendues, elles seront bientôt reprises ; mais, en attendant, je crois utile de bien marquer le point précis où elles sont actuellement arrivées ; ce sera un moyen de rendre plus facile la conclusion de l'arrangement qui ne peut manquer d'intervenir dans l'intérêt des deux Pays.

Le jour même où notre tarif général, voté par les deux Chambres, avait été promulgué (8 mai 1881), nous nous étions empressés de le communiquer au Cabinet anglais, et, lord Granville ayant témoigné le désir que les négociations eussent lieu à Londres, nous y avons consenti volontiers, bien que le siège naturel nous en semblât plutôt devoir être à Paris, puisque c'était le tarif français qu'il s'agissait de discuter avec tous les documents qui doivent l'expliquer et qui ne se trouvent que sur place.

Notre tarif conventionnel, modificatif du tarif général, ayant été transmis le 18 mai, les négociations purent s'ouvrir le 26; elles continuèrent sans interruption, pendant près de six semaines, jusqu'au 30 juin, où une seizième séance termina leur première phase. Dans le cours entier de cette discussion, toujours fort courtoise, et dirigée de part et d'autre de manière à nous présager une entente complète, nous avons fait des réductions importantes sur la fonte et les fers, sur les fils et tissus de coton et de laine, sur les fils de lin, de jute et de chanvre, bien que peut-être nous n'eussions pas obtenu, en retour, des compensations suffisantes. Nous nous plaisons, d'ailleurs, à reconnaître que les Commissaires britanniques ont témoigné du même esprit de conciliation qui nous animait, et, quoiqu'ils aient dû produire quelquefois des demandes tout à fait inattendues et même excessives, on était en droit de prévoir une prochaine et heureuse issue, lorsqu'on dut se séparer à la fin de juin et que le Cabinet français proposa de transporter à Paris la suite des négociations.

Cependant, comme il était évident que, même avec la meilleure volonté de la part des négociateurs, il était impossible que les conventions, s'il en était conclu avant le 8 novembre, pussent être ratifiées à cette époque, à cause de l'absence des Parlements, le Gouvernement français crut prudent de demander aux Chambres d'autoriser une prorogation supplémentaire et facultative de trois mois. Ce nouveau délai pouvait s'étendre ainsi jusqu'au 8 février 1882, c'est-à-dire jusqu'à un moment où, le Parlement étant réuni dans l'un et l'autre Pays, il était possible de faire donner la ratification légale aux actes provisoirement passés. Ce ne fut pas sans peine que les Chambres françaises consentirent à porter à neuf mois le délai primitif qui ne devait pas en excéder six. Le Parlement ne céda qu'en posant une condition. Il fut stipulé que la prorogation de trois mois allant du 8 novembre 1881 au 8 février 1882 ne serait acquise qu'aux nations avec lesquelles des conventions auraient été signées avant le 8 novembre, ou avec lesquelles les négociations seraient tellement avancées qu'on eût la certitude d'un arrangement très prochain et parfaitement assuré.

Il est vrai que cette condition, qui résultait du principe même de la loi, n'a pas été insérée expressément dans son texte, qui se compose d'un article unique; mais elle a été explicitement développée dans l'exposé des motifs, dans les rapports faits aux deux Chambres, dans la discussion parlementaire et dans les déclarations du Ministre portées officiellement à la tribune. Ce qui était également bien entendu, c'est qu'en aucun cas le Gouvernement français ne devait accorder à personne le bénéfice de la prorogation avant le 8 novembre, puisque, par les lois précédentes, le délai primitif de six mois était accordé à tout le monde.

La loi, dans son seul article, dit, en propres termes : « Le Gouvernement « est autorisé à proroger pour trois mois, à dater du 8 novembre 1881, les

« traités et conventions de commerce actuellement en vigueur. » La prorogation, destinée éventuellement à faciliter les négociations engagées, ne doit, par
conséquent, être concédée qu'après que le premier délai de six mois sera expiré,
et le Cabinet français ne peut pas se lier, à cet égard, avant le 8 novembre. Si
donc, à la sollicitation du Cabinet anglais, il se décidait à faire, en sa faveur,
une exception, ce ne pouvait être qu'en cherchant à couvrir sa responsabilité
par une certitude anticipée équivalant à la signature d'une convention qu'il
pourrait exiger effectivement à partir du 8 novembre prochain.

C'est en ce sens que le Gouvernement français et les deux Chambres ont
toujours compris la loi du 16 juillet 1881, et nous croyons que c'est simplement une interprétation erronée qui a créé toutes les difficultés qui ont surgi.

Le Cabinet anglais demandait, dès le 30 juillet, qu'on lui accordât, à
l'avance et sans condition, la prorogation de trois mois. Il avait, nous n'en dou-
tons pas, les plus graves motifs pour nous adresser cette demande prématurée ;
mais elle nous surprit, et nous ne pûmes y consentir, car, à ce moment, il
restait encore plus de trois mois à courir sur la première prorogation, qui
était déjà d'un semestre entier. Pourquoi devancer le moment légal de la prorogation facultative ? Dans quel but précipiter ainsi les choses ? C'est un point
qui est resté obscur ; et malgré l'insistance que nous avons dû mettre à
l'éclaircir, nous n'y sommes pas parvenus. Les explications mêmes de quelques
journaux anglais ne nous ont pas persuadés ; et nous sommes assurés que ces
journaux se trompent quand ils espèrent qu'après le 8 février prochain, les
Chambres françaises seront disposées à faire, sur le tarif conventionnel, des
réductions plus fortes que celles que le Cabinet français est autorisé à consentir
aujourd'hui.

Quoi qu'il en soit, le Cabinet anglais subordonna la reprise des négociations à cette concession immédiate : ou la prorogation préalable de trois mois
lui serait accordée par nous, ou les négociations ne seraient pas continuées à
Paris. Le Cabinet français, obligé de se conformer à la loi, n'en regrettait pas
moins de ne pouvoir condescendre à cette exigence qui paraissait insurmontable ;
autant qu'il le put, il se prêta à toutes les explications qui pouvaient concilier
le différend. Il avait fait toutes les diminutions qui lui étaient permises pour
les tissus de coton et sur les tissus de laine mélangés, et il croyait être
arrivé à la limite extrême par ces articles. Néanmoins, il fit un pas de plus :
il déclara que ce n'était pas un *ultimatum* qu'il avait posé, et que la discussion
restait encore ouverte sur ces points, bien qu'ils dussent paraître désormais
vidés. En même temps, lord Granville déclarait, de son côté, que la conclusion d'un traité lui semblait possible ; mais il persistait à demander la prorogation anticipée, bien que le Cabinet français eût, aussi clairement que possible, manifesté l'impossibilité où il était de se soustraire à la loi.

Du reste, le Cabinet français, pour continuer à montrer ses bonnes dispositions, accueillait la suggestion qui lui avait été faite (12 août) consistant à chercher une formule que les deux Parties contractantes pourraient accepter également, et où la situation respective de l'une et de l'autre serait équitablement ménagée. Dans cet acte bilatéral, le Cabinet français aurait concédé la prorogation dès ce moment même, et, de son côté, le Cabinet anglais aurait donné une suffisante certitude que les négociations renouvelées aboutiraient à un résultat positif. Il semblait que, sur ce terrain, tout pouvait se concilier. Le Cabinet français promettait de s'occuper très promptement de rédiger la formule à trouver; mais le Cabinet anglais repoussa cette ouverture, comme il avait cru devoir repousser toutes les autres. Il fut donc décidé que les négociations ne reprendraient pas à Paris le 22 août, comme nous l'avions proposé, et il fallut se résigner à attendre des circonstances plus favorables.

Les choses en étaient là lorsque, dans la séance de la Chambre des communes du 22 août, le très honorable M. J. Chamberlain, président du Bureau du commerce, répondant à une question de M. de Worms, tint à déclarer que les négociations relatives au traité de commerce avec la France n'avaient pas avorté, et qu'elles étaient simplement suspendues. Cette parole, qui était fort autorisée, puisqu'elle venait d'un ministre, a été confirmée solennellement par le discours de la Couronne à la clôture du Parlement, avant-hier même, 27 août. La Reine a prononcé ces mots, qui ne laissent plus subsister le moindre doute : « Les négociations commerciales avec la France ont été sus« pendues; mais je reste désireuse, à tous les points de vue, d'employer mes « plus grands efforts à amener la conclusion d'un traité sur des bases favorables « au développement des relations entre les deux Nations, à l'étroite amitié « desquelles j'attache une grande importance. »

Le Gouvernement de la République est absolument dans les mêmes sentiments que celui de la Reine; il est convaincu que la sincère cordialité qui existe des deux parts ne tardera pas à amener le résultat cherché. Une convention commerciale peut être signée avant le 8 novembre, ou bien, à cette époque, les négociations seront déjà tellement avancées que le Gouvernement français pourra, sans le moindre scrupule de légalité, accorder la prorogation que l'Angleterre désire. Nous conservons aussi ce ferme espoir, et nous croyons qu'il se réalisera bientôt, au grand bénéfice des deux peuples.

Voilà, Monsieur l'Ambassadeur, les réflexions que je crois bon de vous communiquer. Vous en ferez l'usage que votre prudence habituelle croira le plus convenable dans vos relations avec le Gouvernement auprès duquel vous êtes accrédité.

Agréez, etc.

BARTHÉLEMY-SAINT HILAIRE.

N° 48.

M. Challemel-Lacour, Ambassadeur de la République française à Londres,

à M. Barthélemy-Saint Hilaire, Ministre des Affaires étrangères.

Londres, 3 septembre 1881.

Monsieur le Ministre, j'ai lu avec le plus grand intérêt votre lettre en date du 29 août, dans laquelle vous avez pris soin de retracer, avec une rigoureuse exactitude, la marche et les divers incidents des négociations relatives au renouvellement du traité de commerce, depuis la promulgation du nouveau tarif général voté par les Chambres jusqu'au jour où, persistant à obtenir au préalable une prorogation qu'il ne nous était pas possible de lui accorder et que rien, d'ailleurs, ne semblait rendre nécessaire, le Cabinet de Londres déclina définitivement l'invitation, que nous lui avions adressée à la fin de juin et qu'il avait d'abord acceptée, d'envoyer ses délégués à Paris pour y continuer les négociations. Vous avez mis en lumière, de manière à dissiper tous les malentendus, le caractère, souvent méconnu dans ces derniers temps par la presse anglaise et peut-être mal compris par le Gouvernement anglais lui-même, de la nouvelle loi de prorogation votée, au mois de juin, par les Chambres. Il résulte clairement de vos explications que, si l'article unique de la loi autorisait le Gouvernement à accorder une nouvelle prorogation de trois mois à partir du 8 novembre, d'une part, cette prorogation ne devait être concédée qu'après le premier délai de six mois expiré, et, d'autre part, elle était subordonnée à une condition qui résultait du principe même de la loi et qui avait été développée dans l'exposé des motifs, dans les rapports faits aux Chambres, dans la discussion parlementaire et dans les déclarations portées par M. le Ministre du Commerce à la tribune. Le Gouvernement français se trouvait donc, à un double point de vue, dans l'impossibilité de déférer à la demande qui nous était faite par le Cabinet de Londres.

Vous rappelez, dans votre lettre, la déclaration faite à la Chambre des communes par le Président du *Board of Trade,* dans sa réponse à M. de Worms, et solennellement confirmée par le discours de la Reine à la clôture du Parlement, le 27 août. Votre Excellence me fait part de la satisfaction que Lui ont causée ces déclarations encourageantes, et Elle m'exprime l'espérance qu'animés de ces sentiments et en raison de la sincère cordialité qui règne entre eux, les deux Gouvernements pourront arriver aisément à conclure, avant le 8 novembre, une convention commerciale qui vous permettrait d'accorder, sans déroger à l'esprit de la loi, la prorogation à laquelle l'Angleterre attache tant de prix.

Il serait, à coup sûr, fort désirable qu'un tel résultat fût atteint, et Votre Excellence peut être assurée qu'en ce qui me concerne, je ne négligerai rien pour le préparer. Il est certain qu'à mesure que le temps s'écoule, il devient plus difficile d'arriver à un résultat définitif avant le 8 novembre et, par conséquent, plus nécessaire de s'entendre sur la prorogation, si l'on veut mettre un terme à une incertitude qui pèse aujourd'hui lourdement sur les affaires, et épargner au commerce des deux Pays la perturbation qui résulterait de l'application, même temporaire, du tarif général. Si vous receviez la visite de Sir Charles Dilke, lorsqu'il passera à Paris pour revenir à Londres, peut-être arriveriez-vous, sans trop de difficultés, à vous entendre avec lui à cet égard.

L'opinion publique en Angleterre se montre, en effet, vivement préoccupée de la situation présente. La place que tiennent dans les journaux les discussions relatives au traité de commerce, le soin avec lequel ils recueillent chaque jour les appréciations malheureusement divergentes de la presse française, les propositions de toutes sortes, les idées plus ou moins sérieuses mises en avant pour parer aux inconvénients qui résulteraient, pour l'Angleterre, de l'impossibilité de renouveler les conventions de 1860, témoignent suffisamment des préoccupations publiques. Comme il arrive d'ordinaire, quand certaines alarmes s'emparent de l'esprit public et quand on cherche les causes d'une situation inquiétante ou les remèdes à y apporter, la diversité des opinions augmente chaque jour. Il ne me paraît pas douteux que les partisans du libre-échange ont déjà perdu du terrain. Des opinions que l'on croyait définitivement vaincues se réveillent et reprennent confiance. Vous savez quelle importance on attache ici aux élections partielles qui ont lieu dans le cours d'une législature, et avec quelle sollicitude on y cherche l'indice des moindres variations de l'opinion. Une élection vient d'avoir lieu dans le North-Lincolnshire, et M. James Lowther, qui était Secrétaire pour l'Irlande dans le cabinet Tory et qui avait échoué l'année dernière, l'a emporté, à une majorité importante, sur le candidat libéral. Or, M. James Lowther est connu pour son attachement passionné au système protectionniste, et c'est tout particulièrement, à ce qu'il semble, comme protectionniste qu'il a été élu; car, dans le cours de sa campagne électorale, il ne s'est pas fait faute de dénoncer le malaise actuel de l'agriculture et de l'industrie comme le résultat de l'application malheureuse du libre-échange. Il est allé toutefois un peu loin, en faisant entendre que le parti conservateur saurait seul mettre un terme aux difficultés présentes par un retour à de meilleures doctrines. Le parti conservateur paraît, en effet, très divisé sur cette question. Sir Stafford Northcote, le *leader* du parti à la Chambre des communes, dans un discours qu'il a prononcé avant-hier à Sheffield, s'est exprimé avec beaucoup de réserve. S'il a fait profession d'être et d'avoir toujours été libre-échangiste, il a pris soin d'ajouter aussitôt une condition qui atténue beaucoup l'importance de cette déclaration, c'est que le libre-échange soit accepté universellement et de bonne foi. Il s'est contenté de dire, à propos de la question du traité de 1860, que, s'il était impossible de le renouveler avec la France, ce qu'il estimait très probable, peut-être faudrait-il en venir à réviser toute la législation commerciale de l'Angleterre; mais il faudrait, en tout cas, procéder à cette revision avec prudence et délicatesse, sans se laisser dominer par des formules. Les opinions ne sont pas moins divisées dans le parti qui est aujourd'hui au pouvoir. Tandis que les libéraux et les radicaux se livrent, pour la plupart, à de vives récriminations contre la France, à cause des difficultés qu'elle oppose par ses augmentations de droits au renouvellement des traités de 1860, un membre considérable de la minorité libérale à la Chambre des Lords, lord Grey, dans deux longues lettres qu'il a adressées au *Times*, le 25 août et le 1er septembre, dirige, au nom du libre-échange, ses attaques contre le système même des traités de commerce et n'hésite pas à attribuer à celui de 1860 le retour marqué de l'opinion vers le régime protectionniste.

Quoi qu'il en soit de ces diversités d'opinions, qu'il ne serait pas impossible de découvrir dans le Gouvernement lui-même, je ne pense pas qu'elles exercent beaucoup d'influence sur ses dispositions actuelles. Tout me porte à croire que, malgré son refus de reprendre les négociations à Paris, comme nous le lui avions proposé, il n'est pas sans envisager avec appréhension la situation qui serait faite au commerce anglais, à partir du 8 novembre, par l'application du tarif général. Je ne pense pas, à vrai dire, qu'après une rupture au moins apparente, à laquelle les Chambres, les journaux, le public ont généralement applaudi, soit par mauvaise humeur, soit dans une pensée d'intimidation à notre égard, le Gouvernement anglais se décide spontanément à tenter quelque démarche de conciliation. Mais, s'il se rencontrait chez nous quelque occasion de la lui faciliter, je suis disposé à croire qu'il ne s'y refuserait pas.

Veuillez agréer, etc.

CHALLEMEL-LACOUR.

N° 49.

M. BARTHÉLEMY-SAINT-HILAIRE, Ministre des Affaires étrangères,

à M. CHALLEMEL-LACOUR, Ambassadeur de la République française à Londres.

Paris, 6 septembre 1881.

Monsieur, j'ai reçu hier la visite de sir Charles Dilke, qui venait m'entretenir de nos négociations commerciales, après avoir vu mon collègue, M. le Ministre du Commerce.

Il a d'abord indiqué quelques articles secondaires de notre tarif conventionnel; mais il a insisté sur la difficulté de nous entendre en ce qui concerne « les lainages »; c'est le terme dont il s'est constamment servi; et c'est à cet article spécial qu'il est presque toujours revenu. Je lui ai fait observer que, à cet égard comme à d'autres, nous avions déjà fait de très grandes concessions. Il m'a répondu que même ces concessions ne suffisaient pas, parce que l'écart primitif était énorme et qu'il n'était pas encore comblé d'une manière satisfaisante. Je lui ai dit alors que nous avions montré, autant qu'il dépendait de nous, notre sincère désir d'arriver à une conclusion, et que, malgré quelques mécomptes assez inattendus, nous conservions toujours l'espoir de réussir prochainement. Sir Charles Dilke a répliqué que le Cabinet anglais était allé, de son côté, aussi loin qu'il le pouvait « en déclarant qu'il regardait le traité comme possible », et qu'il ne pouvait pas aujourd'hui même s'engager davantage. Je lui ai rappelé que nous n'avions pas trouvé cette déclaration assez sérieuse pour nous croire autorisés à concéder la prorogation anticipée que réclame le Cabinet anglais; que, cependant, sur une suggestion qui nous avait été faite, nous avions proposé de chercher une formule qui pût concilier notre devoir d'obéir à la loi du 12 juillet sur la prorogation, et la nécessité où se croyait l'Angleterre d'obtenir, dès maintenant, la prolongation de trois mois qui, selon nous, ne pouvait partir que du 8 novembre prochain; que le Cabinet anglais n'avait pas répondu à cette ouverture et qu'il avait décliné notre invitation de reprendre, à Paris, le 22 août, les négociations suspendues depuis le 30 juin.

Comme la discussion purement commerciale semblait à peu près épuisée entre nous, j'ai déclaré, encore une fois, que le Cabinet français n'avait pas entendu poser un *ultimatum,* et que M. le Ministre du Commerce se tenait toujours prêt à entendre des observations nouvelles qui rectifieraient des erreurs, s'il en avait été commis, ou qui apporteraient des faits non débattus jusqu'ici.

Je venais à peine de terminer mon entretien avec sir Charles Dilke que j'eus l'occasion d'en conférer avec mon collègue, M. le Ministre du Commerce. M. Tirard me confirma que, quant à lui, après la démarche de sir Charles Dilke, après le discours de la Reine, après la réponse de M. Chamberlain à M. de Worms, il pensait que nous pouvions accorder la prorogation demandée, du moment que les négociations « suspendues » seraient reprises à Paris le plus prochainement qu'il se pourrait. Comme l'impression qu'avait faite sur moi l'entretien de sir Charles était fort semblable à celle qu'avait ressentie mon collègue, je me suis rallié à cette opinion.

Nous sommes donc disposés à accorder la prorogation anticipée jusqu'au

8 février 1882, lorsque les deux Cabinets seront convenus du jour où les négociations seront reprises à Paris.

Agréez, etc.

BARTHÉLEMY-SAINT HILAIRE.

***

N° 50.

M. CHALLEMEL-LACOUR, Ambassadeur de la République française à Londres,

à M. BARTHÉLEMY-SAINT HILAIRE, Ministre des Affaires étrangères.

Londres, 13 septembre 1881.

Monsieur le Ministre, j'ai l'honneur d'envoyer ci-joint à Votre Excellence copie de la lettre que j'ai reçue, hier soir, du Foreign-Office, au sujet de la reprise des négociations commerciales.

Veuillez agréer, etc.

CHALLEMEL-LACOUR.

***

ANNEXE.

Sir Charles DILKE, Sous-Secrétaire d'État de Sa Majesté Britannique pour les Affaires étrangères,

à M. CHALLEMEL-LACOUR, Ambassadeur de la République française à Londres.

(TRADUCTION.)

Foreign-Office, 13 septembre 1881.

Monsieur l'Ambassadeur,

En me référant à la communication que Votre Excellence avait été chargée de me faire hier, au sujet de la reprise des négociations commerciales entre la Grande-Bretagne et la France, j'ai l'honneur de vous informer que le Gouvernement de Sa Majesté Britannique est tout disposé à accepter la proposition du Gouvernement français, en vue de la réunion de la Commission mixte à Paris, lundi prochain, 19 de ce mois, à la condition, proposée par vous, que le Gouvernement français, en apprenant la présente acceptation de son invitation, prendra immédiatement les mesures nécessaires pour proroger de trois mois, à partir du 8 novembre prochain, le traité en vigueur.

Je serai heureux de recevoir de Votre Excellence, le plus tôt que cela Lui sera possible, une déclaration à cet effet, afin de pouvoir donner aux membres de la Commission de Sa Majesté Britannique l'ordre de se rendre à Paris sans retard.

J'ai l'honneur, etc.

Charles W. DILKE.

N° 51.

M. BARTHÉLEMY-SAINT HILAIRE, Ministre des Affaires étrangères,

à M. CHALLEMEL-LACOUR, Ambassadeur de la République à Londres.

(DÉPÊCHE TÉLÉGRAPHIQUE.)

Paris, 14 septembre 1881.

Vous pouvez annoncer officiellement à lord Granville et à sir Charles Dilke que la prorogation de trois mois, à partir du 8 novembre prochain, est accordée; la dépêche spéciale qui la contient vous sera expédiée demain.

BARTHÉLEMY-SAINT HILAIRE.

N° 52.

M. BARTHÉLEMY-SAINT HILAIRE, Ministre des Affaires étrangères,

à M. CHALLEMEL-LACOUR, Ambassadeur de la République française à Londres.

Paris, 15 septembre 1881.

Monsieur, je vous envoie, en même temps que cette lettre, le texte officiel de la prorogation que nous accordons à l'Angleterre, pour la ratification du traité de commerce à intervenir, à partir du 8 novembre jusqu'au 8 février prochains. Les considérants qui précèdent l'article où la prorogation est expressément énoncée rappellent clairement les motifs qui nous ont décidés à nous rendre au désir du Cabinet anglais; je les ai indiqués déjà tout au long dans ma lettre du 6 de ce mois; mais je crois devoir y insister de nouveau, parce qu'ils ont, à nos yeux, une importance considérable dans nos rapports futurs avec le Parlement, lorsque nous aurons à obtenir de lui la ratification du traité que nous aurons conclu.

Notre premier motif, c'est que, croyant fermement à l'utilité des traités de commerce en général, nous sommes persuadés que le traité actuellement en discussion sera particulièrement profitable aux deux nations. A cet égard, nous ne pouvons partager les doutes qu'ont élevés quelques-uns des représentants les plus autorisés de la presse anglaise.

En second lieu, la réponse de M. Chamberlain à M. de Worms, à la Chambre des communes, le discours du Trône à la clôture de la session du Parlement, et les entretiens de sir Charles Dilke avec mon collègue M. le Ministre du Commerce et avec moi, nous ont paru une preuve certaine du désir du Gouvernement anglais de conclure un traité de commerce avec nous.

Je vous prie de vouloir bien communiquer cette dépêche à lord Granville, et je vous autorise à lui en laisser copie, s'il le désire.

Agréez, etc.

BARTHÉLEMY-SAINT HILAIRE.

N° 53.

DÉCLARATION

RELATIVE À LA PROROGATION DES TRAITÉS DE COMMERCE ET DE NAVIGATION
EXISTANT ENTRE LA FRANCE ET LA GRANDE-BRETAGNE.

Le Gouvernement de la République française et le Gouvernement de Sa Majesté Britannique, animés d'un égal et sincère désir d'arriver à la conclusion d'une convention commerciale,

Considérant que les négociations entamées à Londres, le 26 mai dernier, ont eu pour résultat de déterminer les points sur lesquels il y avait eu lieu d'établir une entente préalable ;

Considérant que la correspondance échangée depuis trois mois entre les deux Gouvernements ne laisse aucun doute sur la possibilité de conclure, dans le cours des présentes négociations, des traités de commerce et de navigation également satisfaisants pour les deux pays ;

Considérant qu'il importe au plus haut degré de mettre fin, dès à présent, à l'état d'incertitude où se trouve le commerce de la France et de la Grande-Bretagne, en ce qui concerne le régime auquel les relations commerciales et maritimes des deux pays seront soumises à l'expiration des traités existants ;

Conviennent de proroger pour une nouvelle période de trois mois, du

8 novembre au 8 février 1882, les Traités de commerce et de navigation en vigueur entre la France et la Grande-Bretagne.

Le bénéfice de cette prorogation s'appliquera aux actes conventionnels énumérés ci-après, savoir :

1° Traité de commerce du 23 janvier 1860;

2° Article additionnel du 25 février 1860;

3° Second article additionnel du 27 juin 1860;

4° Première Convention supplémentaire du 12 octobre 1860;

5° Seconde Convention supplémentaire du 5 novembre 1860;

6° Traité de commerce et de navigation du 23 juillet 1873;

7° Convention supplémentaire du 24 janvier 1874;

8° Déclaration du 24 janvier 1874.

En foi de quoi, les soussignés, agissant au nom de leurs Gouvernements respectifs, ont dressé la présente déclaration et y ont apposé le cachet de leurs armes.

Fait à Paris, en double exemplaire, le 21 septembre 1881.

L. S. Signé : BARTHÉLEMY-SAINT HILAIRE.

L. S. Signé : LYONS.

N° 54.

MÉMORANDUM

remis par lord LYONS, Ambassadeur d'Angleterre à Paris,

à M. GAMBETTA, Président du Conseil, Ministre des Affaires étrangères.

Paris, 12 janvier 1882.

Les dispositions suivantes sont les propositions définitives présentées par le Gouvernement de Sa Majesté relativement au tarif français :

TISSUS DE COTON.

Réduction de 20 p. o/o sur les droits actuels des écrus, et réduction des surtaxes pour le blanchiment et la teinture; et aussi, au cas où on ne conserverait pas les droits *à la valeur,* réduction des surtaxes pour l'impression et pour les articles de fantaisie.

Maintien des droits actuels de 60 francs et 85 francs respectivement sur les velours à côtes et les moleskines écrus, teints ou imprimés.

TISSUS DE LAINE.

I. Purs, ne dépassant pas 500 grammes au mètre carré............. 90 francs.
   Dépassant 500 grammes................................. 50
II. Mélangés, la laine ou la laine d'effilochage prédominant avec chaîne de coton ou avec chaîne et trame mélangées de coton, ne dépassant pas 200 grammes au mètre carré.................... 90
   De 201 grammes à 550 grammes 50
   Au-dessus de 550 grammes.............................. 30

TISSUS D'ALPACA.

Purs ou mélangés, suivront le régime des tissus de laine purs ou mélangés.

CUIR.

Maintien du droit actuel de 10 francs par 100 kilogrammes applicable aux « peaux non dénommées, autres ».

JUTE.

Maintien du tarif conventionnel actuel pour les tissus, si ledit tarif doit être maintenu pour les filés.

Pour les autres marchandises, le tarif conventionnel français établi par les traités que la France vient de conclure, ainsi que les offres faites par la France au Royaume-Uni, devront être adoptés et annexés au traité à conclure entre la Grande-Bretagne et la France. On demande toutefois au Gouvernement français d'exécuter les engagements pris par les Commissaires français dans la 37ᵉ séance de la Commission mixte, à savoir : examiner à nouveau les observations présentées par les Commissaires anglais au sujet des marchandises suivantes :

N° 349. Fils de bourre de soie.
N° 375. Guipures.
N° 382. Dentelles.
N° 394. Bonneterie de laine.
N° 420. Peaux : cuir du Levant.

Quant aux tulles (n° 380) qui intéressent l'industrie anglaise, on a compris que les Commissaires français avaient dit qu'il serait accordé des concessions à la Suisse. On demande que ces concessions soient insérées au traité avec la Grande-Bretagne.

Il est deux autres articles, savoir : les huiles minérales et l'acier partiellement ouvré, surtout les lingots et les massiaux, à propos desquels il a été fait des remarques et des propositions que les Commissaires français ne semblent pas avoir parfaitement comprises :

1° Quant aux huiles minérales anglaises, on a fait remarquer que, leur densité étant supérieure à celle du pétrole, on peut facilement établir une ligne de démarcation au moyen d'une densité fixée d'un commun accord; et l'on a proposé, sous réserve d'examen, de fixer cette ligne de démarcation à 805 pour les huiles raffinées et à 825 pour les huiles brutes. Il a été objecté qu'on pourrait frauder le Trésor français, en mélangeant les huiles d'Écosse avec du pétrole. Toutefois, si l'écart du droit est fixé, disons à environ 4 francs par 100 kilogrammes, somme supérieure au coût du transport et autres frais accessoires, tout danger de fraude de ce chef disparaît.

2° Quant à l'acier partiellement ouvré, on fait observer qu'on demande simplement d'insérer au tarif un article qui n'est pas dénommé. Le fer en partie ouvré est dénommé au tarif français entre la fonte brute et le fer fini; ce qu'on demande, c'est que l'acier en partie ouvré soit dénommé au tarif français, comme il l'est dans celui des États-Unis et ceux de divers États d'Europe. L'acier partiellement ouvré peut se classer comme suit : 1° lingots fondus bruts; 2° lingots laminés et forgés en massiaux ou *billets,* soit en masses informes d'acier. Le Gouvernement de Sa Majesté pense qu'on devrait, au moins, frapper d'un droit inférieur les « lingots d'acier fondu brut « non ouvrés » dont la surface et une des extrémités sont toujours plus ou moins rugueuses et qui présentent, le plus souvent, des crevasses ou des soufflures et qui se distinguent facilement de l'acier fini.

N° 55.

NOTE

DE M. ROUVIER, MINISTRE DU COMMERCE,

remise par M. Gambetta, Président du Conseil, Ministre des Affaires étrangères,

à lord Lyons, Ambassadeur d'Angleterre.

Paris, 25 janvier 1882.

TISSUS DE COTON.

L'état de l'industrie cotonnière en France ne permet pas d'accueillir la demande d'une réduction de 20 p. o/o sur les droits actuels des *tissus de coton* écrus. Toutefois, pour marquer une fois de plus que le Gouvernement de la République est disposé à améliorer le *statu quo* dans une juste mesure, il offre d'établir comme suit le tarif des deux premières classes de tissus écrus :

N° 364. 11 KILOGRAMMES ET PLUS AUX 100 MÈTRES CARRÉS.

30 fils et moins.. 47ʳ 50ᶜ
31 à 35 fils... 60 00
36 fils et plus.. 72 00

7 KILOGRAMMES INCLUSIVEMENT À 11 KILOGRAMMES EXCLUSIVEMENT AUX 100 MÈTRES CARRÉS.

35 fils et moins... 60
36 à 43 fils.. 100
44 fils et plus... 170

Les droits proposés pour les 3 classes des 11 kilogrammes et plus constituent une nouvelle concession sur les propositions faites précédemment. D'un autre côté, il faut remarquer qu'il s'agit ici d'une marchandise déjà taxée au droit spécifique par le traité de 1860. La comparaison entre le droit existant et celui proposé est donc simple et facile, et ne laisse aucune place à des divergences d'appréciation. La moyenne des droits des tissus de coton écrus (11 kilogrammes et plus et 7 à 11 kilogrammes) ressort, d'après le traité de 1860, à environ 98 francs; d'après les nouvelles propositions du Gouvernement français, elle ressortirait à 85 francs environ; c'est donc une amélioration de près de 14 p. 0/0.

La surtaxe pour le blanchiment, la teinture, l'impression, etc., ne peut être réduite au delà des concessions déjà accordées par les Commissaires français; mais il ne faut pas perdre de vue que l'abaissement du droit sur le tissu écru devant profiter aux tissus teints, imprimés, etc., il en résulte une indéniable amélioration sur le régime de ces derniers.

CORDS ET MOLESKINES.

Le maintien des droits actuels de 60 et 85 francs sur les velours à côtes et les moleskines n'est pas possible. C'est, en effet, par suite d'une erreur du négociateur de 1860 que ces étoffes ont été taxées à un prix inférieur au droit du tissu écru. Cette erreur a été relevée par la Commission parlementaire des tarifs de douane. Il n'y a aucune possibilité de faire admettre qu'une erreur matérielle doive être consacrée de nouveau, au moment où l'on renouvelle le traité pour dix ans, et il est bien difficile de soutenir qu'un tissu dont la préparation exige un supplément de main-d'œuvre doit payer le même droit que l'écru.

TISSUS DE LAINE PURE.

La demande faite par le Gouvernement de Sa Majesté Britannique tendant à réduire le droit sur les tissus de laine pure à 90 francs et à 50 francs ne peut être accueillie; mais, pour donner une nouvelle preuve de son désir d'arriver à une entente, le Gouvernement de la République consent à faire une nouvelle concession sur les offres antérieures. Il propose d'établir comme suit le tarif des tissus de laine pure :

N° 392. AUTRES, PESANT AU MÈTRE CARRÉ :

400 grammes au plus	125ᶠ
De 401 grammes à 550 grammes	105
Plus de 550 grammes	90

Cette nouvelle proposition constitue une réduction de 6 p. o/o sur les droits inscrits dans le récent traité avec la Belgique; la réduction est d'environ 40 p. o/o, si l'on compare les droits ci-dessus à ceux inscrits dans le tarif général français.

TISSUS DE LAINE MÉLANGÉE.

Le tarif des tissus de laine mélangée, la laine dominant en poids, a déjà été l'objet, au cours des négociations, de réductions successives qui rendent difficile un nouvel abaissement des droits. Il est, dans tous les cas, impossible d'accepter la tarification proposée par le Gouvernement de la Reine et qui aurait ce double effet : 1° de confondre en une seule classe les tissus de laine mélangée avec ou sans *renaissance*; 2° de réduire les droits de cette catégorie ainsi unifiée à 90, 50 et 30 francs.

Il est indispensable de maintenir la distinction entre les tissus mélangés ne renfermant que de la laine mère et du coton, et ceux dans lesquels entre une certaine proportion de laine dite *renaissance*.

Pour les premiers, le Gouvernement de la République consent à une réduction nouvelle et, comme dernière limite de ses concessions, propose les droits suivants :

N° 403. DRAPS, CASIMIRS

et autres tissus foulés, chaîne coton; tissus ras non foulés, la laine dominant, pesant au mètre carré :

200 grammes au plus	130ᶠ
201 à 300 grammes inclusivement	80
301 à 400 grammes inclusivement	70
401 à 550 grammes inclusivement	55
551 à 700 grammes inclusivement	50
Plus de 700 grammes	35

Les tissus mélangés laine et coton et renaissance formeraient une classe spéciale, définie et taxée comme suit :

DRAPS, CASIMIRS, ETC.

chaîne-coton, la trame exclusivement *renaissance* ou en *renaissance* et coton, le coton ne dépassant pas 10 p. o/o du poids total de la trame :

200 grammes au plus	91ᶠ	00ᶜ
De 201 à 300 grammes inclusivement	56	00
De 301 à 400 grammes inclusivement	49	00
De 401 à 550 grammes inclusivement	38	50
De 551 à 700 grammes inclusivement	35	00
Plus de 700 grammes	24	50

Le maintien de cette dernière proposition est lié à l'acceptation, par les Commissaires du Gouvernement de Sa Majesté, de la définition ci-dessus transcrite, toute modification de cette définition pouvant devenir une cause de fraude ou d'erreur.

TISSUS D'ALPACA.

Il a été expliqué, à diverses reprises, au cours des négociations, pour quelles raisons la demande relative à ces tissus ne peut être accueillie.

PEAUX.

Le nouveau tarif général a élevé le droit sur les peaux à 50 francs. Les Commissaires français ont déjà offert de diviser les peaux non déterminées en deux classes, savoir :

N° 420. PEAUX AUTRES, ETC.

Peaux corroyées. . . . . 20^f
Peaux tannées 15

Ils consentent aujourd'hui à réduire le droit de cette dernière classe à 10 francs; mais il est impossible d'étendre cette concession aux peaux corroyées.

JUTE.

Sur ce point, il y a accord entre les deux Gouvernements.

DIVERS.

Les Commissaires français ont examiné de nouveau les divers points signalés à leur attention par les Commissaires anglais dans la 37ᵉ séance de la Commission et rappelés dans le memorandum. Il résulte de ce nouvel examen qu'aucun changement ne peut être fait sur les précédentes propositions, en ce qui touche les articles suivants :

N° 349. Fils de bourre de soie.
N° 382. Dentelles.
N° 420. Peaux, cuir du Levant.

Par contre, le Gouvernement de la République consent à de nouvelles concessions sur les articles ci-après :

N° 375. GUIPURES.

Réduction de 120 francs à 100 francs.

N° 394. BONNETERIE DE LAINE PURE ET DE LAINE MÉLANGÉE.

Ganterie et vêtements non ajustés, réduction du droit de 425 francs à 300 francs.

N° 380. TULLES.

Aux termes des propositions antérieures du Gouvernement français, les tulles auraient été soumis à un droit de 400 francs. Il consent aujourd'hui à établir deux classes :

Tuiles pesant, les 100 mètres carrés :

4 kilogrammes et au-dessus................. .... 200ᶠ
Au-dessous de 4 kilogrammes................................... 400

HUILES MINÉRALES..

L'objection formulée par les Commissaires français contre la réduction du droit sur les huiles minérales d'Écosse n'est pas détruite par les explications de la Note anglaise. Il n'est pas contestable qu'on peut modifier à l'infini la densité des huiles minérales par un mélange d'huiles d'origines diverses. Si faible que puisse paraître l'écart de 4 francs proposé par les Commissaires anglais, il serait encore suffisant pour permettre la fraude; d'ailleurs, le droit sur les huiles minérales n'a aucun caractère protecteur, c'est un droit purement fiscal.

ACIER NON OUVRÉ.

Sur ce dernier point, il est possible de donner satisfaction au Gouvernement de la Reine.

Il y a, en effet, deux espèces de lingots d'acier :

1° Ceux de grande dimension destinés à fabriquer des rails, des bandages, des essieux, etc.;

2° Ceux de petite dimension composés de la contenance d'un creuset ordinaire, et destinés principalement à faire des barres d'acier à outils.

Ces derniers ont une assez grande valeur; la demande d'un droit réduit ne se justifierait point.

Mais il n'en est pas ainsi des premiers. La Note anglaise, précisant qu'il s'agit seulement des gros lingots d'acier fondu, brut, non ouvrés, le Gouvernement de la République est disposé à accorder, pour ces lingots, un traitement de faveur; il propose de les assimiler au fer en barres et de les admettre au droit de 5 francs.

Il doit être seulement bien entendu que l'article du tarif relatif à ce produit sera accompagné d'une note définissant avec précision que le droit de 5 francs ne sera applicable qu'aux gros lingots d'acier fondu, brut, non ouvrés, dont la surface et une des extrémités sont plus ou moins rugueuses et présentent le plus souvent des crevasses et des soufflures, et qui sont composés d'acier obtenu par les procédés Bessemer, Martins, Siemens ou autres procédés analogues.

Il est bien entendu que les marchandises non mentionnées dans le memorandum remis par Son Excellence lord Lyons bénéficieraient du régime conventionnel résultant des traités conclus entre la France et les autres Pays, et que les offres faites par les Commissaires français aux Commissaires du Royaume-Uni sont maintenues et seraient inscrites dans le tarif annexé au traité à conclure entre la France et la Grande-Bretagne.

En résumé, si le Gouvernement de la République ne peut adopter dans son intégralité l'arrangement proposé par le Gouvernement de la Reine, il résulte des nouvelles propositions ci-dessus qu'il accorde de nouvelles et importantes concessions sur les tissus de coton, de laine pure et mélangée, les peaux, les guipures, la bonneterie, les tulles et l'acier non ouvré, c'est-à-dire sur les principaux articles visés par la demande des Commissaires anglais.

N° 56.

NOTE SOMMAIRE

RÉSUMANT LES VUES DU GOUVERNEMENT ANGLAIS

SUR LES DERNIÈRES PROPOSITIONS DU GOUVERNEMENT DE LA RÉPUBLIQUE,

remise à M. DE FREYCINET, Président du Conseil, Ministre des Affaires étrangères,

par lord LYONS, Ambassadeur d'Angleterre.

Paris, 8 février 1882.

L'accord entre le Gouvernement de la République et le Gouvernement de Sa Majesté Britannique ne semblerait possible qu'en tant qu'on s'entendrait sur les questions qui concernent spécialement les tissus de coton et de laine.

Quant aux tissus de coton, le Gouvernement anglais avait demandé qu'on voulût bien réduire, à cause de la répercussion sur les blanchis, les teints, les imprimés, etc., les droits spécifiques sur les écrus, c'est-à-dire :

N° 364. 11 KILOGRAMMES ET PLUS AUX 100 MÈTRES CARRÉS.

3o fils et moins	de 5o^f à	4o^f
31 à 35 fils	5c	4o
36 fils et plus	8c	64

7 KILOGRAMMES À 11 KILOGRAMMES, 5 KILOGRAMMES À 7 KILOGRAMMES
ET 3 KILOGRAMMES À 5 KILOGRAMMES.

Dans ces trois classes, des réductions proportionnées, c'est-à-dire de 20 p. o/o sur le tarif conventionnel actuel.

Les dernières propositions du Gouvernement de la République, sur toutes les classes du n° 364, en regard du *statu quo* et des demandes anglaises, ont été les suivantes :

	Statu quo.	Proposition française.	Proposition anglaise.
11 KILOGRAMMES.			
3o fils et moins	5o^f	47^f 5o^c	4o^f
31 à 35 fils	5o	6o	4o
36 fils et plus	8o	72	64

	Statu quo.	Proposition française.	Proposition anglaise.
7 KILOGRAMMES À 11 KILOGRAMMES.			
35 fils et moins............................	60ᶠ	60ᶠ	48ᶠ
36 à 43 fils................................	100	100	80
44 fils et plus.............................	200	170	160
5 KILOGRAMMES À 7 KILOGRAMMES.			
27 fils et moins............................	80	80	64
28 à 35 fils................................	120	117	96
36 à 43 fils................................	190	190	152
44 fils et plus.............................	300	242	240
3 KILOGRAMMES À 5 KILOGRAMMES.			
20 fils et moins............................	80	110	64
21 à 27 fils................................	80	148	64
28 à 35 fils................................	120	193	96
36 à 43 fils................................	190	270	152
44 fils et plus.............................	300	403	240

Le Gouvernement de **Sa Majesté Britannique** se croit en devoir d'insister pour l'adoption des taux inscrits à la troisième colonne ci-dessus :

Dans la classe de 11 kilogrammes, parce que les réductions proposées par le Gouvernement de la République ne représentent que 5 et 10 p. o/o, en regard d'une augmentation de 20 p. o/o sur une catégorie qui, pour l'Angleterre, est d'une importance capitale;

Pour la classe de 7 à 11 kilogrammes et de 5 à 7 kilogrammes, parce que les réductions proposées par le Gouvernement de la République sont très modiques et d'autant plus sans importance que les augmentations sur la classe de 3 à 5 fils sont extrêmement fortes.

Le Gouvernement de Sa Majesté Britannique est cependant prêt à renoncer à ses demandes sur les écrus, si le Gouvernement de la République veut bien maintenir, comme arrangement temporaire, les droits *ad valorem* actuellement en vigueur pour les tissus non écrus.

Quant aux *cords* et *moleskines,* le Gouvernement de Sa Majesté se voit dans la nécessité d'insister sur le maintien du *statu quo,* soit 60 et 85 francs pour les écrus et les teints, au lieu des droits proposés de 72 et 97 francs.

Le Gouvernement anglais attache, de même, une importance capitale à la réduction des droits proposés par le Gouvernement de la République pour les lainages.

Quant aux tissus de laine pure, il trouve que les droits de 130, 110 et 96 francs sont encore plus élevés qu'il ne devraient l'être, et qu'ils seraient plus équitables en deux classes d'au-dessous et au-dessus de 500 grammes.

Il croit que les droits des tissus mélangés, laine dominante, ne sauraient dépasser 90 francs pour la classe de 200 grammes au plus, et qu'il serait avantageux de réduire les cinq classes proposées à trois, avec les droits à l'échelle de 90, 50 et 30 francs.

La catégorie des tissus mélangés de renaissance serait plus acceptable, si on modifiait la définition qui établit ou plutôt restreint à 10 p. o/o la proportion de coton dans la trame et si, au lieu de trame coton et chaîne coton et renaissance, on admettait chaîne et trame coton ou mélange de coton et renaissance.

On ne prévoit, du reste, aucune difficulté pour arriver à une entente sur tous les points, indépendamment de ceux qui concernent les droits dont il vient d'être traité.

<hr>

<h1 style="text-align:center">N° 57.</h1>

NOTE

DE M. TIRARD, MINISTRE DU COMMERCE, EN RÉPONSE AU MÉMORANDUM REMIS LE 8 FÉVRIER 1882,
PAR LORD LYONS, AU NOM DU GOUVERNEMENT DE SA MAJESTÉ BRITANNIQUE.

Paris, 11 février 1882.

Dans une nouvelle note, en date du 8 février courant, le Gouvernement de Sa Majesté Britannique déclare que « l'accord entre les deux Gouverne- « ments ne semblerait possible qu'autant qu'on s'entendrait sur la question « qui concerne spécialement les tissus de coton et de laine. » Et, à la suite de cette déclaration, la note reproduit, dans un tableau, les chiffres du tarif actuellement en vigueur, ceux offerts par le Gouvernement français et ceux demandés par le Gouvernement anglais. Ce tableau est suivi d'un exposé des motifs pour lesquels le Gouvernement de Sa Majesté se croit en devoir d'insister pour l'adoption de ses propositions.

Sans rentrer dans tous les détails d'une discussion désormais épuisée, le Ministre du Commerce croit devoir maintenir intactes, et comme concessions dernières, les offres faites par son prédécesseur, l'honorable M Rouvier. Ces concessions produisent, en effet, une diminution énorme sur les chiffres de notre tarif général et une sensible amélioration, dans le sens libéral, de notre tarif conventionnel actuel.

Le premier article de la catégorie des tissus de coton de 11 kilogrammes est en diminution de 2 fr. 50 cent. sur ce dernier tarif. Le deuxième, de 31 à 35 fils, contient, en réalité, pour les raisons maintes fois indiquées, une augmentation de 10 francs. Mais cette augmentation est très fortement compensée par une diminution de 8 francs sur le dernier article, de 36 fils et plus, qui est, de beaucoup, le plus important de la série de 11 kilogrammes.

La catégorie de 7 à 11 kilogrammes ne contient aucune augmentation et présente, au contraire, une diminution de 3o francs sur le dernier article, celui de 44 fils et plus.

La catégorie de 5 à 7 kilogrammes ne contient également que des diminutions : 3 francs sur les 28 à 35 fils et 58 francs sur les 42 fils et plus.

Ces diminutions sont, à la vérité, compensées par les augmentations introduites dans la nouvelle catégorie créée pour les articles de 3 à 5 kilogrammes ; mais, ainsi qu'on l'a souvent démontré, cette catégorie n'intéresse nullement l'industrie anglaise et les motifs qui ont déterminé ces augmentations sont tellement justifiés par la démonstration des erreurs du tarif de 1860 que les Puissances les plus intéressées n'ont pu s'empêcher de le reconnaître et d'accepter les rectifications proposées.

Le Gouvernement de la Reine déclare qu'il est prêt à renoncer à ses demandes sur les écrus, si le Gouvernement de la République veut bien maintenir, comme arrangement temporaire, les droits *ad valorem* actuellement en vigueur pour les tissus non écrus.

Cette proposition n'est point admissible. La transformation des droits *ad valorem* en droits spécifiques a été impérativement réclamée par l'unanimité des corps délibérants de France : Chambres de commerce, Chambres consultatives des arts et manufactures, Conseil supérieur, Chambre des Députés et Sénat, pour faire cesser les abus, les fraudes et les difficultés auxquels à toujours donné lieu la perception des droits *ad valorem*. Et nous devons ajouter que, pour les tissus blanchis, teints et imprimés, après les concessions considérables qui ont été consenties au cours des négociations, les droits proposés présentent, dans leur ensemble, une réelle amélioration de l'état actuel.

Quant aux *cords* et *moleskines*, il a été constaté, et MM. les Commissaires anglais ne l'ont jamais contesté, que le poids de ces articles aux 100 mètres carrés est toujours supérieur à 11 kilogrammes, avec duïtage dépassant 36 fils en chaîne et trame, et qu'il est, par conséquent, impossible de ne pas leur accorder des droits au moins égaux à ceux des tissus simples de la même catégorie, soit 72 francs pour les écrus et 97 francs pour les teints ou imprimés. Cette assimilation s'impose d'autant plus que la fabrication des *cords* et *moleskines* nécessite une main-d'œuvre et des frais supérieurs à ceux de la fabrication des tissus ordinaires.

En ce qui concerne les tissus de laine, le Gouvernement français ne peut absolument pas descendre au-dessous des chiffres consentis, en dernier lieu, par M. Rouvier. Le droit de 13o francs pour les étoffes de laine pure pesant, au mètre carré, 4oo grammes au plus sacrifie déjà une grande partie des articles de laine peignée et sera très difficile à faire accepter par les Chambres, car le Conseil supérieur et le Comité consultatif avaient fixé la limite extrème de ce droit à 170 francs. Il en est de même des autres articles, dont la moyenne représente très certainement une taxation inférieure à 10 p. o/o. La démonstration en a été faite si souvent qu'il est inutile de la reproduire ici.

La même observation s'applique aux tissus de laine mélangée de coton qui, avec les propositions de M. Rouvier, notamment en ce qui concerne les *renaissances*, sont réduits à des tarifications extrêmement difficiles à faire accepter par le Parlement; les réduire encore serait courir à un échec certain.

Nous devons, d'ailleurs, faire observer que le tarif conventionnel, tel qu'il résultera de l'ensemble de nos négociations, s'il est voté par les Chambres, constituera, en ce qui concerne les tissus de coton et de laine, le tarif le plus modéré des Puissances concurrentes du continent européen; c'est ce que nous démontrons dans les tableaux ci-annexés.

Nous estimons donc qu'en maintenant les propositions de M. Rouvier, le Gouvernement français dépasse de beaucoup les limites qui lui ont été tracées par le Parlement, lors de la discussion du Tarif général des Douanes et qu'il est difficile d'aller au delà. Ces propositions doivent donc être considérées comme un dernier mot absolument définitif.

Nous devons même faire une réserve, en ce qui concerne les lingots d'acier fondu bruts, non ouvrés, que, dans sa note de janvier, M. Rouvier a assimilés, par erreur et contrairement à sa propre pensée, aux fers en barres, avec le droit de 5 francs, au lieu de les assimiler, comme il en avait la ferme intention, aux rails d'acier, avec un droit de 6 francs. Nous sommes obligés de relever cette erreur, qui ne présente qu'un très mince intérêt pour la metallurgie anglaise et qui serait de nature à nous causer au Parlement les plus graves difficultés.

En résumé, et pour arriver au terme de ces longues et pénibles discussions, nous croyons pouvoir affirmer qu'avec les diminutions consenties sur les métaux et sur bon nombre d'autres articles importants, le Gouvernement de la République a loyalement recherché les moyens d'améliorer le *statu quo*, surtout si l'on veut bien tenir compte des lourdes charges financières et militaires que les événements de 1870-1871 ont imposées à l'agriculture, à l'industrie et au commerce français.

Il ne nous reste donc plus aujourd'hui qu'à attendre l'acceptation de nos dernières propositions par le Gouvernement de Sa Majesté et la réponse à nos demandes en ce qui concerne l'entrée des vins français en Angleterre.

ANNEXES.

TABLEAU COMPARATIF DES DROITS SUR LES TISSUS DE LAINE. — TISSUS DE LAINE PURE.

	FRANCE.	BELGIQUE.	ALLEMAGNE.	AUTRICHE.	ITALIE.	
Draps, casimirs et autres tissus foulés et autres tissus ras, non foulés :					Laine peignée.	Laine cardée.
Étoffes pour ameublement : Plus de 400 grammes aux 100 mètres superficiels.	100^f	260^f ou 10 p. o/o ad valorem.	200^{gr} ou moins : 275^f Plus de 200^{gr}: 168^f 75^c	150^f	200^f	150^f
Autres: pesant { 400 grammes au plus....	130	Idem.	168 75	150	200	150
de 401 à 550 grammes...	110	Idem.	168 75	150	200	150
plus de 550 grammes ...	106	Idem.	168 75	150 (100^f au-dessus de 600^{gr}).	200	150
Tapis { moquettes bouclées......	45	Idem.	125 00	75^f	110^f	
moquettes veloutées.....	55	Idem.	125 00	75	110	
à la Jacquard..........	80	Idem.	125 00	75	110	

TABLEAU COMPARATIF DES DROITS SUR LES TISSUS DE LAINE. — LAINÉS MÉLANGÉES.

	FRANCE.	BELGIQUE.	ALLEMAGNE.	AUTRICHE.	ITALIE.	
Draps, casimirs et autres tissus foulés, chaîne coton; tissus ras non foulés, la laine dominant; au mètre superficiel :					Laine peignée.	Laine cardée.
De 200 grammes au plus........	130^f	260^f ou 10 p. o/o ad valorem.	168^f 75^c	200^f	100^f	155^f
De 200 à 300 grammes inclusivem^t.	80	Idem.	Idem.	200	Idem.	Idem.
De 301 à 400 grammes.........	70	Idem.	Idem.	200	Idem.	Idem.
De 401 à 550 grammes.........	55	Idem.	Idem.	200^f et 150^f	Idem.	Idem.
De 551 à 700 grammes.........	50	Idem.	Idem.	150^f et 100^f	Idem.	Idem.
Plus de 700 grammes..........	35	Idem.	Idem.	100^f	Idem.	Idem.

ARTICLES SPÉCIAUX POUR LES DRAPS FABRIQUÉS AVEC DES LAINES DITES *SHODDY OU RENAISSANCE.*

		FRANCE.	BELGIQUE.	ALLEMAGNE.	AUTRICHE.	ITALIE.	
Draps, casimirs, etc. Chaîne coton, la trame exclusivem^t en renaissance ou en renaissance et coton, le coton ne dépassant pas 10 % du poids total de la trame.	200^{gr} au plus	91^f 00^c	260^f ou 10 p. o/o ad valorem.	168^f 75^c	200^f	100^f	155^f
	201 à 300^{gr}	56 00	Idem.	Idem.	200	Idem.	Idem.
	301 à 400^{gr}	49 00	Idem.	Idem.	200	Idem.	Idem.
	401 à 550^{gr}	38 50	Idem.	Idem.	200^f et 150^f	Idem.	Idem.
	551 à 700^{gr}	35 00	Idem.	Idem.	150^f et 100^f	Idem.	Idem.
	Plus de 700^{gr}	24 50	Idem.	Idem.	100^f	Idem.	Idem.

TABLEAU COMPARATIF DES DROITS SUR LES TISSUS DE COTON.

TISSUS PESANT :	FRANCE.	BELGIQUE.	ALLEMAGNE.	AUTRICHE.	ITALIE.
1° 11 kilogr. et plus aux 100 mètres superficiels :					27 fils et moins
30 fils et moins...............	$47^f 50^c$	50^f	100^f	80^f	57^f
31 à 35 fils................	60 00	50	100	80	64
36 fils et plus...............	72 00	80	100	80	64
2° 7 kilogr. inclusivement à 11 kilogr. inclusivement :					
35 fils et moins...............	60 00	60	150	80	75
36 à 43 fils................	100 00	100	150	80^f et 125^f	75
44 fils et plus...............	170 00	200	150	125^f	75
3° 5 kilogr. inclusivement à 7 kilogr. inclusivement :					
27 fils et moins...............	80 00	80			
28 à 35 fils................	117 00	120	150	150	100
36 à 43 fils................	190 00	190			
44 fils et plus...............	242 00	300			
4° 3 à 5 kilogr. inclusivement :					
20 fils et moins...............	110 00	80			100
21 à 27 fils................	148 00	80			100
28 à 35 fils................	193 00	120	250	150	100
36 à 43 fils................	270 00	190			300
44 fils et plus...............	403 00	300			300

N° 58.

M. DE FREYCINET, Président du Conseil, Ministre des Affaires étrangères,

    à lord LYONS, Ambassadeur d'Angleterre.

Paris, 14 février 1882.

Mon cher Ambassadeur, M. Tirard a étudié avec le plus grand soin la note que vous avez bien voulu me remettre le 8 février, et il ne pense pas qu'il soit possible, au point de vue commercial, de faire aucune réduction sur les chiffres indiqués dans la réponse de M. Rouvier.

Toutefois, afin de vous prouver ma bonne volonté et mon vif désir de resserrer les relations cordiales qui existent entre nos deux Gouvernements, je crois pouvoir prendre sur moi d'introduire les réductions ci-après :

Cotons : 11 kilogrammes, 30 fils et moins, au lieu de 47 fr. 50 cent., 45 fr.; 31 à 35 fils, au lieu de 60 francs, 55 francs.

Cords et moleskines, au lieu de 72 et 97 francs, respectivement 65 et 90 fr.

Tissus de laine pure, au lieu de 130, 110 et 96 francs, respectivement 125, 105 et 90 francs.

Tous les autres chiffres sont maintenus comme dans la lettre de M. Rouvier.

Je croirais manquer à la franchise que je vous dois dans ces conversations amicales, si je ne vous disais que les concessions ci-dessus indiquées sont les dernières que je pourrais proposer au Gouvernement et aux Chambres.

Agréez, etc.

C. DE FREYCINET.

P. S. Je pense que vous n'aurez aucune objection à mettre 6 francs au lieu de 5 francs, chiffre qui a été fixé, par erreur, par M. Rouvier, en ce qui concerne les lingots d'acier fondu, bruts, non ouvrés. M. Rouvier a voulu, comme de raison, les assimiler aux rails d'acier, dont le droit est de 6 francs et non de 5 francs, ainsi qu'il l'avait supposé en rédigeant sa note.

N° 59.

M. le Comte GRANVILLE, Principal Secrétaire d'État de Sa Majesté Britannique, pour les Affaires étrangères,

à lord LYONS, Ambassadeur d'Angleterre à Paris.

(Extrait du *Blue Book.*)

TRADUCTION.

Foreign Office, 15 février 1882.

Milord, j'ai l'honneur d'accuser réception de la dépêche, en date d'hier, par laquelle Votre Excellence m'a transmis une note de M. de Freycinet formulant les propositions définitives du Gouvernement français, en ce qui concerne le tarif français, dans la négociation d'un nouveau traité de commerce avec la France.

Je regrette que le Gouvernement de Sa Majesté ne puisse considérer les concessions actuellement offertes par M. de Freycinet comme l'équivalent au *statu quo.* La situation de l'industrie britannique en face du nouveau tarif français a été complètement exposée dans mes dépêches antérieures, et il est

inutile d'entrer aujourd'hui, à cet égard, dans aucune considération de détail
Pour les cotons, les conditions proposées aujourd'hui ne satisfent pas aux
réclamations présentées par le Gouvernement de Sa Majesté, en ce qui concerne les tissus imprimés et les tissus de fantaisie, sur lesquels on entend
substituer des taxes spécifiques aux droits *ad valorem* actuels. Le *statu quo* n'est
pas maintenu pour les cords et moleskines. Relativement aux lainages, si l'on
accorde quelque réduction pour les tissus de pure laine, rien n'est proposé
pour les tissus de laine mélangée, qui forment l'un des principaux sujets de
réclamation de la part du Gouvernement de Sa Majesté, en raison de la manière dont il a été procédé à la conversion en taxes spécifiques des droits
ad valorem inscrits aujourd'hui dans le tarif français et tels qu'ils ont été établis
par le traité de 1860.

Je dois, en conséquence, vous faire connaître qu'à moins que le Gouvernement français n'examine encore la question, et que, prenant pour point de
départ le maintien effectif du *statu quo* et la conversion des droits *ad valorem*
en taxes spécifiques dans des conditions favorables et équivalentes, il ne consente soit à adopter les dernières propositions du Gouvernement de Sa Majesté,
soit à continuer, par mesure temporaire, l'application des droits *ad valorem* en
attendant l'établissement d'une entente pour leur conversion *bona fide* en droits
spécifiques, le Gouvernement de Sa Majesté a, pour sa part, le regret de déclarer qu'il ne lui paraît pas qu'aucun résultat utile puisse être atteint par de
nouvelles tentatives pour négocier un traité avec tarif.

Dans cette éventualité, je dois prier Votre Excellence de continuer la négociation sur la base d'un traité stipulant le traitement de la nation la plus favorisée, telle qu'elle est posée dans ma dépêche du 10 ce mois.

J'ai l'honneur, etc.

GRANVILLE.

N° 60.

M. DE FREYCINET, Président du Conseil, Ministre des Affaires étrangères,

> à lord **LYONS**, Ambassadeur d'Angleterre à Paris.

Paris, 23 février 1882.

Mon cher Ambassadeur, le Conseil a reconnu que toutes les combinaisons
dont nous avons parlé ont l'inconvénient de ne pas placer la France et l'Angleterre sur un pied d'égalité, en ce sens que l'Angleterre pourrait, à tout instant,

se dégager, tandis que la France ne le pourrait pas. Mais nous avons pensé que cet inconvénient pourrait être évité, en même temps qu'on atteindrait l'avantage que nous avons en vue, à savoir : éviter l'application du tarif général, au moyen d'un projet de loi que nous présenterons aujourd'hui et qui concéderait directement à l'Angleterre le traitement de la nation la plus favorisée. De la sorte, chaque pays resterait maître de ses actes, puisque nous pourrions aussi bien abroger cette loi que vous-mêmes élever vos tarifs, et cependant, en fait, nous jouirions indéfiniment, les uns et les autres, des tarifs réduits.

J'espère que vous approuverez cette idée de M. Tirard, qui nous a paru aussi simple qu'efficace.

Croyez-moi, etc.

C. DE FREYCINET.

N° 56.

LOI

RELATIVE AU RÉGIME DOUANIER APPLICABLE AUX PRODUITS ANGLAIS, LORS DE LEUR ENTRÉE EN FRANCE.

Le Sénat et la Chambre des Députés ont adopté,

Le Président de la République promulgue la loi dont la teneur suit :

Art. 1er. A partir de la promulgation de la présente loi, les marchandises d'origine ou de manufactures anglaises seront soumises, à leur entrée en France, au même traitement que celles des nations les plus favorisées.

Art. 2. Les dispositions de l'article ci-dessus ne seront point applicables aux produits coloniaux, qui restent soumis aux conditions du tarif général des douanes.

La présente loi, délibérée et adoptée par le Sénat et par la Chambre des Députés, sera exécutée comme loi de l'État.

Fait à Paris, le 27 février 1882.

JULES GRÉVY.

Par le Président de la République :

Le Président du Conseil, Ministre des affaires étrangères,   *Le Ministre du Commerce,*

C. DE FREYCINET.   P. TIRARD.

MINISTÈRE DES AFFAIRES ÉTRANGÈRES

DOCUMENTS DIPLOMATIQUES

CONVENTION D'ARBITRAGE AVEC L'ANGLETERRE

1903

PARIS

IMPRIMERIE NATIONALE

MDCCCCIII

MINISTÈRE DES AFFAIRES ÉTRANGÈRES

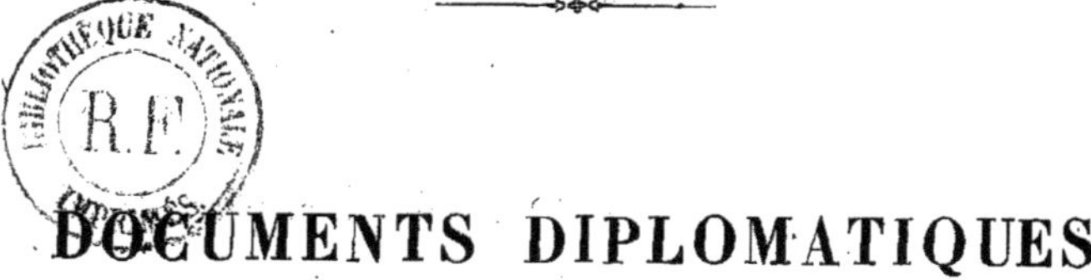

DOCUMENTS DIPLOMATIQUES

CONVENTION D'ARBITRAGE AVEC L'ANGLETERRE

1903

DOCUMENTS DIPLOMATIQUES

CONVENTION D'ARBITRAGE AVEC L'ANGLETERRE

1903

PARIS

IMPRIMERIE NATIONALE

MDCCCCIII

MINISTÈRE DES AFFAIRES ÉTRANGÈRES

DOCUMENTS DIPLOMATIQUES

AFFAIRES D'ORIENT

PARIS

IMPRIMERIE NATIONALE

TABLE DES MATIÈRES.

DOCUMENTS DIPLOMATIQUES.

CONVENTION D'ARBITRAGE AVEC L'ANGLETERRE.

1903.

N° 1.

M. Paul CAMBON, Ambassadeur de la République française,
à M. DELCASSÉ, Ministre des Affaires étrangères.

Londres, le 20 mai 1903.

En me guidant sur les indications que Votre Excellence avait bien voulu me donner verbalement, j'ai demandé à Lord Lansdowne son sentiment sur la campagne relative à des projets d'arbitrage que mène actuellement l'association des chambres de commerce anglaises. L'occasion d'un entretien de cette sorte m'était tout naturellement fournie par une question adressée sur le même sujet, le 11 de ce mois, à M. Balfour et par la réponse qu'y avait faite le Premier Ministre. Il s'était tenu dans les généralités, ce qui rendait difficile d'inférer de ses paroles une adhésion au principe d'un traité d'arbitrage permanent, mais il s'était gardé de décourager les espérances des partisans du projet.

Quant à Lord Lansdowne, il m'a déclaré qu'on ne pouvait demander à un Gouvernement de se lier absolument les mains et que, suivant lui, par leur nature ou leur importance, certaines questions devaient échapper à l'arbitrage, mais que d'autre part, le mouvement en faveur d'un traité permanent était si général que le Gouvernement ne pouvait se dispenser d'en tenir un large compte.

Je lui ai dit que Votre Excellence partageait ce sentiment et qu'Elle avait déjà cherché une formule acceptable; je lui ai fait connaître les termes que vous aviez vous-même employés dans notre dernier entretien.

« On soumettrait, avez-vous dit, à l'arbitrage les divergences sur l'interprétation « juridique des conventions existantes entre les deux pays. »

Lord Lansdowne parut très frappé de cette formule. Il me dit qu'il y avait peut-être là une base d'entente satisfaisante.

CAMBON.

N° 2.

M. DELCASSÉ, Ministre des Affaires étrangères,

à M. Paul CAMBON, Ambassadeur de la République française à Londres.

Paris, le 16 juillet 1903.

Par une lettre du 20 mai dernier, vous m'avez rendu compte d'un entretien que vous aviez eu avec le Principal Secrétaire d'État au sujet d'un traité permanent d'arbitrage entre la France et la Grande-Bretagne.

Depuis lors, cette question n'a cessé d'être agitée des deux côtés du détroit. De nombreuses adresses me sont parvenues dans lesquelles une entente de ce genre est réclamée avec insistance soit par des Chambres de commerce, soit par des particuliers.

Ce mouvement d'opinion n'étant pas moins marqué en Angleterre qu'en France, j'attacherais du prix à connaître de la façon la plus précise ce qu'en pense le Ministre des Affaires étrangères du Roi. Aussi vous serai-je obligé de saisir les premières occasions d'en conférer à nouveau avec Lord Lansdowne.

Je crois d'ailleurs utile de vous communiquer ci-joint copie d'une formule qui a été déjà approuvée par le Conseil des Ministres et qui paraît susceptible de servir de base aux pourparlers qui pourraient être engagés avec le Gouvernement du Roi.

DELCASSÉ.

ANNEXE.

Les différends tombant sous l'application de l'article 16 de la Convention pour le règlement pacifique des conflits internationaux, conclue à la Haye, le 29 juillet 1899, c'est-à-dire les différends d'ordre juridique et particulièrement ceux qui sont relatifs à des difficultés d'interprétation ou d'appréciation des Conventions existantes, qui viendraient à se produire entre les Hautes Puissances contractantes, seront, — à la condition cependant qu'ils ne touchent ni aux intérêts vitaux ni à l'honneur desdites Puissances contractantes, et si, d'autre part, ils ne peuvent être résolus par la voie diplomatique, — soumis à la Cour permanente d'arbitrage, conformément aux dispositions de la Convention susmentionnée.

N° 3.

M. Paul CAMBON, Ambassadeur de la République française à Londres,
   à M. DELCASSÉ, Ministre des Affaires étrangères.

Londres, le 6 août 1903.

En exécution de vos instructions, j'ai dit hier au Principal Secrétaire d'État pour les Affaires étrangères que vous étiez tout disposé à vous entretenir avec lui d'un projet de Convention d'arbitrage entre les deux pays. Je lui ai remis la formule que vous m'aviez chargé de lui communiquer officiellement et qui lui a paru très digne d'attention. Il la soumettra à ses Collègues, et son avis personnel est qu'en limitant, comme vous le faites, l'arbitrage aux différends d'ordre juridique et aux difficultés d'interprétation des conventions existantes, il est possible d'arriver à une entente pratique.

CAMBON.

N° 4.

M. DELCASSÉ, Ministre des Affaires étrangères,
   à M. GEOFFRAY, Chargé d'affaires de France à Londres.

Paris, le 29 septembre 1903.

M. Paul Cambon m'a fait savoir, dans son dernier séjour à Paris, que le Gouvernement britannique serait disposé à signer avec nous une Convention d'arbitrage basée sur la formule qui lui avait été officieusement communiquée et dont le texte était joint à la lettre du Département du 16 juillet dernier.

Prenant, en conséquence, ce texte comme point de départ, je fais préparer un projet de convention que je ne manquerai pas de vous faire tenir.

DELCASSÉ.

N° 5.

M. Paul CAMBON, Ambassadeur de la République française à Londres,
à M. DELCASSÉ, Ministre des Affaires étrangères.

Londres, le 7 octobre 1903.

J'ai remis aujourd'hui à Lord Lansdowne le texte du projet complet de Convention relatif à l'arbitrage que Votre Excellence a bien voulu me confier lors de ma dernière visite à Paris et dont je joins ici, pour ordre, une copie.

Le Secrétaire d'État pour les Affaires étrangères trouve la forme de ce nouveau projet parfaitement appropriée à l'arrangement proposé.

Si Votre Excellence veut bien m'envoyer les pouvoirs nécessaires, la signature sera donnée immédiatement.

CAMBON.

ANNEXE.

ARTICLE I.

Les différends d'ordre juridique ou relatifs à l'interprétation des traités existants qui viendraient à se produire entre les deux Parties contractantes et qui n'auraient pu être réglés par la voie diplomatique, seront soumis à la Cour permanente d'arbitrage établie par la Convention du 29 juillet 1899, à la condition, toutefois, qu'ils ne mettent en cause ni les intérêts vitaux, ni l'indépendance ou l'honneur des deux États contractants et qu'ils ne touchent pas aux intérêts de tierces Puissances.

ARTICLE II.

Dans chaque cas particulier, les Hautes Parties contractantes, avant de s'adresser à la Cour permanente d'arbitrage, signeront un compromis spécial, déterminant nettement l'objet du litige, l'étendue des pouvoirs des Arbitres et les délais à observer, en ce qui concerne la constitution du tribunal arbitral et la procédure.

ARTICLE III.

Le présent arrangement est conclu pour une durée de cinq années, à partir du jour de la signature.

N° 6.

M. Delcassé, Ministre des Affaires étrangères,

à M. Paul Cambon, Ambassadeur de la République française à Londres.

Paris, le 10 octobre 1903.

Par une lettre du 7 de ce mois, vous m'avez fait savoir que vous aviez remis à Lord Lansdowne le projet de Convention relatif à l'arbitrage préparé par mon Département et que le Principal Secrétaire d'État s'était déclaré prêt à donner sa signature.

J'ai l'honneur de vous renvoyer un texte définitif de ce projet, auquel j'ai apporté une légère modification : il m'a paru utile d'ajouter dans l'article 1er, après « l'interprétation des traités existants », les mots : « entre les deux Parties contractantes ».

Il y a lieu de penser que cette addition ne changera rien aux dispositions du Ministre des Affaires étrangères de Sa Majesté Britannique. Si, comme nous aimons à le croire, la rédaction nouvelle ne soulève de sa part aucune objection, je vous autorise à signer immédiatement avec lui l'arrangement dont il s'agit.

Delcassé.

N° 7.

M. Paul Cambon, Ambassadeur de la République française à Londres,

à M. Delcassé, Ministre des Affaires étrangères.

Londres, le 14 octobre 1903.

Après avoir rectifié notre projet de Convention d'arbitrage permanent suivant les prescriptions de Votre Excellence contenues dans Sa lettre du 10 octobre, nous avons signé, le Marquis de Lansdowne et moi, cette Convention aujourd'hui même, et je vous l'envoie ci-incluse.

Paul Cambon.

CONVENTION.

Le Gouvernement de la République française et le Gouvernement de Sa Majesté Britannique, signataires de la Convention pour le règlement pacifique des conflits internationaux, conclue à la Haye, le 29 juillet 1899;

Considérant que, par l'article 19 de cette Convention, les Hautes Parties contractantes se sont réservé de conclure des accords en vue du recours à l'arbitrage, dans tous les cas qu'Elles jugeront possible de lui soumettre,

Ont autorisé les soussignés à arrêter les dispositions suivantes :

Article 1.

Les différends d'ordre juridique ou relatifs à l'interprétation des traités existant entre les deux Parties contractantes, qui viendraient à se produire entre elles et qui n'auraient pu être réglés par la voie diplomatique, seront soumis à la Cour permanente d'arbitrage établie par la Convention du 29 juillet 1899, à la Haye, à la condition, toutefois, qu'ils ne mettent en cause ni les intérêts vitaux, ni l'indépendance ou l'honneur des deux États contractants et qu'ils ne touchent pas aux intérêts de tierces Puissances.

Article II.

Dans chaque cas particulier, les Hautes Parties contractantes, avant de s'adresser à la Cour permanente d'arbitrage, signeront un compromis spécial, déterminant nettement l'objet du litige, l'étendue des pouvoirs des Arbitres et les délais à observer, en ce qui concerne la constitution du tribunal arbitral et la procédure.

Article III.

Le présent Arrangement est conclu pour une durée de cinq années, à partir du jour de la signature.

Fait à Londres, en double exemplaire, le 14 octobre 1903.

Paul CAMBON.

LANSDOWNE.

MINISTÈRE DES AFFAIRES ÉTRANGÈRES

DOCUMENTS DIPLOMATIQUES

ACCORDS

CONCLUS, LE 8 AVRIL 1904

ENTRE

LA FRANCE ET L'ANGLETERRE

AU SUJET

DU MAROC, DE L'ÉGYPTE, DE TERRE-NEUVE, ETC.

PARIS

IMPRIMERIE NATIONALE

MDCCCCIV

MINISTÈRE DES AFFAIRES ÉTRANGÈRES

DOCUMENTS DIPLOMATIQUES

ACCORDS

CONCLUS, LE 8 AVRIL 1904

ENTRE

LA FRANCE ET L'ANGLETERRE

AU SUJET

DU MAROC, DE L'ÉGYPTE, DE TERRE-NEUVE, ETC.

MINISTÈRE DES AFFAIRES ÉTRANGÈRES

DOCUMENTS DIPLOMATIQUES

ACCORDS

CONCLUS, LE 8 AVRIL 1904

ENTRE

LA FRANCE ET L'ANGLETERRE

AU SUJET

DU MAROC, DE L'ÉGYPTE, DE TERRE-NEUVE, ETC.

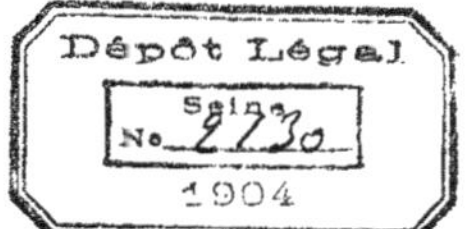

PARIS

IMPRIMERIE NATIONALE

MDCCCCIV .

TABLE DES MATIÈRES.

DOCUMENTS DIPLOMATIQUES

ACCORDS

CONCLUS, LE 8 AVRIL 1904

ENTRE

LA FRANCE ET L'ANGLETERRE

AU SUJET

DU MAROC, DE L'ÉGYPTE, DE TERRE-NEUVE, ETC.

N° 1.

M. Delcassé, Ministre des Affaires étrangères,

> à MM. les Ambassadeurs de la République française à Berlin, Berne, Constantinople, Madrid, Saint-Pétersbourg, Vienne, Washington, près S. M. le Roi d'Italie, près le Saint-Siège, à M. le Ministre de la République à Tanger, et à M. l'Agent diplomatique et Consul général de France au Caire.

Paris, le 12 avril 1904.

Les grands intérêts, d'ordre à la fois moral et matériel, qui sont attachés à l'entente de l'Angleterre et de la France, appelaient un règlement amiable des questions qui divisaient les deux pays et d'où pouvait, en certaines conjonctures, sortir un conflit. A Londres comme à Paris, les Gouvernements s'en rendaient compte. Les visites échangées, l'an dernier, entre le Roi Édouard et le Président de la République, avaient montré que l'opinion, des deux côtés de la Manche, était favorablement disposée.

Au cours de l'entretien que j'eus l'honneur d'avoir avec Lord Lansdowne, le 7 juillet, l'éminent Ministre des Affaires étrangères du Roi et moi, nous avons examiné successivement tous les problèmes qui se posaient devant nous. Il fut reconnu qu'il n'était pas impossible de trouver pour chacun d'eux une solution également avantageuse aux deux parties.

Nos communs efforts, que n'a pas cessé de diriger un même esprit de conciliation, ont abouti aux accords du 8 avril dont je vous adresse, ci-joint, le texte authentique, en y joignant quelques explications sur leur nature et leur portée.

TERRE-NEUVE. Les affaires de Terre-Neuve étaient de celles qui, à de nombreuses reprises, avaient donné lieu à des discussions de plus en plus épineuses. L'origine en est lointaine. L'article XIII du Traité d'Utrecht avait abandonné à la Grande-Bretagne, Terre-Neuve et les îles adjacentes. Ce n'était plus que sur la côte occidentale et sur une partie de la côte orientale que nous pouvions venir prendre et sécher le poisson, et seulement pendant le temps habituel de la pêche. Tout établissement sédentaire nous était interdit.

Les difficultés de plus en plus fréquentes auxquelles se heurtait l'exécution du Traité d'Utrecht nécessitèrent, dans le Traité de Versailles, en 1783, une clause spéciale, complétée par la Déclaration du Roi Georges de même date, en vue d'éviter les querelles journalières entre les pêcheurs des deux nations.

Malgré les précautions prises, on peut dire qu'au cours du siècle dernier il ne s'est pas passé d'année où l'exercice de notre privilège n'ait été la cause de réclamations ou d'incidents. La population de Terre-Neuve, qui comptait, à peine, à l'origine 4 à 5,000 âmes, s'est accrue progressivement jusqu'à 210,000 habitants. Dans le désir de ceux-ci de développer les ressources de leur île, le French Shore leur apparaissait comme fermé à tout progrès; ils ne pouvaient tirer parti d'une région dans laquelle ils espéraient trouver des mines et des terres favorables à l'agriculture, et que nous-mêmes ne pouvions utiliser. C'est ainsi que grandit un mouvement d'opinion hostile à notre privilège. La pression irrésistible des nécessités de l'existence, sous un climat déshérité, vint ébranler chaque jour davantage les barrières des servitudes anciennes et, malgré nos réclamations incessantes, les habitants de l'île s'établirent peu à peu sur une partie du littoral convoité.

Notre résistance à ces envahissements devenait d'autant plus malaisée, qu'en même temps que l'île voyait croître sa population et ses besoins, le nombre de nos pêcheurs fréquentant le French Shore diminuait d'année en année. Du chiffre de 10,000 qu'il atteignait dans le milieu du siècle dernier, il descendait à 4 ou 500 à peine pour tomber même, l'année dernière, à 238. En faveur de ces rares équipages et pour les quelques semaines consacrées par eux chaque année à la pêche dans ces parages, les habitants du pays se voyaient interdire l'accès et la jouissance de près de la moitié du périmètre de l'île.

C'est cet état de choses, impatiemment supporté, qui fit repousser par le Parlement de Terre-Neuve les arrangements négociés entre les cabinets de Paris et de Londres en 1857 et en 1885, en vue de réaliser un compromis entre la rigueur des traités anciens et les exigences de la situation présente.

Le dernier de ces accords contenait une stipulation, qui nous accordait la faculté de l'approvisionnement de la boëtte, c'est-à-dire du hareng, capelan, encornet, etc., nécessaire à la pêche de la morue. Ce fut le motif qui porta le Parlement de Saint-Jean à rejeter l'arrangement de 1885. Dès l'année suivante, il vota même le Bait act dont l'objet était d'interdire la vente de la boëtte aux étrangers. Cette loi a cessé provisoirement d'être appliquée depuis 1893, mais le Parlement Terreneuvien a établi en 1898 un impôt sur la vente de la boëtte qu'à défaut de stipulation expresse on pouvait craindre de voir appliquer le long du French Shore.

En même temps que la question soulevée par le Bait act, un nouvel élément de contestation surgissait à propos d'une industrie de création récente à Terre-Neuve, celle des homarderies, dont on prétendait nous contester l'exercice au French Shore, parce que le homard est un *crustacé* et que les stipulations du Traité d'Utrecht ne visent que le *poisson*. En 1890, un *modus vivendi* intervint sur la base de l'état de choses existant au 1er juillet 1889. Cet arrangement, essentiellement provisoire et limité d'abord à la campagne de 1890, dut, faute de mieux, être renouvelé depuis lors, parfois à grand'peine. Il aurait suffi d'un refus du Parlement de Terre-Neuve pour susciter d'inextricables complications.

Dans cette situation, la nécessité s'imposait d'une façon pressante de chercher une solution définitive. Nos droits à Terre-Neuve se composaient de deux éléments : la pêche, c'est-à-dire l'usage des eaux territoriales, et le séchage du poisson, c'est-à-dire l'usage de la côte. Par son caractère exclusif, ce dernier principe était devenu insupportable aux habitants. Nous en consentons l'abandon. Mais il faut remarquer que les circonstances ne sont plus les mêmes qu'au temps du Traité d'Utrecht, le séchage pouvant se faire, et se faisant, en effet, soit à bord, soit, grâce à la rapidité des communications, à Saint-Pierre et Miquelon ou même en France. Par contre, notre droit de pêche dans les eaux territoriales reste intact, et c'est là l'essentiel. Quant à la pêche sur les Grands Bancs, qui est infiniment plus fructueuse et par suite plus recherchée, elle sera facilitée par la faculté qui nous est désormais garantie de nous approvisionner de boëtte sur toute l'étendue du French Shore. C'est précisément cette pêche au large que le Gouvernement a toujours tenu à encourager comme une des plus utiles écoles de nos gens de mer et une préparation précieuse à l'entraînement naval.

Le homard étant devenu de plus en plus rare par suite de la pêche intensive dont il est l'objet depuis quelques années, il a été convenu que des règlements généraux pourraient être édictés en vue de la prohibition de la pêche de ce crustacé, ou même d'autres poissons, pendant un temps déterminé. Ces règlements nous seront communiqués au moins trois mois avant leur entrée en vigueur. En vue de favoriser la reproduction, il a été stipulé que les engins de pêche fixes ne pourraient être utilisés sans la permission des autorités locales. Mais, afin de prévenir toute contestation à cet égard, nous avons prié le Gouvernement britannique de nous dire ce qu'il entendait exactement par engins fixes. Il résulte d'un échange de lettres entre notre Ambassadeur et le Principal Secrétaire d'État que, d'après la législation britannique, ces mots ne s'appliquent qu'à des établissements permanents. Ainsi nos pêcheurs pourront continuer à faire usage des filets attachés à la côte pour la durée d'une pêche et qui ne constituent qu'un mode passager. Rien ne s'opposera non plus à ce qu'ils installent des casiers à homards, et la pêche de ce crustacé, qui nous avait été jadis contestée et avait donné lieu à de longs débats, se trouve définitivement admise en droit comme dans la pratique.

Outre la pêche proprement dite, nous avons encore au French Shore des intérêts dont il devait être tenu compte, ceux des propriétaires de sécheries et de homarderies qui se trouvent dépossédés par le fait de la mise en exploitation de la côte jusqu'à présent réservée à leurs seules industries. Il y a été pourvu par l'article III de la Convention du 8 avril qui assure aux propriétaires de ces établissements, ainsi qu'aux marins employés par eux, une indemnité dont le chiffre sera déterminé par une Commission d'officiers de marine français et anglais, avec recours éventuel à un surarbitre dont le choix appartiendra à la Cour internationale de la Haye. Toutes les garanties sont par conséquent prévues pour la liquidation équitable des quelques entreprises dont il s'agit.

On voit que, pour écarter des risques de conflits qui menaçaient de devenir inquiétants, nous ne faisons qu'abandonner à Terre-Neuve des privilèges difficilement défendables et nullement nécessaires, en conservant l'essentiel, c'est-à-dire la pêche dans les eaux territoriales, et en mettant pour l'avenir hors de toute contestation possible un droit précieux, celui de pêcher librement, ou d'acheter sans entraves, la boëtte sur toute l'étendue du French Shore.

Ces compensations ne sont pas, d'ailleurs, les seules qui nous soient consenties.

AFRIQUE OCCIDENTALE.

Nous en recevons d'autres, dans l'Afrique Occidentale, d'une importance très appréciable pour le développement de notre empire colonial. Les concessions de l'Angleterre portent sur trois points : la Gambie, les îles de Los et la région comprise entre le Niger et le Tchad.

La rivière de la Gambie constitue une sorte d'anomalie heureuse dans le régime hydrographique du littoral de l'Afrique occidentale. Alors, en effet, que la plupart des cours d'eau y sont presque impraticables une partie de l'année, la Gambie peut, jusqu'à une distance de plus de 300 kilomètres à vol d'oiseau de son embouchure, porter des bateaux de mer. C'est dans cette région, une des principales voies de pénétration fluviale ; nous en étions exclus jusqu'à présent.

L'établissement de l'Angleterre sur la Gambie remonte à l'origine même des entreprises coloniales britanniques à la côte occidentale d'Afrique. Dès 1588, on voit la reine Élisabeth octroyer une charte commerciale pour la Gambie à une Compagnie anglaise. Puis, vers le milieu du xviie siècle, Fort-James est construit à l'embouchure de la rivière. En 1783, la France reconnaît à l'Angleterre par l'article 10 du Traité de Versailles la possession de Fort-James et de la rivière de Gambie. En 1816, Sainte-Marie-de-Bathurst est fondée, et dix ans plus tard des arrangements avec des chefs indigènes assurent à l'Angleterre les territoires adjacents au cours du fleuve dans sa partie navigable. Enfin, nous-mêmes, en 1857, nous cédions le comptoir d'Albreda enclavé, en face de Sainte-Marie-de-Bathurst, au milieu des territoires anglais et qui constituait le dernier vestige sur ce point des rivalités coloniales des deux nations.

A cette époque toutefois, et dans les années qui suivirent, on songeait moins à acquérir des territoires en dehors des côtes, et l'Angleterre, maîtresse du cours navigable de la Gambie, s'occupa plutôt d'exploiter les avantages que lui donnait la possession de cette voie de transit. Mais lorsque, à une époque plus récente, s'annonça le mouvement qui allait diriger vers l'arrière-pays les visées des nations européennes et étendre à l'intérieur des compétitions territoriales jusque-là cantonnées sur le littoral, on vit, en 1882, se mettre en marche et monter la vallée de la Gambie une mission anglaise dont le plein succès eût fait, de ce qui constitue aujourd'hui la Guinée française, une enclave des possessions britanniques; notre établissement dans le haut bassin du Niger eût été mis en question.

Aujourd'hui, c'est la Guinée qui, par derrière la Gambie et Sierra-Leone, s'est soudée aux autres possessions françaises, et c'est la Gambie qui se trouve enserrée dans nos territoires.

Toutefois, s'il nous fut donné de devancer dans cette région les entreprises étrangères, l'historique succinct qui vient d'être fait permettra de comprendre pourquoi nous ne fûmes pas à même, lorsque s'ouvrirent, en 1889, les négociations pour le règlement des situations territoriales respectives, d'obtenir un établissement sur la partie navigable du cours de la Gambie. Il n'y avait pas non plus à espérer une cession ou un échange. En 1876, un projet de cette nature avait bien été un moment agité entre les Cabinets de Paris et de Londres, mais l'opinion publique s'était prononcée en Angleterre avec tant d'énergie contre tout abandon de la Gambie qu'il ne fut pas possible d'y revenir.

L'arrangement de 1889 assura donc au Gouvernement britannique une zone de de 10 kilomètres de chaque côté de la rivière entre la côte et le point terminus de la colonie anglaise, qui fut fixé au-dessus de Yarboutenda, en amont des rapides qui nous fermaient absolument le bief navigable.

Il nous est ouvert aujourd'hui : d'une part, en effet, le territoire anglais s'arrêtera désormais au-dessous de Yarboutenda. Nous acquérons ainsi environ 20 kilomètres du cours de la rivière dans la partie représentée comme accessible en tout temps aux bâtiments de haute-mer.

Mais, d'autre part, afin de nous mettre à l'abri d'une de ces surprises trop fréquentes dans des régions encore insuffisamment pratiquées, il a été entendu que dans le cas où la Gambie ne serait pas utilisable jusque-là pour la navigation maritime, un accès nous serait donné sur un point du fleuve accessible aux bâtiments de haute mer.

D'ailleurs nous nous sommes assuré sur la Gambie la jouissance du régime prévu par l'Acte général de Berlin pour garantir sur le Niger la liberté de la navigation, et nous nous sommes en même temps ménagé le bénéfice des applications que nous en avons faites d'un commun accord avec l'Angleterre à la partie anglaise du bassin du Niger par la Convention du 14 juin 1898.

Nous croyons donc avoir tiré de la situation ce qu'elle pouvait équitablement nous donner.

Les îles de Los (autrefois îles des Idolo), que vient de nous céder l'Angleterre, sont au nombre de six, dont trois grandes : Tamara, Factory et Roume, et trois petites appelées île de Corail ou Yelisoubé, Bonne ou White Island, île Kid ou Kouraté Minghi.

Situé à moins de cinq kilomètres de la côte, en face du port récemment fondé de Konakry, capitale de la Guinée française, ce groupe en commande immédiatement les accès.

Il y a près de quatre-vingts ans, qu'à la suite de traités passés en 1826 avec des chefs de la côte, l'Angleterre s'était installée aux îles de Los. A cette époque, le commerce européen s'établissait de préférence dans les îles voisines du littoral. Il y trouvait pour ses comptoirs plus de sécurité et de salubrité.

A cet égard, les îles de Los réunissaient comme station d'entrepôt pour le trafic du Fouta-Djallon et du haut bassin du Niger, des avantages qui ne devaient pas échapper à nos voisins d'Outre-Manche, bons connaisseurs en pareille matière. Elles offraient en effet un mouillage profond et sûr, un terrain fertile et des ressources en eau potable.

Aussi, lorsqu'en 1882 on reconnut, à Londres et à Paris, que le moment était venu de substituer à l'ancien éparpillement des comptoirs à la Côte occidentale d'Afrique, des groupements homogènes, le Gouvernement britannique, tout en se montrant disposé à nous reconnaître, au Nord de sa colonie de Sierra-Leone, ce qui constitue aujourd'hui la Guinée française, en excepta les îles de Los dont il se refusa catégoriquement à se dessaisir.

Successivement, dans les vingt années qui suivirent, les questions pendantes entre les deux Gouvernements dans cette partie du continent noir se réglèrent, mais les îles de Los n'en demeurèrent pas moins anglaises.

Cet état de choses ne pouvait durer sans dommages pour nous.

On sait l'extension considérable qu'a prise depuis quelque temps le port de Konakry. Son importance paraît cependant devoir s'accroître encore à bref délai. C'est déjà aujourd'hui un des points les plus fréquentés de la Côte occidentale d'Afrique, mais ce sera demain aussi la tête de ligne de la voie ferrée actuellement en construction, et qui en fera le débouché de la vallée supérieure du Niger ainsi que des riches régions avoisinantes.

Au point de vue commercial, les îles de Los ont été, dès lors, pratiquement annihilées. Mais comme elles sont, par leur situation même le complément indispensable de notre nouveau port, elles se trouvent avoir acquis ainsi pour nous une valeur nouvelle et bien plus grande encore. Ce groupe borde, en effet, sur une longueur de plusieurs kilomètres et juste en face de Konakry le chenal d'accès de ce port qu'il domine et auquel il forme comme une sorte de digue et de brise-lames naturel. C'est l'emplacement nécessaire des signaux d'éclairage et de balisage destinés à compléter ceux du port lui-même et dont l'existence est essentielle à la sécurité de ses abords. Or, jusqu'à présent, nous ne pouvions rien faire aux îles de Los, ou tout au moins dépendions-nous du bon vouloir d'autrui.

D'autre part, si ce groupe avait perdu son importance comme station commerciale, il n'en avait pas moins conservé tous ses avantages maritimes. L'Amirauté anglaise restait toujours maîtresse d'utiliser les îles de Los pour y créer en eau profonde une station navale. A tout moment nous pouvions y voir mouiller des bâtiments de la marine militaire britannique. En outre, les hauteurs qui s'élèvent sur les deux îles principales de Tamara et Factory tiennent sous leur commandement la côte basse et marécageuse de Konakry. De ces sommets on eût pu balayer sans risque tous nos établissements.

Telle est la situation dont nous venons de nous affranchir. Tels sont les avantages et les sécurités que nous venons d'acquérir.

Nous avons fondé à Konakry un port qui, si l'avenir répond à ce que semblent promettre les résultats déjà acquis, sera un des grands entrepôts commerciaux de cette côte. La clef de ce port est, depuis hier, entre nos mains.

Une partie importante de l'arrangement qui vient d'être signé est consacrée aux régions entre le Niger et le Tchad. Il ne s'agit de rien moins en effet que du remaniement, ou mieux d'une transformation à notre très grand avantage, de l'ensemble de la frontière déterminée par la Convention du 14 juin 1898.

On sait qu'une déclaration signée à Londres le 5 août 1890 donnait pour limite à la zone d'influence de la France, au sud de ses possessions méditerranéennes, une ligne de Say sur le Niger à Barroua sur le lac Tchad, tracée de façon à comprendre dans la zone d'action de la Compagnie anglaise existant alors sous le nom de Compagnie du Niger, « tout ce qui appartenait équitablement au royaume de Sokoto ».

Cette ligne devait être déterminée par des commissaires à nommer à cet effet et qui auraient également pour mission de déterminer les zones respectives d'influence des deux pays à l'Ouest et au Sud du moyen et du haut Niger.

Ce fut à cette dernière partie de leur œuvre que les commissaires se vouèrent tout d'abord. Une série d'arrangements vint successivement, dans les années qui suivirent, régler la situation à la Gambie, à Sierra-Leone, à la Côte-d'Or, mais ce ne fut qu'en 1896 et finalement dans les négociations de 1897-1898 que fut abordée la question de la délimitation entre le Niger et le Tchad, en même temps, d'ailleurs, que le règlement de la situation dans la zone voisine du fleuve sur la rive droite.

A diverses reprises, le Gouvernement Britannique avait laissé entendre que la ligne Say-Barroua n'était pour lui qu'un minimum. C'est de cette base que partirent en 1897-1898 les commissaires anglais qui étendaient même en ce moment leurs prétentions jusqu'à l'Aïr.

Les pourparlers se poursuivaient lorsqu'un incident vint singulièrement compliquer la situation. Une mission française était partie, entre temps, pour reconnaître la zone litigieuse ; mais au lieu de se tenir, comme il avait été convenu, au Nord de la ligne Say-Barroua, elle vint pour ainsi dire au portes de Sokoto, prendre la ville d'Argoungou.

Cet incident produisit de l'autre côté de la Manche une émotion qui eut son écho au Parlement britannique, et exerça une influence décisive sur la négociation alors en cours. La résistance des commissaires français se trouva entravée, et finalement on dut se contenter de conserver Zinder, qui donnait le commandement des accès par le Nord du grand centre commercial de Kano que la déclaration de 1890 plaçait incontestablement dans le lot de la Grande-Bretagne, et c'est ainsi que fut tracé autour de Sokoto l'arc de cercle de 100 milles de rayon dont il a été si souvent parlé depuis.

On n'avait d'ailleurs en 1898, sur les régions où passait la nouvelle frontière, que des notions encore vagues.

Le chemin connu et pratiqué passait par Sokoto et Kano, c'est-à-dire par des territoires dévolus depuis 1890 à l'Angleterre.

Mais lorsqu'une fois la Convention signée, le 14 juin 1898, nous envoyâmes un détachement occuper Zinder, le passage au Nord de la nouvelle frontière, et notamment au-dessus de l'arc de cercle tracé autour de Sokoto, présenta des difficultés presque insurmontables. Il fallait traverser une région désertique et, au fur et à mesure de l'avancement de la colonne, creuser des puits qui se tarissaient presque immédiatement.

Cependant, force nous avait été d'emprunter les territoires anglais pour faire passer les convois destinés au ravitaillement de Zinder. Mais l'autorisation n'en avait été concédée qu'à titre temporaire, et il est évident qu'elle ne pouvait être indéfiniment sollicitée. La situation était donc absolument précaire.

A supposer même qu'au prix de lourds sacrifices nous eussions pu réussir à nous maintenir sur ce point, le résultat n'eût été qu'absolument insuffisant. Ce qu'il fallait réaliser, c'était la jonction de nos possessions du Soudan français avec celles du centre africain. Or, les mécomptes ne furent pas moindres pour la partie de la frontière de 1898 qui s'étendait entre Zinder et le Tchad qu'ils ne l'avaient été entre le Niger et Zinder. Là encore, la limite se tenait dans des régions désertiques impraticables, et la mission Foureau-Lamy, en arrivant à Zinder par l'Aïr, s'était vu contrainte, pour trouver de l'eau et pouvoir gagner par le Tchad, nos territoires des rives nord et est du lac, de descendre au sud-est, en territoire anglais, où passait la seule route praticable, sur les bords de la rivière Komadougou.

Somme toute, nous avions acquis par la Convention du 14 juin 1898, à l'est du Niger et dans les entours du Tchad, certains territoires, mais il nous était pratiquement impossible d'y accéder. Le désert séparait nos possessions du Soudan de celles du Tchad, et par un concours de circonstances imprévues, l'homogénéité de notre empire africain, depuis si longtemps poursuivie, n'était pas obtenue.

Sur le Tchad lui-même, et comme si, dans ces régions, les événements devaient partout tourner contre nous, les reconnaissances ultérieures amenaient à constater que le contour de la nappe d'eau différait sensiblement de celui que prévoyaient les connaissances cartographiques au moment de la Convention de 1898. D'après la carte annexée à cet accord, les eaux du lac se trouvaient réparties entre les deux pays à peu près proportionnellement à ce qu'ils possédaient des rives. Un large passage en eau libre nous était notamment réservé à l'est entre les parties inférieure et supérieure. Or, d'après les travaux les plus récents, un amas serré d'îles borderait toute cette rive orientale, et viendrait en contact avec la limite anglaise. Nos communications par bateau entre les rives du nord et du sud ne pouvaient donc se faire sans passer par les eaux britanniques.

C'était ainsi toute une négociation qu'il fallait reprendre, mais c'était encore plus un nouveau principe qu'il fallait introduire et faire accepter.

Il était évident que, pour aboutir, il devenait essentiel de s'affranchir des étroites discussions territoriales pour s'inspirer d'idées plus larges.

En équité, on nous devait une route, et nous l'avons obtenue. En droit, néanmoins, rien n'y obligeait.

On ne peut, pour la description géographique de la nouvelle frontière, que renvoyer aux termes de l'arrangement. Un coup d'œil sur la carte permettra de se rendre compte des résultats acquis. Comme on le verra, une voie s'ouvre à nous désormais sans solution de continuité du Niger à Zinder et de Zinder au Tchad. Cette route, nous la connaissons; nos convois, nos missions l'ont parcourue, ils y ont trouvé de l'eau et les autres ressources requises pour assurer des communications régulières et normales.

De plus, sur les eaux du lac Tchad, une clause spéciale nous garantit une situation proportionnellement égale à celle que nous donnait la Convention de 1898. Notre navigation en eau libre française est ainsi désormais assurée.

Enfin, cette délimitation nouvelle comporte pour nous de notables agrandissements de territoire. La valeur économique de ces acquisitions est encore incertaine; mais ce côté de l'arrangement mérite à un autre point de vue de retenir l'attention. On remarquera, en effet, qu'il est entendu qu'on tiendra compte, pour le tracé définitif de la frontière, des États indigènes existants, et que, au-dessous de Zinder, la limite pourra, s'il est nécessaire, se déplacer à cet effet vers le Sud. Il y a dans cette clause un élément important de bon ordre et de sécurité pour les relations des deux pays. Les frontières tracées arbitrairement à travers des groupements de populations risquent d'y amener du trouble et du malaise, et c'est ainsi que la frontière de 1898 coupait presque en deux, en lui enlevant les parties les meilleures de son territoire, le Sultanat de Zinder, que le nouvel arrangement garantit contre un morcellement dont les conséquences eussent, à tous égards, été fâcheuses.

On le voit donc, ici encore l'Angleterre se trouvait en possession d'avantages dont la récupération était pour nous essentielle. C'est chose faite aujourd'hui. Nos réserves d'avenir dans ces régions si importantes peut-être pour le développement futur de notre empire africain sont désormais à l'abri.

La partie capitale de l'arrangement qui vient d'être conclu est relative au Maroc. De toutes les questions où sont engagés les intérêts de la France, aucune, en effet, n'a une importance comparable à la question marocaine; et il est évident que de sa solution dépendaient la solidité et le développement de notre empire africain et l'avenir même de notre situation dans la Méditerranée.

Le Maroc a une population de beaucoup supérieure à celles de l'Algérie et de la Tunisie réunies, par conséquent une main-d'œuvre plus abondante; et il possède en quantité ce que n'ont ni la Tunisie ni l'Algérie : l'eau toujours. Placé sous notre influence, c'est notre empire du nord de l'Afrique fortifié; soumis à une influence étrangère, c'est pour le même empire la menace permanente et la paralysie. Or, l'heure était venue de savoir qui aurait au Maroc l'influence prépondérante. L'état actuel de choses n'y peut, en effet, durer qu'à la condition d'être soutenu et amélioré. Il incombait à notre diplomatie de faciliter à la France cette tâche que la nature et le voisinage lui attribuent : c'est à quoi elle s'est appliquée avec persévérance, mettant à profit toutes les circonstances favorables qui s'offraient.

En obtenant de l'Angleterre, dont on connaît la forte situation aux portes mêmes du Maroc, la déclaration qu'il appartient à la France de veiller à la tranquillité de ce pays et de lui prêter son assistance pour toutes les réformes administratives, économiques, financières et militaires dont il a besoin, ainsi que l'engagement de ne pas entraver son action à cet effet, nous avons obtenu un résultat dont il est superflu de faire ressortir la valeur.

C'est à nous maintenant, en nous gardant de tout entraînement, en tenant compte des expériences faites ailleurs, en nous montrant les meilleurs amis du Maroc parce que les plus intéressés à sa prospérité, de poursuivre avec méthode, avec esprit de suite, sans efforts et sans sacrifices inutiles, l'achèvement de notre œuvre civilisatrice qui fortifiera singulièrement la puissance française sans léser les droits acquis de personne et qui finalement sera un bénéfice pour tout le monde.

Dans une pensée d'amitié vis-à-vis de l'Espagne, avec laquelle nous entretenons des relations traditionnelles de cordialité, nous avons tenu à prendre en considération les intérêts qu'elle tient, elle aussi, de son voisinage et de ses possessions territoriales sur la côte marocaine de la Méditerranée. Aussi, nous concertons-nous avec le Gouvernement du Roi avec le désir de donner satisfaction aux aspirations légitimes d'un pays voisin et ami.

ÉGYPTE. En ce qui concerne l'Égypte, vous remarquerez que l'état politique n'en subit aucun changement. Le principal intérêt de la négociation qui vient d'aboutir est de l'ordre financier. Une grande partie de la dette égyptienne est placée en France. Il s'agissait d'assurer à nos porteurs les plus larges garanties, tout en adaptant celles-ci aux conditions nouvelles résultant du relèvement financier de l'Égypte.

Tout le monde connaît les origines du régime actuel. On sait comment les prodigalités d'Ismaël, ses énormes emprunts à gros intérêts (emprunts à 7 et même à 9 p. o/o, avances contractées à 3o p. o/o) ont, en quelques années, mis à la charge de son pays une dette de plus de deux milliards. Le crédit de l'Égypte fut bientôt ruiné. A la fin de 1874, le 7 p. o/o égyptien tombait à 54. En avril 1876, le Gouvernement déclarait qu'il suspendait ses payements.

C'est alors que, pour la sauvegarde des intérêts des créanciers et uniquement dans ce but, fut créée la Caisse de la Dette. Des revenus spéciaux, ceux de quatre pròvinces, ainsi que les produits des chemins de fer, des douanes, des tabacs, furent affectés au service de la Dette, et la Caisse reçut le droit de poursuivre devant les tribunaux mixtes l'exécution des engagements pris par le Gouvernement.

Malgré ces garanties, la totalité des intérêts dus ne put être payée. Les revenus affectés n'y suffisaient pas. De nouvelles mesures s'imposèrent. La loi de 1880 qui fut l'œuvre de commissaires désignés par la France, l'Angleterre, l'Allemagne, l'Autriche-Hongrie et l'Italie, et qui reçut l'assentiment des Puissances, fixa les affectations spéciales des dettes, privilégiée, unifiée et Daïra-Sanieh, abaissa à 4 p. o/o l'intérêt de l'Unifiée et régla à nouveau les attributions de la Caisse de la Dette, ainsi que celles des Administrations des chemins de fer et de la Daïra-Sanieh.

L'Égypte était mise en tutelle : son Gouvernement ne pouvait ni réduire les impôts affectés, ni contracter d'emprunt sans l'autorisation de la Caisse et il ne pouvait dépenser librement que la somme qui lui était attribuée par les Puissances sur les recettes de l'État.

D'autres dispositions furent prises en 1885 dans le même ordre d'idées. En garantissant un emprunt de 225 millions, jugé nécessaire, les Puissances resserrèrent une dernière fois les liens qui restreignaient la liberté d'action du Gouvernement égyptien en matière budgétaire.

On entra peu après dans une nouvelle phase. Les finances de l'Égypte devinrent prospères, la Caisse de la dette reçut d'année en année des excédents plus considérables, le crédit du pays se rétablit.

Le moment arrivait où l'Égypte pourrait rembourser ses dettes.

En 1890, elle obtint des Puissances l'autorisation de convertir sa dette Privilégiée 5 p. o/o en 3 1/2, sa dette Daïra 5 p. o/o en 4 p. o/o, sa dette Domaniale 5 p. o/o en 4 1/4, et il fut admis en même temps qu'elle pourrait, en 1905, rembourser la Privilégiée ainsi que la dette Daïra, et quelques années plus tard la dette Domaniale, ce qui impliquait qu'aux mêmes dates pourraient disparaître les trois Administrations mixtes des chemins de fer, de la Daïra Sanieh et des Domaines.

En 1894, l'Égypte demanda en outre à convertir l'Unifiée. Mais les Puissances ajournèrent l'examen de cette proposition.

Telle était la situation au moment où se sont engagées les négociations qui viennent de se terminer.

Les Dettes Daïra et Domaniale s'amortissaient rapidement, la dette Privilégiée allait disparaître, et l'Égypte invoquant le droit qu'a tout débiteur de se libérer, préparait la conversion de l'Unifiée.

Voici maintenant les résultats auxquels ont conduit les négociations.

Aux termes du projet de décret auquel nous avons donné notre adhésion et qui doit être soumis à l'assentiment des autres Puissances, la Privilégiée ne peut plus être remboursée l'année prochaine. Elle sera remboursable au plus tôt en 1910, ce qui assure aux porteurs le maintien, sur lequel ils ne pouvaient plus compter, de l'intérêt actuel, au moins pendant cinq ans de plus.

Pour la dette Garantie 3 p. o/o et pour l'Unifiée 4 p. o/o aucun délai de remboursement n'avait été stipulé jusqu'à présent.

Il a été convenu que la dette Garantie, dont la plus grande partie paraît être placée en Angleterre, pourra, comme la Privilégiée, être remboursée en 1910. Ce remboursement libérera le Gouvernement français de la garantie qu'il a donnée.

Quant à l'Unifiée, nous avons obtenu qu'elle ne serait pas remboursée avant 1912. Les porteurs pourront donc conserver leur intérêt de 4 p. o/o au moins pendant huit ans. C'est pour eux un avantage équivalent à celui qu'ils auraient si l'Unifiée était remboursée immédiatement à 108, taux supérieur au cours coté à la date de la signature de la déclaration.

Enfin la Domaniale, conformément à un accord conclu en 1900, n'est pas remboursable avant 1915.

Pour la Daïra, dont la liquidation est près d'être achevée dans les conditions établies en 1890, aucune prolongation ne pouvait être stipulée. Mais ses sucreries et son réseau de chemins de fer ont été achetés par une grande Société française, qui a presqu'entièrement concentré dans ses mains la fabrication du sucre en Égypte. Le Gouvernement français a stipulé la confirmation des avantages faits à cette Société.

En échange de ces concessions, le Gouvernement Égyptien a demandé que les affectations de revenus établies par la loi de liquidation fussent remaniées de manière à dégager les administrations dont les recettes n'étaient plus nécessaires au service de la Dette.

Nous y avons consenti, pour notre part, sous les conditions suivantes :

1° La Commission de la dette publique demeurera chargée du service des intérêts et de l'amortissement des dettes Garantie, Privilégiée et Unifiée ;

2° Les impôts fonciers de toutes les provinces de l'Égypte, à l'exception de celle de Keneh, qui est le gage spécial de la dette Domaniale, seront affectés au service des trois dettes garantie, privilégié et unifiée. Il est constaté que lesdits impôts produisent actuellement 109 millions de francs, et que le service des trois dettes, y compris les dépenses de la Caisse, n'exige annuellement qu'une somme d'environ 94 millions de francs.

3° Les revenus affectés au service des trois dettes continueront à être versés directement à la Caisse de la dette par les comptables supérieurs des provinces.

4° Le Gouvernement Égyptien ne pourra, sans l'assentiment des Puissances, introduire dans les impôts affectés aucune modification pouvant avoir pour résultat de réduire le rendement des impôts au-dessous de 104 millions de francs.

5° La Caisse de la dette sera dotée d'un fonds de réserve de 46,800,000 francs et d'un fonds de roulement de 13 millions, destinés à assurer à l'avance, avant toute entrée d'impôts, le payement du coupon semestriel.

6° Les Commissaires de la dette continueront à avoir, même individuellement, qualité pour poursuivre le Gouvernement devant les tribunaux mixtes en cas de non-exécution de ses engagements.

Ainsi jusqu'à complet amortissement ou remboursement des dettes Garantie, Privilégiée et Unifiée, la Caisse de la dette gardera les pouvoirs dont elle a besoin, y compris celui de poursuivre le Gouvernement devant les tribunaux mixtes, pour assurer le service des intérêts et de l'amortissement. En outre, l'impôt foncier de toutes les provinces de l'Égypte, à l'exception d'une seule, devient le gage commun des trois dettes garantie, privilégiée et unifiée et il restera en entier le gage des créanciers aussi longtemps que l'une de ces trois dettes subsistera. Enfin, les fonds de réserve et de roulement sont dotés de ressources suffisantes pour parer aux retards qui pourraient se produire dans le versement de l'impôt aux caisses publiques.

Nous conserverons donc toutes les garanties nécessaires à la sauvegarde des intérêts financiers de nos nationaux. Nous en obtenons même de nouvelles par l'engagement qui est pris vis-à-vis de nous de ne pas convertir ou rembourser, avant plusieurs années, les nombreux titres égyptiens que nos porteurs conservent en raison de la sécurité que leur donne le maintien de la Caisse de la dette.

La question financière étant ainsi réglée, le Gouvernement de la République s'est préoccupé des intérêts de notre commerce et de ceux de nos nationaux établis en Égypte ou au service du Gouvernement khédivial.

Une stipulation de notre accord consacre les droits dont, en vertu des traités, conventions et usages, la France jouit en Égypte, y compris le droit de cabotage accordé aux navires français entre les ports égyptiens. De plus, nos nationaux sont garantis pendant trente ans contre tout traitement différentiel en Égypte.

Enfin, les fonctionnaires français actuellement au service de l'État égyptien obtiennent l'assurance qu'ils ne seront pas mis, quoi qu'il arrive, dans des conditions moins avantageuses que celles appliquées aux fonctionnaires anglais du même service.

A côté de ces intérêts matériels, il en est d'autres, des intérêts moraux, ceux de la science et de la langue françaises, que le Gouvernement de la République devait sauvegarder. L'opinion apprendra donc avec faveur que la Direction générale des Antiquités égyptiennes, illustrée par nos savants, leur est définitivement réservée. Enfin, nos écoles d'Égypte sont assurées de jouir toujours de la même liberté et l'enseignement de notre langue, si répandu et si apprécié en Égypte, est désormais à l'abri de toute vicissitude.

La défense de nos intérêts particuliers n'a pas détourné notre attention d'une dernière question, d'une portée générale, même universelle, puisqu'elle intéresse le monde entier, celle du libre usage du canal de Suez. CANAL DE SUEZ.

Restant fidèle à ses traditions, le Gouvernement de la République a été heureux de pouvoir amener le Gouvernement britannique à prendre l'engagement de maintenir entière la liberté d'une des voies les plus importantes du trafic international. Il doit enregistrer avec une satisfaction particulière l'adhésion de la Grande-Bretagne à la mise en vigueur du traité du 29 octobre 1888.

Aux termes de la déclaration de Londres du 15 janvier 1896, la France et l'Angleterre avaient en quelque sorte neutralisé les provinces centrales du Siam comprises principalement dans le bassin de la Menam, de même que la partie formant le fond du golfe. A cet effet, elles s'étaient engagées à n'acquérir aucun privilège ou avantage particulier dont le bénéfice ne fût pas commun aux deux puissances signataires. Elles avaient en outre convenu de n'entrer dans aucun arrangement séparé qui permît à une tierce Puissance de faire ce qu'elles s'interdisaient réciproquement par cette déclaration. SIAM.

Toutes ces dispositions avaient un caractère plutôt négatif.

L'arrangement qui vient d'être conclu avec le Cabinet de Londres, tout en maintenant les clauses qui précèdent pour les mêmes territoires, établit que les possessions siamoises situées à l'Est et au Sud-Est de cette zone, ainsi que les îles adjacentes, seront désormais considérées comme relevant de l'influence française, tandis que les régions situées à l'Ouest de la même zone et du golfe de Siam relèveront de l'influence anglaise. Tout en répudiant l'idée d'annexer aucun territoire siamois et en s'engageant à respecter strictement les traités existants, les deux Gouvernements conviennent, au regard l'un de l'autre, que leur action respective s'exercera librement dans chacune des sphères d'influence ainsi déterminées, ce qui confère au nouvel accord une portée pratique.

La situation spéciale des Nouvelles-Hébrides avait donné lieu à des contestations touchant la validité des acquisitions de terrain faites soit par des sujets britanniques, soit par des citoyens français. L'absence de toute juridiction dans ces îles rendait insolubles les différends survenus à cet égard. Il a été convenu qu'un arrangement serait conclu pour mettre fin à ces difficultés. NOUVELLES-
HÉBRIDES.

Enfin les deux Puissances ont tenu à profiter des négociations engagées pour régulariser la situation de la Grande-Bretagne à Zanzibar et celle de la France à Mada- ZANZIBAR
ET MADAGASCAR.

gascar. C'était mettre fin aux réclamations embarassantes qui, depuis plusieurs années, avaient gêné notre action dans la grande île de l'Océan Indien.

Ainsi grâce à une mutuelle bonne volonté, nous sommes parvenus à régler les diverses questions qui, depuis trop longtemps pesaient sur les rapports de la France et de l'Angleterre. Les premières manifestations de l'opinion à l'étranger montrent toute l'importance qu'on y attache à ce règlement et qu'on le considère comme une précieuse garantie de plus pour la paix générale. D'autre part les appréciations favorables dont ces arrangements sont également l'objet en Angleterre et en France, indiquent assez qu'ils sauvegardent pleinement les intérêts essentiels de chacun, condition nécessaire d'une entente durable et féconde.

. Delcassé.

N° 2.

DÉCLARATION

CONCERNANT L'ÉGYPTE ET LE MAROC.

ARTICLE I.

Le Gouvernement de Sa Majesté Britannique déclare qu'il n'a pas l'intention de changer l'état politique de l'Égypte.

De son côté, le Gouvernement de la République Française déclare qu'il n'entravera pas l'action de l'Angleterre dans ce pays en demandant qu'un terme soit fixé à l'occupation Britannique ou de toute autre manière, et qu'il donne son adhésion au projet de Décret Khédivial qui est annexé au présent Arrangement, et qui contient les garanties jugées nécessaires pour la sauvegarde des intérêts des porteurs de la Dette Égyptienne, mais à la condition qu'après sa mise en vigueur aucune modification n'y pourra être introduite sans l'assentiment des Puissances Signataires de la Convention de Londres de 1885.

Il est convenu que la Direction Générale des Antiquités en Égypte continuera d'être, comme par le passé, confiée à un savant Français.

Les écoles Françaises en Égypte continueront à jouir de la même liberté que par le passé.

ARTICLE I.

HIS Britannic Majesty's Government declare that they have no intention of altering the political status of Egypt.

The Government of the French Republic, for their part, declare that they will not obstruct the action of Great Britain in that country by asking that a limit of time be fixed for the British occupation or in any other manner, and that they give their assent to the draft Khedivial Decree annexed to the present Arrangement, containing the guarantees considered necessary for the protection of the interest of the Egyptian bondholders, on the condition that, after its promulgation, it cannot be modified in any way without the consent of the Powers Signatory of the Convention of London of 1885.

It is agreed that the post of Director-General of Antiquities in Egypt shall continue, as in the past, to be entrusted to a French *savant*.

The French schools in Egypt shall continue to enjoy the same liberty as in the past.

Article II.

Le Gouvernement de la République Française déclare qu'il n'a pas l'intention de changer l'état politique du Maroc.

De son côté, le Gouvernement de Sa Majesté Britannique reconnaît qu'il appartient à la France, notamment comme Puissance limitrophe du Maroc sur une vaste étendue, de veiller à la tranquillité dans ce pays, et de lui prêter son assistance pour toutes les réformes administratives, économiques, financières, et militaires dont il a besoin.

Il déclare qu'il n'entravera pas l'action de la France à cet effet, sous réserve que cette action laissera intacts les droits dont, en vertu des Traités, Conventions, et usages, la Grande-Bretagne jouit au Maroc, y compris le droit de cabotage entre les ports Marocains dont bénéficient les navires Anglais depuis 1901.

Article III.

Le Gouvernement de Sa Majesté Britannique, de son côté, respectera les droits dont, en vertu des Traités, Conventions et usages, la France jouit en Égypte, y compris le droit de cabotage accordé aux navires Français entre les ports Égyptiens.

Article IV.

Les deux Gouvernements, également attachés au principe de la liberté commerciale tant en Égypte qu'au Maroc, déclarent qu'ils ne s'y prêteront à aucune inégalité, pas plus dans l'établissement des droits de douanes ou autres taxes que dans l'établissement des tarifs de transport par chemin de fer.

Le commerce de l'une et l'autre nation avec le Maroc et avec l'Égypte jouira du même traitement pour le transit par les possessions Françaises et Britanniques en Afrique. Un accord entre les deux Gouvernements réglera les conditions de ce transit et déterminera les points de pénétration.

Article II.

The Government of the French Republic declare that they have no intention of altering the political status of Morocco.

His Britannic Majesty's Government, for their part, recognize that it appertains to France, more particularly as a Power whose dominions are conterminous for a great distance with those of Morocco, to preserve order in that country, and to provide assistance for the purpose of all administrative, economic, financial, and military reforms which it may require.

They declare that they will not obstruct the action taken by France for this purpose, provided that such action shall leave intact the rights which Great Britain, in virtue of Treaties, Conventions, and usage, enjoys in Morocco, including the right of coasting trade between the ports of Morocco, enjoyed by British vessels since 1901.

Article III.

His Britannic Majesty's Government, for their part, will respect the rights which France, in virtue of Treaties, Conventions, and usage, enjoys in Egypt, including the right of coasting trade between Egyptian ports accorded to French vessels.

Article IV.

The two Governments, being equally attached to the principle of commercial liberty both in Egypt and Morocco, declare that they will not, in those countries, countenance any inequality either in the imposition of customs duties or other taxes, or of railway transport charges.

The trade of both nations with Morocco and with Egypt shall enjoy the same treatment in transit through the French and British possessions in Africa. An Agreement beetwen the two Governments shall settle the conditions of such transit and shall determine the points of entry.

Cet engagement réciproque est valable pour une période de trente ans. Faute de dénonciation expresse faite une année au moins à l'avance, cette période sera prolongée de cinq en cinq ans.

Toutefois, le Gouvernement de la République Française au Maroc et le Gouvernement de Sa Majesté Britannique en Égypte se réservent de veiller à ce que les concessions de routes, chemins de fer, ports, etc., soient données dans des conditions telles que l'autorité de l'État sur ces grandes entreprises d'intérêt général demeure entière.

Article V.

Le Gouvernement de Sa Majesté Britannique déclare qu'il usera de son influence pour que les fonctionnaires Français actuellement au service Égyptien ne soient pas mis dans des conditions moins avantageuses que celles appliquées aux fonctionnaires Anglais du même service.

Le Gouvernement de la République Française, de son côté, n'aurait pas d'objection à ce que des conditions analogues fussent consenties aux fonctionnaires Britanniques actuellement au service Marocain.

Article VI.

Afin d'assurer le libre passage du Canal de Suez, le Gouvernement de Sa Majesté Britannique déclare adhérer aux stipulations du Traité conclu le 29 Octobre 1888, et à leur mise en vigueur. Le libre passage du Canal étant ainsi garanti, l'exécution de la dernière phrase du paragraphe 1 et celle du paragraphe 2 de l'Article VIII de ce Traité resteront suspendues.

Article VII.

Afin d'assurer le libre passage du Détroit de Gibraltar, les deux Gouvernements conviennent de ne pas laisser élever des fortifications ou des ouvrages

---

This mutual engagement shall be binding for a period of thirty years. Unless this stipulation is expressly denounced at least one year in advance, the period shall be extended for five years at a time.

Nevertheless, the Government of the French Republic reserve to themselves in Morocco, and His Britannic Majesty's Government reserve to themselves in Egypt, the right to see that the concessions for roads, railways, ports, &c., are only granted on such conditions as will maintain intact the authority of the State over these great undertakings of public interest.

Article V.

His Britannic Majesty's Government declare that they will use their influence in order that the French officials now in the Egyptian service may not be placed under conditions less advantageous than those applying to the British officials in the same service.

The Government of the French Republic, for their part, would make no objection to the application of analogous conditions to British officials now in the Moorish service.

Article VI.

In order to insure the free passage of the Suez Canal, His Britannic Majesty's Government declare that they adhere to the stipulations of the Treaty of the 29th October, 1888, and that they agree to their being put in force. The free passage of the Canal being thus guaranteed, the execution of the last sentence of paragraph 1 as well as of paragraph 2 of Article VIII of that Treaty will remain in abeyance.

Article VII.

In order to secure the free passage of the Straits of Gibraltar, the two Governments agree not to permit the erection of any fortifications or strategic works on

stratégiques quelconques sur la partie de la côte Marocaine comprise entre Melilla et les hauteurs qui dominent la rive droite du Sebou exclusivement.

Toutefois, cette disposition ne s'applique pas aux points actuellement occupés par l'Espagne sur la rive Marocaine de la Méditerranée.

ARTICLE VIII.

Les deux Gouvernements, s'inspirant de leurs sentiments sincèrement amicaux pour l'Espagne, prennent en particulière considération les intérêts qu'elle tient de sa position géographique et de ses possessions territoriales sur la côte Marocaine de la Méditerranée; et au sujet desquels le Gouvernement Français se concertera avec le Gouvernement Espagnol.

Communication sera faite au Gouvernement de Sa Majesté Britannique de l'accord qui pourra intervenir à ce sujet entre la France et l'Espagne.

ARTICLE IX.

Les deux Gouvernements conviennent de se prêter l'appui de leur diplomatie pour l'exécution des clauses de la présente Déclaration relative à l'Égypte et au Maroc.

En foi de quoi Son Excellence l'Ambassadeur de la République française près Sa Majesté le Roi du Royaume-Uni de la Grande-Bretagne et d'Irlande et des Territoires Britanniques au delà des Mers, Empereur des Indes, et le Principal Secrétaire d'État pour les Affaires étrangères de Sa Majesté Britannique, dûment autorisés à cet effet, ont signé la présente Déclaration et y ont apposé leurs cachets.

Fait à Londres, en double expédition, le 8 avril 1904.

(L. S.)   PAUL CAMBON.

---

that portion of the coast of Morocco comprised between, but not including, Melilla and the heights which command the right bank of the River Sebou.

This condition does not, however, apply to the places at present in the occupation of Spain on the Moorish coast of the Mediterranean.

ARTICLE VIII.

The two Governements, inspired by their feeling of sincere friendship for Spain, take into special consideration the interests which that country derives from her geographical position and from her territorial possessions on the Moorish coast of the Mediterranean. In regard to these interests the French Government will come to an understanding with the Spanish Government.

The agreement which may be come to on the subject between France and Spain shall be communicated to His Britannic Majesty's Government.

ARTICLE IX.

The two Governments agree to afford to one another their diplomatic support, in order to obtain the execution of the clauses of the present Declaration regarding Egypt and Morocco.

In witness whereof his Excellency the Ambassador of the French Republic at the Court of His Majesty the King of the United Kingdom of Great Britain and Ireland and of the British Dominions beyond the Seas, Emperor of India, and His Majesty's Principal Secretary of State for Foreign Affairs, duly authorized for that purpose, have signed the present Declaration and have affixed thereto their seals.

Done at London, in duplicate, the 8th day of April, 1904.

(L. S.)   LANSDOWNE.

ANNEXE À LA DÉCLARATION CONCERNANT L'ÉGYPTE ET LE MAROC.

PROJET DE DÉCRET.

NOUS, Khédive d'Égypte,

Vu les Décrets mentionnés aux Annexes à la présente Loi;

Avec l'assentiment des Puissances signataires de la Convention de Londres;

Sur la proposition de notre Ministre des Finances et l'avis conforme de notre Conseil des Ministres;

Décrétons :

TITRE I.

DE LA DETTE PUBLIQUE.

, 1. Sont comprises dans la Dette Publique :

La Dette Garantie;
La Dette Privilégiée;
La Dette Unifiée;
La Dette Domaniale;
La Dette Générale de la Daïra Sanieh.

2. Toutes ces dettes sont représentées par des titres au porteur, munis de coupons semestriels.

3. Les coupons sont payables et les titres sont remboursables en or, sans aucune déduction.

4. Les paiements et remboursements ci-dessus sont effectués, pour ce qui concerne les Dettes Garantie, Privilégiée, et Unifiée, au Caire, à Londres, à Paris et à Berlin.

Le change des paiements à Paris et à Berlin est fixé en monnaie Française et en monnaie Allemande, par la Commission de la Dette Publique, de concert avec le Ministre des Finances, sans que ce change puisse jamais dépasser la parité de la livre sterling, ni être inférieure à 25 francs, ou 20 marks 25 pfennigs.

5. Pour ce qui concerne les Dettes Domaniale et Daïra Sanieh, les paiements et remboursements continueront à être effectués dans les mêmes villes et aux mêmes taux d'échange que jusqu'ici.

6. Il n'est pas admis d'opposition au paiement des coupons ou au remboursement des titres.

Toutefois, au cas où la déclaration de la perte ou du vol de titres ou de coupons leur paraîtrait suffisamment établie, les Administrations et banques chargées du service des emprunts auront la faculté de surseoir provisoirement au paiement desdits titres ou coupons.

7. L'intérèt annuel des obligations de la Dette Garantie est de 3 pour cent; il est payable semestriellement aux échéances du 1er Mars et du 1er Septembre.

Celui des obligations de la Dette Privilégiée est de 3 1/2 pour cent, payable le 15 Avril et le 15 Octobre.

Celui des obligations de la Dette Unifiée est de 4 pour cent, payable le 1er Mai et le 1er Novembre.

Celui des obligations de la Dette Domaniale est de 4 1/4 pour cent, payable le 1er Juin et le 1er Décembre.

Celui des obligations de la Dette Daïra Sanieh est de 4 pour cent, payable le 15 Avril et le 15 Octobre.

8. Les obligations des dettes ci-dessus ne pourront être frappées d'aucun impôt au profit du Gouvernement Égyptien.

9. Les obligations de la Dette Garantie jouissent de la garantie résultant de la Convention Internationale en date du 18 Mars 1885.

Lesdites obligations, ainsi que celles des Dettes Privilégiée et Unifiée, sont, en outre, garanties de la manière résultant des Articles 30 à 43 de la présente Loi.

10. Les Emprunts Domanial et Daïra Sanieh continueront à être réglés par les dispositions des Conventions, Lois et Décrets antérieurs, en tant qu'elles ne sont pas expressément abrogées ou modifiées par la présente Loi. Les dispositions du Titre III de la présente Loi leur seront en outre applicables.

TITRE II.

DES DETTES GARANTIE, PRIVILÉGIÉE, ET UNIFIÉE.

Composition de la Commission de la Dette Publique.

11. La Commission de la Dette Publique, instituée par Décret du 2 Mai 1876, reste chargée du service des intérêts et de l'amortissement des Dettes Garantie, Privilégiée et Unifiée, dans les conditions édictées par la présente Loi.

12. Cette Commission est permanente jusqu'à l'entier amortissement ou remboursement de ces dettes.

13. Elle est composée de six Commissaires étrangers : un Allemand, un Anglais, un Autrichien, un Français, un Italien, et un Russe.

14. Les Commissaires sont nommés, comme fonctionnaires Égyptiens, par Décret Khédivial, après avoir été indiqués par leurs Gouvernements respectifs, sur la demande du Gouvernement Égyptien, comme aptes à remplir leurs fonctions.

15. Ils ne pourront être relevés de leurs fonctions sans le consentement de leurs Gouvernements respectifs.

16. Ils ne peuvent accepter d'autres fonctions en Égypte.

17. Ils siègent au Caire.

18. Ils pourront confier à l'un d'eux les fonctions de Président, lequel en donnera avis au Ministre des Finances.

Attributions administratives de la Commission.

19. La Caisse de la Dette reçoit les fonds destinés au service des intérêts et de l'amortissement des Dettes Garantie, Privilégiée, et Unifiée, et fait l'emploi de ce fonds conformément aux dispositions de la présente Loi.

20. La Commission de la Dette nomme et révoque les employés de la Caisse de la Dette.

21. Elle règle les rapports entre la Caisse et ses correspondants.

22. Les dépenses de personnel et de matériel de la Caisse, les commissions et allocations diverses de ses correspondants, les frais de change, assurances, transports d'espèces, et généralement toutes dépenses nécessaires pour l'exécution des services des Dettes Garantie, Privilégiée, et Unifiée seront imputées sur les revenus affectés en vertu de l'Article 30, et feront annuellement l'objet d'un budget arrêté par la Commission de la Dette, lequel devra pour toute somme dépassant £ E. 35,000 être approuvé par le Conseil des Ministres.

23. Toutes sommes se trouvant entre les mains de la Commission de la Dette en exécution de la présente Loi pourront, jusqu'au jour de leur emploi, être placées en titres de la Dette Égyptienne.

Elles pourront, en outre, être placées à intérêt de toute manière déterminée d'un accord commun par la Commission de la Dette et le Ministre des Finances.

24. En cas de placement en Égypte, contre dépôt de titres, les dispositions de la loi générale Égyptienne en matière de gage, tant au point de vue de la date certaine que de l'exécution, ne seront pas opposables à la Commission de la Dette en ce qui concerne les titres déposés.

En conséquence, dans tous les cas prévus dans les contrats de gage, la Commission de la Dette pourra procéder à la vente de tout ou partie des titres engagés, sans aucune formalité judiciaire ou extrajudiciaire et nonobstant toutes saisies, défenses ou oppositions de la part tant des propriétaires que des tiers.

25. Les bénéfices produits par les placements prévus à l'Article 23 s'ajouteront, faute de disposition contraire, aux fonds entre les mains de la Commission destinée au service des intérêts des dettes ci-dessus.

26. Sauf les dispositions des Articles précédents, la Commission de la Dette ne pourra employer aucun fonds, disponible ou non, en opérations de crédit, de commerce, d'industrie, ou autres.

27. La Caisse est dotée d'une somme de £ E. 1,800,000, pour servir comme fonds de réserve, et d'une somme de £ E. 500,000 à titre de fonds de roulement.

28. Les décisions de la Commission de la Dette sont prises à la majorité absolue des membres qui la composent.

29. Annuellement, la Commission de la Dette publiera un Rapport sur ses opérations et soumettra son compte de gestion à l'autorité qui sera chargée de juger les comptes des Administrations Publiques.

Service et Garanties des Dettes Garantie, Privilégiée, et Unifiée.

30. Le produit brut des impôts fonciers (non compris l'impôt sur les dattiers) dans toutes les provinces d'Égypte, à l'exception de Keneh, et sous réserve des dispositions de l'Article 63, est affecté au service des Dettes Garantie, Privilégiée, et Unifiée. Aussitôt que les sommes provenant de ce chef dans l'année seront suffisantes pour parfaire au service de la Dette, y compris les dépenses de la Caisse, tout excédent sera versé directement au Ministère des Finances. Il est constaté qu'à la date du présent Décret lesdits impôts produisent £ E. 4,200,000, et que le service de la Dette, y compris les dépenses de la Caisse, exige annuellement une somme d'environ £ E. 3,600,000.

31. A cet effet les comptables supérieurs de ces provinces sont tenus de verser à la Caisse de la Dette le produit brut des impôts fonciers jusqu'à ce que les versements atteignent la somme nécessaire pour parfaire chaque année à l'annuité affectée au service de la Dette Garantie, ainsi qu'aux intérêts sur les Dettes Privilégiée et Unifiée et aux dépenses budgétaires de la Caisse, et jusqu'à ce que cette obligation soit remplie ils ne seront libérés que par les quittances de la Commission de la Dette.

32. Lesdits comptables sont tenus de fournir directement à la Commission de la Dette des relevés mensuels faisant connaître :

Les droits constatés des échéances de l'impôt foncier de l'année courante et les arriérés dus sur les années antérieures ;

Les recouvrements et les dégrèvements ;

Les versements effectués à la Caisse de la Dette ;

Les restes en caisse au dernier jour du mois.

33. Est affectée au service de la Dette Garantie une annuité fixe de ₤ E. 307,125 (315,000 *l.*), qui sera prélevée comme première charge sur toutes les sommes affectées au service des Dettes Garantie, Privilégiée, et Unifiée.

La portion de cette annuité qui ne serait pas absorbée par le service de l'intérêt sera affectée à l'amortissement de la Dette Garantie.

34. Le service des intérêts de la Dette Privilégiée sera prélevé comme seconde charge sur les revenus affectés, et ensuite viendra comme troisième charge le service des intérêts de la Dette Unifiée.

35. En cas d'insuffisance des revenus affectés, la Commission de la Dette recourra, pour assurer le service des Dettes Garantie, Privilégiée, et Unifiée, au fonds de réserve, en observant les priorités ci-dessus et à charge de reconstituer entièrement ce fonds au moyen des premiers revenus reçus par elle qui resteraient disponibles.

Subsidiairement, le service des Dettes Garantie, Privilégiée, et Unifiée sera assuré par les ressources générales du Trésor.

36. Le Gouvernement ne pourra, sans l'assentiment des Puissances, apporter aux impôts fonciers dans les provinces mentionnées à l'Article 30 des modifications de nature à réduire leur rendement annuel au-dessous de ₤ E. 4,000,000.

37. Les Commissaires de la Dette auront, même individuellement, qualité pour poursuivre devant les Tribunaux Mixtes, comme représentants légaux des porteurs des titres, l'Administration Financière représentée par le Ministre des Finances, pour l'inexécution de toute obligation qui incombe au Gouvernement en vertu de la présente Loi à l'égard de tout ce qui concerne le service des Dettes Garantie, Privilégiée, et Unifiée.

Amortissement et Remboursement.

38. Aucune partie des Dettes Garantie, Privilégiée, et Unifiée ne pourra être remboursée avant les dates indiquées à l'Article suivant, sous réserve, en ce qui concerne la Dette Garantie, des dispositions de l'Article 33.

39. A partir du 15 juillet 1910, le Gouvernement aura pleine liberté à rembourser au pair les Dettes Garantie et Privilégiée, soit à une même époque, soit à des époques différentes. Il en sera de même pour la Dette Unifiée à partir du 15 juillet 1912.

40. A partir de la même date, il sera loisible au Gouvernement de verser à la Caisse de la Dette toute somme dont il pourrait disposer, pour être employée à l'amortissement de l'une quelconque de ces dettes.

41. Tout amortissement prévu à l'Article 33 ou à l'Article 40, se fera par les soins de la Commission de la Dette.

Lorsque le cours du marché est au-dessous du pair, il se fera par rachats au cours du marché. Dans le cas contraire il s'effectuera au pair par voie de tirage.

42. Les tirages s'effectueront en séance publique ; dans le cas d'amortissement en vertu de l'Article 40 avis en sera donné au « *Journal Officiel* » deux mois d'avance.

43. Le remboursement des titres sortant au tirage aura lieu à partir de l'échéance du coupon suivant.

TITRE III.

DES DETTES DOMANIALE ET DAÏRA SANIEH.

Dette Domaniale.

44. Toute insuffisance des revenus des Domaines pour parfaire au service du coupon sera comblée par le Ministre des Finances dans les conditions prescrites par les Conventions passées entre le Gouvernement et MM. de Rothschild.

45. Seront employés à l'amortissement de la Dette Domaniale :

(*a*) Le produit des ventes des propriétés des Domaines ;

(*b*) Les excédents des revenus nets des Domaines après paiement des coupons au taux actuel et des impôts fonciers dus au Gouvernement.

Aucun autre mode d'amortissement n'est admis.

46. Lorsque le cours du marché est au-dessous du pair, l'amortissement se fera par rachats au cours du marché. Dans le cas contraire il s'effectuera au pair par voie de tirage.

47. Sauf l'amortissement prévu à l'Article 45 la Dette Domaniale ne pourra être remboursée avant le 1er janvier 1915. A partir de cette date, elle sera remboursable au pair.

48. Les ventes des propriétés des Domaines pourront être consenties moitié au comptant, moitié par annuités portant intérêt à 4,25 pour cent, et dont le nombre ne pourra excéder quinze.

49. Les porteurs des anciennes obligations domaniales hypothécaires d'Égypte 5 pour cent seront déchus, quinze ans après la date de la promulgation du Décret du 25 Mars 1893, relatif à la conversion de ces obligations, du droit de réclamer les sommes ou les titres nouveaux qui pourront leur avoir été dus par suite du remboursement ou de la conversion de leurs anciens titres.

Toute somme devenant disponible par suite de cette prescription sera considérée comme faisant partie des revenus annuels des Domaines ; tout titre nouveau sera dans les mêmes conditions, annulé.

Dette Daïra Sanieh.

50. Les dispositions des articles 45 et 46 seront applicables à la Dette Daïra Sanieh.

51. Sous réserve des dispositions ci-dessus relatives à l'amortissement, la Dette Daïra Sanieh ne pourra être remboursée avant le 15 Octobre 1905. A partir de cette date elle sera remboursable au pair.

TITRE IV.

Transfert du fonds de réserve et des économies de conversion, etc.

52. Les titres de la Dette publique et les sommes en espèce actuellement déposés à la Caisse et représentant le fonds de réserve constitué conformément au Décret du 12 Juillet 1888, et les économies réalisées par suite des conversions des anciennes Dettes Privilégiée, Domaniale, et Daïra Sanieh, conformément au Décret du 6 juin 1890, sont entièrement libérés de leur affectation actuelle et seront versés au Ministère des Finances, déduction faite d'une somme suffisante pour parfaire au fonds de réserve et au fonds de roulement prévus à l'article 27 du présent Décret.

53. Seront également versés au Ministère des Finances tous les autres fonds actuellement entre les mains de la Commission de la Dette, sous réserve des dispositions de l'Article 56.

Dans l'application du présent Article et du précédent, les titres retenus par la Caisse de la Dette entreront en compte au pair.

Liquidation de 1880.

54. Toute condamnation judiciaire, résultant d'une réclamation contre le Gouvernement à raison de droits acquis antérieurement au 1er janvier 1880, constatés avant le 1er janvier 1886, soit par une instance engagée devant les Tribunaux, soit par un accusé de réception émanant d'une Administration compétente, soit par un acte d'huissier, sera payée intégralement en espèces.

55. Le montant de ces condamnations sera prélevé, jusqu'à épuisement complet, sur la somme de 50,000 *l.* actuellement en dépôt à la Caisse de la Dette en titres de la Dette Privilégiée et représentant le solde de l'actif de la liquidation de 1880. En cas d'insuffisance de cette somme, ces condamnations seront payées par le Gouvernement.

56. La somme de 50,000 *l.* ci-dessus continuera en dépôt à la Caisse de la Dette pour satisfaire aux condamnations résultant des réclamations en suspens.

57. Le montant des coupons des titres qui le représentent s'ajouteront aux fonds entre les mains de la Commission de la Dette affectés au service des Dettes Garantie, Privilégiée, et Unifiée.

Tout excédent, après satisfaction des réclamations en suspens, sera versé au Ministère des Finances.

Moukabalah.

58. Sont maintenues, jusqu'au 30 juin 1930, et suivant la répartition déjà faite, les annuités, s'élevant à la somme de £ E. 150,000 par an, actuellement admises en diminution des impôts fonciers sur les terrains, à l'égard desquels la Moukabalah a été payée antérieurement à l'année 1880.

59. Continueront à être tenus, à cet effet, les registres établis dans les villages, où sont consignés des comptes ouverts à chaque ayant droit, avec indication des annuités successives et désignation détaillée par lieux dits, contenances et quotes-parts d'impôts des terres auxquelles les annuités sont applicables.

60. Chaque année, les annuités seront inscrites sur les wirds ou extraits de rôles des contribuables en diminution de leurs impôts fonciers.

61. A chaque mutation de taklif, la portion des annuités correspondant à la portion des terres aliénées sera distraite, sur le registre, du compte de l'ancien propriétaire et reportée au compte du nouveau.

Il sera délivré au nouveau propriétaire, par les soins du Moudir, un certificat énonçant le montant des annuités pour lesquelles il se trouvera inscrit sur le registre du village.

Note en sera faite sur le certificat de l'ancien propriétaire ou ce certificat sera retiré, suivant le cas.

62. Lors de l'exécution du cadastre, l'évaluation des terres et la répartition de l'impôt seront faites sans tenir compte des annuités ci-dessus.

63. Les annuités prévues au présent chapitre seront considérées comme une réduction de l'impôt foncier aux fins des Articles 30, 31 et 36 de la présente Loi.

Prescriptions.

64. La prescription quinquennale et la prescription de quinze ans établies par les Articles 275 et 272 du Code Civil et déclarées applicables aux Dettes Unifiée et Privilégiée par le Décret du 17 Juillet 1880, continueront à être applicables, la première aux intérêts des obligations des Dettes Garantie, Privilégiée et Unifiée, la seconde aux capitaux des mêmes obligations désignées par le tirage pour l'amortissement.

Les délais de prescription seront calculés d'après le calendrier Grégorien.

Le montant des intérêts et capitaux atteints par la prescription s'ajoutera aux fonds entre les mains de la Commission de la Dette affectés au service des dettes ci-dessus.

65. Les porteurs des titres des anciennes Dettes Privilégiée et Daïra Sanieh seront déchus, quinze ans après la date de la promulgation des Décrets du 7 Juin 1890, ou du 5 Juillet 1890, suivant le cas, relatif à la conversion de ces dettes, du droit de réclamer les sommes ou les titres nouveaux qui pourront leur avoir été dus par suite du remboursement ou de la conversion de leurs anciens titres.

Toute somme ainsi que tout titre devenant disponible par suite de ces prescriptions seront versés au Ministère des Finances.

Abrogations.

66. Sont et demeureront abrogés, sous réserve des dispositions du second alinéa du présent Article, les Décrets mentionnés à la première Annexe à la présente Loi, ainsi que les Articles de Décrets mentionnés à la seconde Annexe.

Néanmoins, aucune de ces abrogations n'aura pour effet :

(1) de faire renaître à l'encontre du Gouvernement aucune action qui avait été annulée par l'un des Décrets ci-dessus mentionnés ou qui, immédiatement avant l'entrée en vigueur de la présente Loi, serait prescrite ou périmée;

(2) de rendre aucune juridiction compétente pour connaître d'une réclamation dont, immédiatement avant l'entrée en vigueur de la présente Loi, elle était incompétente pour connaître;

(3) de remettre en vigueur aucune disposition antérieure de la Loi abrogée par l'un desdits Décrets;

(4) d'interrompre aucune prescription.

Entrée en vigueur et Exécution.

67. La présente Loi entrera en vigueur trente jours après sa promulgation au « *Journal Officiel* ».

68. Nos Ministres sont chargés, chacun en ce qui les concerne, de l'exécution de la présente Loi.

ANNEXE I AU PROJET DE DÉCRET.

Liste de Décrets abrogés.

DATE DU DÉCRET.	OBJET.
Le 6 avril 1876	Suspension de payement de bons et assignations.
Le 2 mai 1876	Instituant la Caisse de la Dette.
Le 7 mai 1876	Unification de la Dette.
Le 25 mai 1876	Règlement d'exécution du Décret du 7 mai 1876.
Le 18 novembre 1876	Conversion de la Dette.
Le 6 décembre 1876	Règlement d'exécution du Décret du 18 novembre 1876.
Le 15 décembre 1877	Modification des époques du service de la Dette Unifiée.
Le 30 mars 1879	Suspension du service de l'Emprunt 1864.
Le 22 avril 1879	Règlement des dettes du Gouvernement.
Le 25 décembre 1879	Composition du Conseil d'Administration des Chemins de Fer.
Le 3 mars 1880	Suspension de l'amortissement de l'Emprunt 1864.
Le 31 mars 1880	Instituant une Commission de Liquidation.
Le 26 avril 1880	Paiement à 4 p. o/o du coupon du 1ᵉʳ mai 1880 de la Dette Unifiée.
Le 11 mai 1880	Suspension du service de l'Emprunt 1867.
Le 6 juillet 1880	Suspension du service de l'Emprunt 1865-66.
Le 12 avril 1885	Retenue de 5 p. o/o sur les coupons de la Dette jusqu'au 1ᵉʳ juin 1885.
Le 27 juillet 1885	Emprunt Garanti.
Le 28 juillet 1885	Émission de l'Emprunt Garanti.
Le 22 juin 1886	Emploi des sommes provenant de l'Emprunt Garanti.
Le 22 juin 1886	Irrecevabilité de l'opposition au paiement des coupons et au remboursement des titres de la dette.
Le 12 avril 1887	Paiement des coupons des Dettes Privilégiée et Unifiée à Berlin en or.
Le 14 juillet 1887	Autorisant les Commissaires de la Dette à fixer le change des paiements de la Dette à Paris et à Berlin.
Le 26 janvier 1888	Augmentation des dépenses administratives.
Le 2 avril 1888	Augmentation des dépenses administratives pour le service de la Corvée.
Le 30 avril 1888	Emprunt de £ E. 2,000,000.
Le 12 juillet 1888	Constitution d'un fonds de réserve de £ E. 2,000,000.
Le 14 juin 1889	Augmentation des dépenses administratives pour le service de la Corvée.
Le 19 décembre 1889	Suppression de la Corvée.
Le 2 juin 1890	Modification de la date à laquelle sera arrêté le compte des excédents des Revenus Affectés.
Le 6 juin 1890	Conversion des Dettes Privilégiée, Domaniale, et Daïra Sanieh.

Liste de Décrets abrogés. (Suite.)

DATE DU DÉCRET.	OBJET.
Le 7 juin 1890	Exécution de la conversion de la Dette Privilégiée.
Le 5 juillet 1890	Exécution de la conversion de la Dette de la Daïra-Sanieh.
Le 8 novembre 1890 . . .	Date du remboursement des Dettes Privilégiée et Daïra-Sanieh.
Le 13 janvier 1891	Clôture des opérations de la Conversion de la Dette Privilégiée.
Le 8 décembre 1891 . . .	Augmentation des dépenses administratives pour l'assainissement de la ville du Caire.
Le 18 mars 1893	Fixant à 4 1/4 p. o/o le taux de la nouvelle Dette Domaniale.
Le 25 mars 1893	Exécution de la conversion de la Dette Domaniale
Le 29 mai 1893	Date du remboursement de la Dette Domaniale.
Le 10 février 1894	Prélèvement annuel de £ E. 5,000 sur le droit d'abatage.
Le 10 décembre 1894 . .	Affectation du droit de bacs sur les canaux.
Le 15 mai 1895	Modification de l'Article 35 du Décret du 17 juillet 1880. Budget de la Commission de la Dette.
Le 26 novembre 1898 . .	Réduction de l'impôt foncier.
Le 13 novembre 1899 . .	Procédure pour les décisions de la Caisse de la Dette.
Le 20 janvier 1900	Emploi des économies — remboursement et amortissement de la Dette Domaniale.
Le 12 juillet 1900	Emprunt de £ E. 1,700,000.
Le 21 mai 1902	Augmentation du budget des dépenses des chemins de fer.

Annexe II au Projet de Décret.

Liste de Décrets abrogés en partie.

DATE DU DÉCRET.	OBJET.	PARTIE ABROGÉE.
Le 6 janvier 1880	Portant abrogation de la Moukabalah .	Les Articles 3, 4.
Le 17 juillet 1880	Loi de Liquidation	Les Articles 1-39, 63-98.
Le 8 mars 1891	Loi sur les Patentes	L'Article 1, 2°, les Articles 2-29.
Le 26 décembre 1891 . .	Rattachant au Gouvernorat d'Alexandrie le service des Contributions.	L'Article 4.
Le 28 janvier 1892	Portant suppression de la corvée, etc.	Les Articles 2, 3, 4, 6, 7.
Le 25 décembre 1894 . .	Portant prélèvement annuel de £ E. 40,000 sur les droits de phare, etc.	L'Article 7.

N° 3.

CONVENTION

CONCERNANT TERRE-NEUVE ET L'AFRIQUE.

Le Président de la République Française et Sa Majesté le Roi du Royaume-Uni de la Grande-Bretagne et d'Irlande et des Territoires Britanniques au-delà des Mers, Empereur des Indes, ayant résolu de mettre fin, par un arrangement amiable, aux difficultés survenues à Terre-Neuve, ont décidé de conclure une Convention à cet effet, et ont nommé pour leurs Plénipotentiaires respectifs :

Le Président de la République Française, Son Excellence Monsieur Paul Cambon, Ambassadeur de la République Française près Sa Majesté le Roi du Royaume-Uni de la Grande-Bretagne et d'Irlande et des Territoires Britanniques au-delà des Mers, Empereur des Indes; et

Sa Majesté le Roi du Royaume-Uni de la Grande-Bretagne et d'Irlande et des Territoires Britanniques au-delà des Mers, Empereur des Indes, le Très Honorable Henry Charles Keith Petty-Fitzmaurice, Marquis de Lansdowne, Principal Secrétaire d'État de Sa Majesté au Département des Affaires Étrangères;

Lesquels, après s'être communiqué leurs pleins pouvoirs, trouvés en bonne et due forme, sont convenus de ce qui suit, sous réserve de l'approbation de leurs Parlements respectifs.

ARTICLE I.

La France renonce aux privilèges établis à son profit par l'Article XIII du Traité d'Utrecht, et confirmés ou modifiés par des dispositions postérieures.

The President of the French Republic and His Majesty the King of the United Kingdom of Great Britain and Ireland and of the British Dominions beyond the Seas, Emperor of India, having resolved to put an end, by a friendly Arrangement, to the difficulties which have arisen in Newfoundland, have decided to conclude a Convention to that effect, and have named as their respective Plenipotentiaries :

The President of the French Republic, his Excellency Monsieur Paul Cambon, Ambassador of the French Republic at the Court of His Majesty the King of the United Kingdom of Great Britain and Ireland and of the British Dominions beyond the Seas, Emperor of India; and

His Majesty the King of the United Kingdom of Great Britain and Ireland and of the British Dominions beyond the Seas, Emperor of India, the Most Honourable Henry Charles Keith Petty-Fitzmaurice, Marquess of Lansdowne, His Majesty's Principal Secretary of State for Foreign Affairs;

Who, after having communicated to each other their full powers, found in good and due form, have agreed as follows, subject to the approval of their respective Parliaments.

ARTICLE I.

France renounces the privileges established to her advantage by Article XIII of the Treaty of Utrecht, and confirmed or modified by subsequent provisions.

ARTICLE II.

La France conserve pour ses ressortissants, sur le pied d'égalité avec les sujets Britanniques, le droit de pêche dans les eaux territoriales sur la partie de la côte de Terre-Neuve comprise entre le Cap Saint-Jean et le Cap Raye en passant par le nord; ce droit s'exercera pendant la saison habituelle de pêche finissant pour tout le monde le 20 Octobre de chaque année.

Les Français pourront donc y pêcher toute espèce de poisson, y compris la boëtte, ainsi que les crustacés. Ils pourront entrer dans tout port ou havre de cette côte et s'y procurer des approvisionnements ou de la boëtte et s'y abriter dans les mêmes conditions que les habitants de Terre-Neuve, en restant soumis aux Règlements locaux en vigueur; ils pourront aussi pêcher à l'embouchure des rivières, sans toutefois pouvoir dépasser une ligne droite qui serait tirée de l'un à l'autre des points extrêmes du rivage entre lesquels la rivière se jette dans la mer.

Ils devront s'abstenir de faire usage d'engins de pêche fixes (« stake-nets and fixed engines ») sans la permission des autorités locales.

Sur la partie de la côte mentionnée ci-dessus, les Anglais et les Français seront soumis sur le pied d'égalité aux Lois et Règlements actuellement en vigueur ou qui seraient édictés, dans la suite, pour la prohibition, pendant un temps déterminé, de la pêche de certains poissons ou pour l'amélioration des pêcheries. Il sera donné connaissance au Gouvernement de la République Française des Lois et Règlements nouveaux, trois mois avant l'époque où ceux-ci devront être appliqués.

La police de la pêche sur la partie de la côte susmentionnée, ainsi que celle du trafic illicite des liqueurs et de la contrebande des alcools, feront l'objet d'un Règlement établi d'accord entre les deux Gouvernements.

ARTICLE II.

France retains for her citizens, on a footing of equality with British subjects, the right of fishing in the territorial waters on that portion of the coast of Newfoundland comprised between Cape St. John and Cape Ray, passing by the north; this right shall be exercised during the usual fishing season closing for all persons on the 20th October of each year.

The French may therefore fish there for every kind of fish, including bait and also shell fish. They may enter any port or harbour on the said coast and may there obtain supplies or bait and shelter on the same conditions as the inhabitants of Newfoundland, but they will remain subject to the local Regulations in force; they may also fish at the mouths of the rivers, but without going beyond a straight line drawn between the two extremities of the banks, where the river enters the sea.

They shall not make use of stake-nets or fixed engines without permission of the local authorities.

On the above-mentioned portion of the coast, British subjects and French citizens shall be subject alike to the laws and Regulations now in force, or which may hereafter be passed for the establishment of a close time in regard to any particular kind of fish, or for the improvement of the fisheries. Notice of any fresh laws or Regulations shall be given to the Government of the French Republic three months before they come into operation.

The policing of the fishing on the above-mentioned portion of the coast, and for prevention of illicit liquor traffic and smuggling of spirits, shall form the subject of Regulations drawn up in agreement by the two Governments.

Article III.

Une indemnité pécuniaire sera allouée par le Gouvernement. de Sa Majesté Britannique aux citoyens Français se livrant à la pêche ou à la préparation du poisson sur le « Treaty Shore », qui seront obligés soit d'abandonner les établissements qu'ils y possèdent, soit de renoncer à leur industrie, par suite de la modification apportée par la présente Convention à l'état de choses actuel.

Cette indemnité ne pourra être réclamée par les intéressés que s'ils ont exercé leur profession antérieurement à la clôture de la saison de pêche de 1903.

Les demandes d'indemnité seront soumises à un Tribunal Arbitral composé d'un officier de chaque nation, et, en cas de désaccord, d'un sur-arbitre désigné suivant la procédure instituée par l'Article XXXII de la Convention de la Haye. Les détails réglant la constitution du Tribunal et les conditions des enquêtes à ouvrir pour mettre les demandes en état feront l'objet d'un Arrangement spécial entre les deux Gouvernements.

Article IV.

Le Gouvernement de Sa Majesté Britannique., reconnaissant qu'en outre de l'indemnité mentionnée dans l'Article précédent, une compensation territoriale est due à la France pour l'abandon de son privilège sur la partie de l'Ile de Terre-Neuve visée à l'Article II, convient avec le Gouvernement de la République Française des dispositions qui font l'objet des Articles suivants.

Article V.

La frontière existant entre la Sénégambie et la Colonie Anglaise de la Gambie sera modifiée de manière à assurer à la France la possession de Yarboutenda et des terrains et points d'atterrissement appartenant à cette localité.

Article III.

A pecuniary indemnity shall be awarded by His Britannic Majesty's Government to the French citizens engaged in fishing or the preparation of fish on the « Treaty Shore », who are obliged, either to abandon the establishments they possess there, or to give up their occupation, in consequence of the modification introduced by the present Convention into the existing state of affairs.

This indemnity cannot be claimed by the parties interested unless they have been engaged in their business prior to the closing of the fishing season of 1903.

Claims for indemnity shall be submitted to an Arbitral Tribunal, composed of an officer of each nation, and, in the event of disagreement, of an Umpire appointed in accordance with the procedure laid down by Article XXXII of The Hague Convention. The details regulating the constitution of the Tribunal and the conditions of the inquiries to be instituted for the purpose of substantiating the claims, shall form the subject of a special Agreement between the two Governments.

Article IV.

His Britannic Majesty's Government, recognizing that, in addition to the indemnity referred to in the preceding Article, some territorial compensation is due to France in return for the surrender of her privilege in that part of the Island of Newfoundland referred to in Article II, agree with the Government of the French Republic to the provisions embodied in the following Articles.

Article V.

The present frontier between Senegambia and the English Colony of the Gambia shall be modified so as to give to France Yarbutenda and the lands and landing places belonging to that locality.

Au cas où la navigation maritime ne pourrait s'exercer jusque-là, un accès sera assuré en aval au Gouvernement Français sur un point de la Rivière Gambie qui sera reconnu d'un commun accord comme étant accessible aux bâtiments marchands se livrant à la navigation maritime.

Les conditions dans lesquelles seront réglés le transit sur la Rivière Gambie et ses affluents, ainsi que le mode d'accès au point qui viendrait à être réservé à la France, en exécution du paragraphe précédent, feront l'objet d'arrangements à concerter entre les deux Gouvernements.

Il est, dans tous les cas, entendu que ces conditions seront au moins aussi favorables que celles du régime institué par application de l'Acte Général de la Conférence Africaine du 26 Février 1885, et de la Convention Franco-Anglaise du 14 Juin 1898, dans la partie Anglaise du bassin du Niger.

Article VI.

Le groupe désigné sur le nom d'Iles de Los, et situé en face de Konakry, est cédé par Sa Majesté Britannique à la France.

Article VII.

Les personnes nées sur les territoires cédés à la France par les Articles V et VI de la présente Convention pourront conserver la nationalité Britannique moyennant une déclaration individuelle faite à cet effet devant l'autorité compétente par elles-mêmes, ou, dans le cas d'enfants mineurs, par leurs parents ou tuteurs.

Le délai dans lequel devra se faire la déclaration d'option prévue au paragraphe précédent sera d'un an à dater du jour de l'installation de l'autorité Française sur le territoire où seront nées lesdites personnes.

Les lois et coutumes indigènes actuellement en vigueur seront respectées autant que possible.

In the event of the river not being open to maritime navigation up to that point, access shall be assured to the French Government at a point lower down on the River Gambia, which shall be recognized by mutual agreement as being accessible to merchant ships engaged in maritime navigation.

The conditions which shall govern transit on the River Gambia and its tributaries, as well as the method of access to the point that may be reserved to France, in accordance with the preceding paragraph, shall form the subject of future agreement between the two Governments.

In any case, it is understood that these conditions shall be at least as favourable as those of the system instituted by application of the General Act of the African Conference of the 26th February, 1885, and of the Anglo-French Convention of the 14th June, 1898, to the English portion of the basin of the Niger.

Article VI.

The group known as the Iles de Los, and situated opposite Konakry, is ceded by His Britannic Majesty to France.

Article VII.

Persons born in the territories ceded to France by Articles V and VI of the present Convention may retain British nationality by means of an individual declaration to that effect, to be made before the proper authorities by themselves, or, in the case of children under age, by their parents or guardians.

The period within which the declaration of option referred to in the preceding paragraph must be made, shall be one year, dating from the day on which French authority shall be established over the territory in which the persons in question have been born.

Native laws and customs now existing will, as far as possible, remain undisturbed.

Aux Iles de Los, et pendant une période de trente années à partir de l'échange des ratifications de la présente Convention, les pêcheurs Anglais bénéficieront en ce qui concerne le droit d'ancrage par tous les temps, d'approvisionnements et d'aiguade, de réparation, de transbordement de marchandises, de vente de poisson, de descente à terre et de séchage des filets, du même régime que les pêcheurs Français, sous réserve, toutefois, par eux de l'observation des prescriptions édictées dans les Lois et Règlements Français qui y seront en vigueur.

Article VIII.

A l'est du Niger, et sous réserve des modifications que pourront y comporter les stipulations insérées au dernier paragraphe du présent Article, le tracé suivant sera substitué à la délimitation établie entre les possessions Françaises et Anglaises par la Convention du 14 juin 1898 :

Partant du point sur la rive gauche du Niger indiqué à l'Article III de la Convention du 14 juin 1898, c'est-à-dire, la ligne médiane du Dallul-Maouri, la frontière suivra cette ligne médiane jusqu'à sa rencontre avec la circonférence d'un cercle décrit du centre de la ville de Sokoto avec un rayon de 160,932 mètres (100 milles). De ce point, elle suivra l'arc septentrional de ce cercle jusqu'à un point situé à 5 kilomètres au sud du point d'intersection avec ledit arc de cercle de la route de Dosso à Matankari par Maourédé.

Elle gagnera de là, en ligne droite, un point situé à 20 kilomètres au nord de Konni (Birni-N'Kouni), puis de là, également en ligne droite, un point situé à 15 kilomètres au sud de Maradi, et rejoindra ensuite directement l'intersection du parallèle 13° 20' de latitude nord avec un méridien passant à 70 milles à l'est de la seconde intersection du 14ᵉ degré de latitude nord avec l'arc septentrional du cercle précité.

In the Iles de Los, for a period of thirty years from the date of exchange of the ratifications of the present Convention, British fishermen shall enjoy the same rights as French fishermen with regard to anchorage in all weathers, to taking in provisions and water, to making repairs, to transhipment of goods, to the sale of fish, and to the landing and drying of nets, provided always that they observe the conditions laid down in the French Laws and Regulations which may be in force there.

Article VIII.

To the east of the Niger the following line shall be substituted for the boundary fixed between the French and British possessions by the Convention of the 14th June, 1898, subject to the modifications which may result from the stipulations introduced in the final paragraph of the present Article :

Starting from the point on the left bank of the Niger laid down in Article III of the Convention of the 14th June, 1898, that is to say, the median line of the Dallul Mauri, the frontier shall be drawn along this median line until it meets the circumference of a circle drawn from the town of Sokoto as a centre, with a radius of 160,932 mètres (100 miles). Thence it shall follow the northern arc of this circle to a point situated 5 kilomètres south of the point of intersection of the above mentioned arc of the circle with the route from Dosso to Matankari viâ Maourédé.

Thence it shall be drawn in a direct line to a point 20 kilomètres north of Konni (Birni-N'Kouni), and then in a direct line to a point 15 kilomètres south of Maradi, and thence shall be continued in a direct line to the point of intersection of the parallel of 13° 20' north latitude with a meridian passing 70 miles to the east of the second intersection of the 14th degree of north latitude and the northern arc of the above-mentioned circle.

De là, la frontière suivra, vers l'est, le parallèle 13° 20' de latitude nord jusqu'à sa rencontre avec la rive gauche de la Rivière Komadougou Ouobé (Komadugu Waube), dont elle suivra le thalweg jusqu'au Lac Tchad. Mais si, avant de rencontrer cette rivière, la frontière arrive à une distance de 5 kilomètres de la route de caravane de Zinder à Yo, par Soua Kololoua (Sua Kololua), Adeber, et Kabi, la frontière sera tracée à une distance de 5 kilomètres au sud de cette route jusqu'à sa rencontre avec la rive gauche de la Rivière Komadougou Ouobé (Komadugu Waube), étant toutefois entendu que si la frontière ainsi tracée venait à traverser un village, ce village, avec ses terrains, serait attribué au Gouvernement auquel se rattacherait la partie majeure du village et de ses terrains. Elle suivra ensuite, comme ci-dessus, le thalweg de ladite rivière jusqu'au Lac Tchad.

De là elle suivra le degré de latitude passant par le thalweg de l'embouchure de ladite rivière jusqu'à son intersection avec le méridien passant à 35' Est du centre de la ville de Kouka, puis ce méridien vers le sud jusqu'à son intersection avec la rive sud du Lac Tchad.

Il est convenu, cependant, que lorsque les Commissaires des deux Gouvernements qui procèdent en ce moment à la délimitation de la ligne établie dans l'Article IV de la Convention du 14 Juin 1898, seront revenus et pourront être consultés, les deux Gouvernements prendront en considération toute modification à la ligne-frontière ci-dessus qui semblerait désirable pour déterminer la ligne de démarcation avec plus de précision. Afin d'éviter les inconvénients qui pourraient résulter de part et d'autre d'un tracé qui s'écarterait des frontières reconnues et bien constatées, il est convenu que, dans la partie du tracé où la frontière n'est pas déterminée par les routes commerciales, il sera tenu compte des divisions politiques actuelles des territoires, de façon à ce que les tribus rele-

Thence the frontier shall follow in an easterly direction the parallel of 13° 20' north latitude until it strikes the left bank of the River Komadugu Waubé (Komadougou Ouobé), the thalweg of which it will then follow to Lake Chad. But, if before meeting this river the frontier attains a distance of 5 kilomètres from the caravan route from Zinder to Yo, through Sua Kololua (Soua Kololoua), Adeber, and Kabi, the boundary shall then be traced at a distance of 5 kilomètres to the south of this route until it strikes the left bank of the River Komadugu Waubé (Komadougou Ouobé), it being nevertheless understood that, if the boundary thus drown sould happen to pass through a village, this village, with its lands, shall be assigned to the Government to which would fall the larger portion of the village and its lands. The boundary will then, as before, follow the thalweg of the said river to Lake Chad.

Thence it will follow the degree of latitude passing through the thalweg of the mouth of the said river up to its intersection with the meridian running 35' east of the centre of the town of Kouka, and will then follow this meridian southwards until it intersects the southern shore of Lake Chad.

It is agreed, however, that, when the Commissioners of the two Governments at present engaged in delimiting the line laid down in Article IV of the Convention of the 14th June, 1898, return home and can be consulted, the two Governments will be prepared to consider any modifications of the above frontier line which may seem desirable for the purpose of determining the line of demarcation with greater accuracy. In order to avoid the inconvenience to either party which might result from the adoption of a line deviating from recognized and well-established frontiers, it is agreed that in those portions of the projected line where the frontier is not determined by the trade routes, regard shall be had to the present political divisions of the territories so that the tribes belonging to the

vant des territoires de Tessaoua-Maradi et Zinder soient, autant que possible, laissées à la France, et celles relevant des territoires de la zone Anglaise soient, autant que possible, laissées à la Grande-Bretagne.

Il est en outre entendu que, sur le Tchad, la limite sera, s'il est besoin, modifiée de façon à assurer à la France une communication en eau libre en toute saison entre ses possessions du nord-ouest et du sud-est du Lac, et une partie de la superficie des eaux libres du Lac au moins proportionnelle à celle qui lui était attribuée par la carte formant l'Annexe No. 2 de la Convention du 14 Juin 1898.

Dans la partie commune de la Rivière Komadougou, les populations riveraines auront égalité de droits pour la pêche.

Article IX.

La présente Convention sera ratifiée, et les ratifications en seront échangées, à Londres, dans le délai de huit mois, ou plus tôt si faire se peut.

En foi de quoi Son Excellence l'Ambassadeur de la République Française près Sa Majesté le Roi du Royaume-Uni de la Grande-Bretagne et d'Irlande et des Territoires Britanniques au delà des Mers, Empereur des Indes, et le Principal Secrétaire d'État pour les Affaires Étrangères de Sa Majesté Britannique, dûment autorisés à cet effet, ont signé la présente Convention et y ont apposé leurs cachets.

Fait à Londres, en double expédition, le 8 avril 1904.

(L. S.)   Paul CAMBON.

---

territories of Tessaoua-Maradi and Zinder shall, as far as possible, be left to France and those belonging to the territories of the British zone shall, as far as possible, be left to Great Britain.

It is further agreed that, on Lake Chad, the frontier line shall, if necessary, be modified so as to assure to France a communication through open water at all seasons between her possessions on the north-west and those on the south-east of the Lake, and a portion of the surface of the open waters of the Lake at least proportionate to that assigned to her by the map forming Annex 2 of the Convention of the 14th June, 1898.

In that portion of the River Komadugu which is common to both parties, the populations on the banks shall have equal rights of fishing.

Article IX

The present Convention shall be ratified, and the ratifications shall be exchanged, at London, within eight months, or earlier if possible.

In witness whereof his Excellency the Ambassador of the French Republic at the Court of His Majesty the King of the United Kingdom of Great Britain and Ireland and of the British Dominions beyond the Seas, Emperor of India, and His Majesty's Principal Secretary of State for Foreign Affairs, duly authorized for that purpose, have signed the present Convention and have affixed thereto their seals.

Done at London, in duplicate, the 8th day of April, 1904.

(L.S.)   LANSDOWNE.

N° 4

DÉCLARATION

CONCERNANT LE SIAM, MADAGASCAR, ET LES NOUVELLES-HÉBRIDES.

I. Siam.

Le Gouvernement de la République Française et le Gouvernement de Sa Majesté Britannique maintiennent les Articles 1 et 2 de la Déclaration signée à Londres le 15 Janvier 1896, par le Baron de Courcel, Ambassadeur de la République Française près Sa Majesté Britannique à cette époque, et le Marquis de Salisbury, Principal Secrétaire d'État pour les Affaires Étrangères de Sa Majesté Britannique à cette époque.

Toutefois, en vue de compléter ces dispositions, ils déclarent d'un commun accord que l'influence de la Grande-Bretagne sera reconnue par la France sur les territoires situés à l'ouest du bassin de la Meinam, et celle de la France sera reconnue par la Grande-Bretagne sur les territoires situés à l'est de la même région, toutes les possessions Siamoises à l'est et au sud-est de la zone susvisée et les îles adjacentes relevant ainsi désormais de l'influence Française, et, d'autre part, toutes les possessions Siamoises à l'ouest de cette zone et du Golfe de Siam, y compris la Péninsule Malaise et les îles adjacentes, relevant de l'influence Anglaise.

Les deux Parties Contractantes, écartant d'ailleurs toute idée d'annexion d'aucun territoire Siamois, et résolues à s'abstenir de tout acte qui irait à l'encontre des dispositions des Traités existants, conviennent que, sous cette réserve et en regard de l'un et de l'autre, l'action respective des deux Gouvernements s'exercera librement sur chacune des deux sphères d'influence ainsi définies.

I. Siam.

The Government of the French Republic and the Government of His Britannic Majesty confirm Articles 1 and 2 of the Declaration signed in London on the 15th January 1896, by Baron de Courcel, then Ambassador of the French Republic at the Court of Her Britannic Majesty, and the Marquess of Salisbury, then Her Britannic Majesty's Principal Secretary of State for Foreign Affairs,

In order, however, to complete these arrangements, they declare by mutual agreement that the influence of Great Britain shall be recognized by France in the territories situated to the west of the basin of the River Menam, and that the influence of France shall be recognized by Great Britain in the territories situated to the east of the same region, all the Siamese possessions on the east and south-east of the zone above described and the adjacent islands coming thus henceforth under French influence, and, on the other hand, all Siamese possessions on the west of this zone and of the Gulf of Siam, including the Malay Peninsula and the adjacent islands, coming under English influence.

The two Contracting Parties, disclaiming all idea of annexing any Siamese territory, and determined to abstain from any act which might contravene the provisions of existing Treaties, agree that, with this reservation, and so far as either of them is concerned, the two Governments shall each have respectively liberty of action in their spheres of influence as above defined.

II. Madagascar.

En vue de l'accord en préparation sur les questions de juridiction et du service postal à Zanzibar, et sur la côte adjacente, le Gouvernement de Sa Majesté Britannique renonce à la réclamation qu'il avait formulée contre l'introduction du Tarif Douanier établi à Madagascar après l'annexion de cette île à la France. Le Gouvernement de la République Française prend acte de cette Déclaration.

III. Nouvelles-Hébrides.

Les deux Gouvernements conviennent de préparer de concert un Arrangement qui, sans impliquer aucune modification dans le *statu quo* politique, mette fin aux difficultés résultant de l'absence de juridiction sur les indigènes des Nouvelles-Hébrides.

Ils conviennent de nommer une Commission pour le règlement des différends fonciers de leurs ressortissants respectifs dans lesdites îles. La compétence de cette Commission et les règles de sa procédure feront l'objet d'un Accord préliminaire entre les deux Gouvernements.

En foi de quoi, Son Excellence l'Ambassadeur de la République Française près Sa Majesté le Roi du Royaume-Uni de la Grande-Bretagne et d'Irlande et des Territoires Britanniques au delà des Mers, Empereur des Indes, et le Principal Secrétaire d'État pour les Affaires Étrangères de Sa Majesté Britannique, dûment autorisés à cet effet, ont signé la présente Déclaration et y ont apposé leurs cachets.

Fait à Londres, en double expédition, le 8 avril 1904.

(L.S.) PAUL CAMBON.

II. Madagascar.

In view of the agreement now in negotiation on the questions of jurisdiction and the postal service in Zanzibar, and on the adjacent coast, His Britannic Majesty's Government withdraw the protest which they had raised against the introduction of the Customs Tariff established at Madagascar after the annexation of that island to France. The Government of the French Republic take note of this Declaration.

II. New Hebrides.

The two Governments agree to draw up in concert an Arrangement which, without involving any modification of the political *status quo*, shall put an end to the difficulties arising from the absence of jurisdiction over the natives of the New Hebrides.

They agree to appoint a Commission to settle the disputes of their respective nationals in the said islands with regard to landed property. The competency of this Commission and its rules of procedure shall form the subject of a preliminary Agreement between the two Governments.

In witness where of his Excellency the Ambassador of the French Republic at the Court of His Majesty the King of the United Kingdom of Great Britain and Ireland and of the British Dominions beyond the Seas, Emperor of India, and His Britanic Majesty's Principal Secretary of State for foreign Affairs duly authorized for that purpose, have signed the present Declaration and have affixed thereto their seals.

Done at London, in duplicate, the 8th day of April, 1904.

(L.S.) LANSDOWNE.

N° 5.

M. Paul Cambon, Ambassadeur de la République française, à Londres,

au Marquis de Lansdowne, Secrétaire d'État à l'Office des Affaires étrangères.

Albert Gate House, le 8 avril 1904.

Après avoir examiné l'article II du projet de Convention sur Terre-Neuve, j'ai fait observer à Votre Seigneurie que ses dispositions n'empêchaient pas le Gouvernement de Terre-Neuve de refuser des licences pour la vente de la boëtte sur le Treaty Shore et que les pêcheurs français se trouveraient ainsi privés du droit que le Gouvernement britannique leur reconnaît d'acheter de la boëtte sur la partie de la côte de l'île comprise entre le cap Saint-Jean et le cap Raye en passant par le Nord.

Vous avez bien voulu modifier le texte de l'article II de façon à écarter toute ambiguité. D'après le nouveau texte, « les Français pourront entrer dans tout port ou havre de cette côte, s'y procurer des approvisionnements ou de la boëtte et s'y abriter dans les mêmes conditions que les habitants de Terre-Neuve ».

Cette rédaction paraît à Votre Seigneurie impliquer que le Gouvernement de Terre-Neuve ne pourra supprimer le commerce de la boëtte sur le Treaty Shore.

En prenant acte de cette interprétation je vous remercie d'avoir bien voulu m'aider à éclaircir un point qui pouvait laisser subsister un germe de difficulté pour l'avenir.

N° 6.

Le Marquis de Lansdowne, Secrétaire d'État à l'Office des Affaires étrangères,

à S. E. M. Paul Cambon, Ambassadeur de la République Française à Londres.

Foreign Office, April 8, 1904.

I have the honour to acknowledge the receipt of your letter of the 8th instant relative to the wording of that part of Article II of the Convention signed by us respecting Newfoundland which relates to the right of French fishermen to purchase bait on the portion of the coast of Newfoundland which is comprised between Cape St-John and Cape Raye, passing by the North.

I have the honour to confirm to Your Excellency the assurance, which I have already given you verbally, that the Article, as worded, precludes the suppression of the liberty hitherto enjoyed by the French fishermen of purchasing bait on the portion of the shore mentioned.

Lansdowne.

TRADUCTION.

J'ai l'honneur de vous accuser réception de votre lettre du 8 de ce mois relative au texte de la partie de l'article II de la Convention, que nous avons signée au sujet de Terre-Neuve, qui concerne les droits pour les pêcheurs français d'acheter de la boëtte sur la partie de la côte de Terre-Neuve comprise entre le cap Saint-Jean et le cap Raye en passant par le Nord.

J'ai l'honneur de confirmer à Votre Excellence l'assurance, que je lui ai déjà donnée verbalement, que l'article, tel qu'il est conçu, empêche la suppression de la liberté, dont jouissent jusqu'ici les pêcheurs français, d'acheter la boëtte sur la partie de la côte mentionnée.

N° 7.

M. Paul Cambon, Ambassadeur de la République française à Londres,

au Marquis de Lansdowne, Secrétaire d'État à l'Office des Affaires Étrangères.

8 avril 1904.

Dans l'article II de la convention de ce jour sur Terre-Neuve il est dit au troisième alinéa que les pêcheurs français devront s'abstenir de faire usage d'engins fixes de pêche (stake nets and fixed engines) sans la permission des autorités locales.

Je serais très obligé à V. S. de vouloir bien me faire connaître ce qu'il faut entendre par *stake nets* et *fixed engines*.

Mon Gouvernement pense qu'il ne s'agit que d'engins fixés d'une façon à peu près permanente et non de ces filets attachés à la côte pour la durée d'une pêche et qui ne constituent qu'un mode passager.

Je serais heureux de pouvoir transmettre à mon Gouvernement une définition précise afin de supprimer toute cause de conflit entre nos pêcheurs et ceux de Terre-Neuve.

N° 8.

Le Marquis de LANSDOWNE, Secrétaire d'État à l'Office des Affaires etrangères,

à S. E. M. Paul CAMBON, Ambassadeur de la République française, à Londres.

Foreign Office, April 8, 1904.

I have the honour to acknowledge receipt of the Note which you have addressed to me requesting to be informed what signification is to be attached to the words « stake nets » and « fixed engines » used in the third paragraph of Article II of the Convention we have just signed respecting Newfoundland.

I have the honour to inform Your Excellency in reply that according to the various acts of Parliament relating to Salmon Fishery these words include all nets or other implements for taking fish which are fixed to the soil or made stationary in any other way so that they may be left unattended by the owner.

This is the signification attached to the words by His Majesty's Government.

LANSDOWNE.

TRADUCTION.

J'ai l'honneur de vous accuser réception de la note que vous m'avez adressée pour me demander quelle signification il faut donner aux mots « stake nets » et « fixed engines » dans le troisième paragraphe de l'article II de la Convention que nous venons de signer au sujet de Terre-Neuve.

J'ai l'honneur d'informer, en réponse, Votre Excellence, que, d'après les divers actes du Parlement relatifs à la pêche du saumon, ces mots comprennent tous les filets ou autres instruments pour prendre le poisson qui sont fixés au sol ou rendus fixes par quelque autre moyen que ce soit et de façon à pouvoir être laissés sans surveillance par leur propriétaire.

C'est la signification que le Gouvernement de Sa Majesté donne à ces mots.

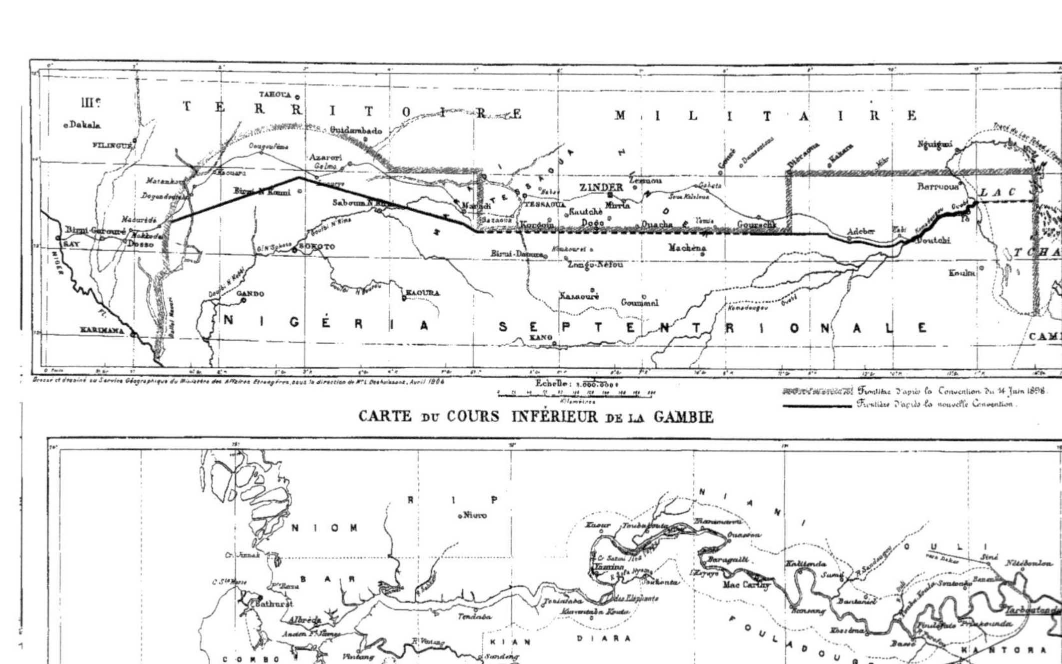

CARTE DU COURS INFÉRIEUR DE LA GAMBIE

CARTE des ILES de LOS

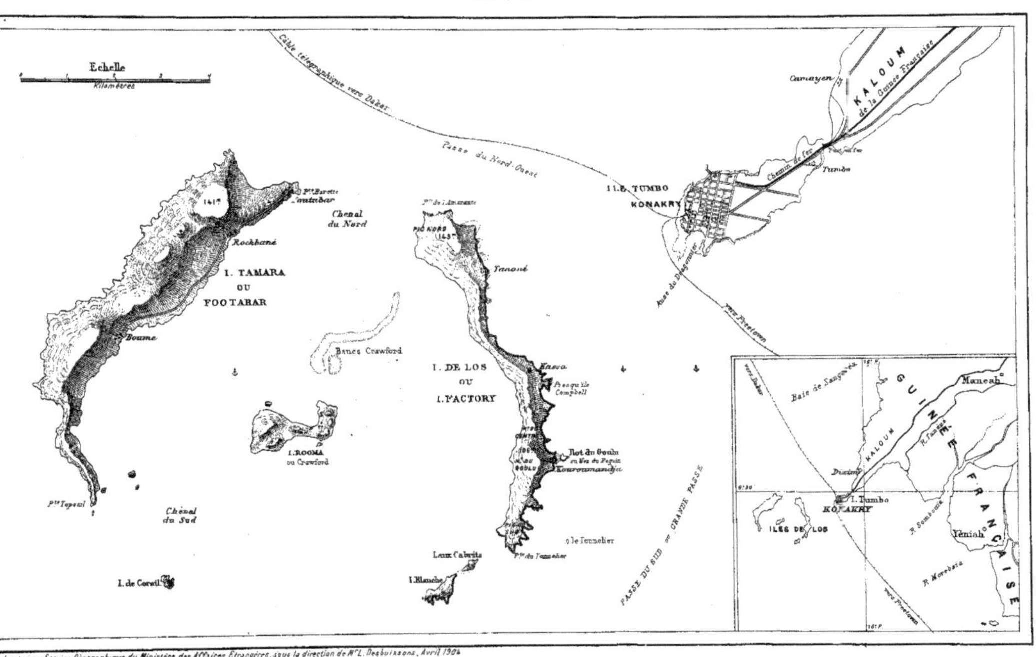

Et dessiné au Service Géographique du Ministère des Affaires Étrangères, sous la direction de Mr L. Desbuissons. Avril 1904

9 782016 148969